中青年经济与管理学者文库

国家自然科学基金“法律诉讼、社会网络与债务契约”(项目编号：71772154)、“终极控制股东、社会资本与银行贷款契约”(项目编号：71472157)、国家自然科学基金“终极控制股东、投资者法律保护与会计稳健性”(项目编号：71272140)的研究成果。

企业商业信用和银行短期贷款对现金持有水平的影响

肖作平　王伟　著

中国财经出版传媒集团
中国财政经济出版社

图书在版编目（CIP）数据

企业商业信用和银行短期贷款对现金持有水平的影响/肖作平，王伟著．—北京：中国财政经济出版社，2019.1
ISBN 978-7-5095-8628-0

Ⅰ.①企… Ⅱ.①肖… ②王… Ⅲ.①企业-商业信用-关系-银行贷款-研究-中国 Ⅳ.①F832.4

中国版本图书馆 CIP 数据核字（2018）第 247280 号

责任编辑：温彦君　　　　责任校对：李　丽

中国财政经济出版社 出版
URL：http://www.cfeph.cn
E-mail：cfeph@cfeph.cn

社址：北京市海淀区阜成路甲 28 号　邮政编码：100142
营销中心电话：010-88191537
天猫网店：中国财政经济出版社旗舰店
网址：https://zgczjjcbs.tmall.com
北京财经印刷厂印刷　各地新华书店经销
880×1230 毫米　32 开　9.25 印张　213 000 字
2019 年 1 月第 1 版　2019 年 1 月北京第 1 次印刷
定价：52.00 元
ISBN 978-7-5095-8628-0
（图书出现印装问题，本社负责调换）
本社质量投诉电话：010-88190744
打击盗版举报热线：010-88191661　QQ：2242791300

策划人语

题记：一个人的精神成长史，取决于他的阅读史。只有阅读能最有效地培养精神生活习惯，而好的习惯又培养性格，性格决定人生。

——我们自豪，因为我们就是创造这精神产品的人。

选择了飞翔，总能看到蓝天；选择了远航，总能感受大海。人生不仅要作出选择，也要坚持住自己的选择。学会计、当编辑是我的意外选择。人说编辑是为人做嫁衣，可是这一选择我坚持了27年，苦在其中，乐在其中，也算是有声有色。每当我把一本本好书呈献给人们的时候，我觉得我是“富贵”的人：富，不是你身上的钱财，而是你心里的满足；贵，不是你地位的显赫，而是你被人需要的程度。

书海探寻，情怀永恒

我要说，做编辑我幸运，因为我不仅是第一个读者，可以对作品“品头论足”，也可以对作品“生杀予夺”；更重要的是，这是一个很高层次的平台，在多年与名家的交往和名著的“对话”中，深深地为他们的人格和才学所感动，被作品的精彩所吸引，这不仅使我“下笔如有神”，更使我的思想和灵魂也受到一次次洗礼和震撼，得到一次次升华。对于我的作者我的书，如数家珍，作者中不乏才学和为人同样过人的多位泰斗和“颜值高责任大”的众多才子佳人；策划的作品不仅立足专业还兼顾人文，也是情怀所在，专业加人文路才会更宽。

多年的体会是，作为一名编辑，起码要“三心二意”，即“责任心、细心、耐心”和“服务意识、创新意识”。要多策划一些有分量的拳头产品，用一个选题推动一个系统工程，用一个系统工程培养一个出版社品牌。给新入职编辑讲座时我做过一个比喻：编辑两项基本功，审稿——甚至要比博导审批学生论文还要全面、细致；选题策划——要像电影导演一样做“星探”，善于发现优秀作者和挖掘好的原创作品。记不得27年来我策划和编辑了多少书，组织和策划了一大批教材、业务培训用书、通俗读物、理论专著等，有的获得过国家、省部级各类奖项，有的以其填补空白、社会热点、风格新颖、开拓尝试等特点受到读者的欢迎。20世纪90年代我开始自主策划选题，多年来每年都有新丛书问世。比如，21世纪初内部控制研究在国内刚兴起时，策划了《现代内部控制丛书》，其中《企业内部控制管理操作手册》是我鼓励作者将自己饱含心血的经过长期钻研和实践并证明卓有成效的成果奉献付梓，使得更多的人能受益于此，这无疑是对我国内部控制理论探索和实践发展的一种贡献，内部控制选题至今还是热点。2013年的《来去无尘——一位财政部长的生前事》所展现的吴波精神，与深入推进党风廉政建设相得益彰，得到中央领导同志的高度重视和重要批示。中央各大主流媒体纷纷连续报道，掀起了全社会学习吴波高尚情操的热潮。2014 年至今的前沿选题《财务云丛书》等也越来越受到业界认可。

想是问题，做是答案

众所周知，目前的图书出版业在行业竞争和纸质图书受到严重冲击的情况下，出版人无不感到莫大的危机。在这种背景下，策划一套专业图书是颇感困惑的一件事，风险更大。但即使这样我们也不能因噎废食、停滞不前，还要积极应对，继续发挥纸质图书的固有特质，挖掘出版内容和形式都精彩的原创作品，适应新形势下读者的更高需求。2017 年，我们接受新的挑战，开启新的征程，又策划《中青年经济与管理学者文库》《当代税收名家丛书》《中国税务律师系列丛书》《现代管理实务丛书》《高等院校应用型会计人才精细化培养系列教材》等，继续为扶持学术研究和总结最新成果，在高端研究与专业知识普及和应用之间搭建一座座有益的桥梁。

每一个时代的经济环境不同，理论研究和实务探索所需要解决的问题也有所差别。当前我国不仅处于经济结构调整和供给侧改革的攻坚期，同时也处于大数据和互联网突飞猛进的变革期，矛盾叠加，风险交汇，市场环境和组织模式不断演变发展、推陈出新，经济、管理、财税等领域的新理论、新思想、新方法、新工具也层出不穷。乱花渐欲迷人眼，击水三千浪几何？这些领域的研究人员被时代赋予了更艰巨的责任，也面临着更高、更多元的要求，我们不仅要具备更广阔的学术视野，而且要有更严谨的学术思维。

输在犹豫，赢在行动

《中青年经济与管理学者文库》的作者，都是我国经济与管理领域的中坚力量，也是未来的大家。他们中有些人潜心从事理论研究，有些人则深耕在实务一线，但无论现实身份如何，视野全都没有被拘泥在“象牙塔”内。他们从不同视角对市场经济的不同要素进行细致审视，然后汇聚于“财经版”这面旗帜之下，相互碰撞，彼此激荡，力求在市场经济转型升级的关键时期留下最新鲜的“中国印记”。

这些经济与管理领域的中青年学者，就是我国市场经济发展的潜力与优势，他们的研究成果，不仅将引领市场经济的各个组成环节向更科学、更先进的方向发展，而且将成为我国政府和企业在未来经济世界扮演更重要角色的支点与动力。祝愿这些中青年学者能攀上更高的学术之山，走向更远的研究之路，也期待宏观、中观、微观各个层面的市场参与者都能从这套文库中得到切实的启发与指引，在全面深化改革、增强发展活力的关键时期，发挥正能量和积极作用，为经济社会发展增添新的动力！

如果您认可，如果您有意愿，欢迎您和您的朋友加盟我们的作者队伍！在中国财经出版传媒集团的“旗舰”下，中国财政经济出版社这“老字号”，一定励精图治，谱写新的篇章。我们用“龙的精神，玉的品质”来助力您实现梦想！

策划人：樊清玉

邮箱：qingyuf@ sina. com

2017 年春

摘要

融资结构一直是公司财务研究的热点和难点。资金按其来源渠道可以分为内源融资与外源融资。现金作为企业最为重要的内源融资来源之一，其持有决策是企业最为重要的财务决策之一。我国企业短期外部债务融资主要来源于银行短期贷款和商业信用。从融资结构理论中的“权衡理论”“优序融资理论”和“委托—代理理论”可以得到，现金与企业短期外部债务融资主要来源的银行短期贷款和商业信用彼此之间通常是相互影响，并且是动态变化的。因此，在考察企业现金持有水平与银行短期贷款、商业信用彼此之间的关系时，最好从动态视角，且需要考虑存在内生性。国外虽有少数学者，比如 Kling 等（2014）对三者的关系在考虑内生性情况下，从动态视角进行了一些分析，但得出的结论只是三者间的格兰杰因果关系，并没有得出彼此间的具体影响程度是如何，也没有作更进一步的探讨，同时他们的研究主要关注资本市场较为完善的发达国家，对于新兴市场国家，特别是处于转型经济中的我国，其结论不一定适合，而国内与之相关的研究还鲜有报道。

本书首先从动态视角，且考虑存在内生性的情况下，分别以整体、国有和民营上市公司为样本，通过构建期末现金持有水平、银行短期贷款、提供商业信用和获得商业信用四者间的面板VAR模型和动态面板模型，揭示四个因素彼此间的关系和具体影响程度。其次引入企业规模、经营环境和货币政策以及其他可能影响的控制变量，分别检验了以下几组因素间的关系，包括：商业信用（提供商业信用和获得商业信用以及它们的细分项）与期末现金持有，银行短期贷款与期末现金持有，并且利用期末现金增加量替换期末现金持有水平进行稳健性检验。本书的主要研究结论如下：

（1）通过面板VAR分析、格兰杰因果关系检验、脉冲响应分析以及方差分解，分别分析了整体、国有以及民营上市公司银行短期贷款、获得商业信用、提供商业信用以及期末现金持有水平等因素之间的相互关系，结果发现四个因素间存在着较为明显的相互影响，特别是期末现金持有水平会显著受到其他三个因素滞后一期的影响，并且国有上市公司与民营上市公司间存在着显著的差异。

（2）引入银行短期贷款、获得商业信用、提供商业信用以及期末现金持有水平等四个因素的当期和滞后一期项，再加入其他可能影响的控制变量，通过构建动态面板模型，利用系统广义矩估计（SYS GMM）方法（设定其他三个因素为内生变量）来分析四个因素间的关系和彼此影响程度，结果发现四个因素间存在着较为明显的相互关系，特别是期末现金持有水平与其他三个因素的滞后一期显著正相关，而与其他三个因素的当期则显著负相关。

（3）动态面板系统广义矩估计分析结果还表明，整体样本上市公司现金持有的调整半周期为2年，民营上市公司则为1.8年，而国有上市公司为2.07年。换言之，整体样本上市公司的现金持有水平从一个均衡态调整为另外一个均衡态所需要的时间为4年，民营上市公司需要3.6年，国有上市公司需要4.14年，民营上市公司现金持有水平的调整速度稍稍快于国有上市公司。

（4）引入提供和获得商业信用以及它们的细分项，并加入货币政策、经营环境，讨论了不同货币政策和经营环境下，企业商业信用及其细分项对现金持有的影响，结果发现不同的商业信用细分项对企业现金持有存在不同的影响，并且这种影响受到货币政策和经营环境的调节作用会因商业信用细分项的不同而效果不同。

（5）企业对外提供商业信用对现金持有水平的影响较为有规律，从应收票据、应收账款和预付账款与当期现金持有水平的相关系数来看，整体、民营和国有上市公司都是应收账款的系数（绝对值）最大，应收票据其次，预付账款最小，也就是说三者对当期现金持有水平的影响，是应收账款最大、应收票据次之，预付账款最小。

（6）最后探讨了上市公司银行短期贷款与期末现金持有量和期末现金增加量之间的关系，结果发现企业银行短期贷款的当期和滞后一期都能显著影响企业期末现金持有量和期末现金增加量；进一步引入货币政策和金融发展水平，结果发现在货币政策和金融发展水平同时作用下，民营上市公司的当期银行短期贷款与现金持有量间为显著负相关关系，与现金增加量间则无显著相关性；相反国有上市公司的当期银行短期贷款与现金持有量间无显著相关性，与现金增加量间却显著正相关。

第 1 章 绪论 …………………………（ 1 ）
1.1 本书研究背景与问题提出 …（ 1 ）
1.2 本书研究的意义 ……………（ 7 ）
1.3 本书研究内容、研究思路与创新之处 ……………………（ 8 ）

第 2 章 文献综述 ………………………（ 13 ）
2.1 现金持有的动机 ……………（ 15 ）
2.2 现金持有的影响因素 ………（ 23 ）
2.3 现金持有与负债之间的关系 ………………………………（ 36 ）
2.4 文献评述 ……………………（ 39 ）

第 3 章 银行短期贷款、商业信用与现金持有水平 ………………（ 42 ）
3.1 引言 …………………………（ 42 ）

3.2 研究样本和研究设计 …………………………………… (43)
3.3 实证结果与分析 ……………………………………… (46)
3.4 小结 …………………………………………………… (98)

第4章 银行短期贷款、商业信用与现金持有水平动态面板分析 …………………………………… (105)
4.1 引言 …………………………………………………… (105)
4.2 模型设定 ……………………………………………… (106)
4.3 期末现金持有量动态面板分析结果 ………………… (108)
4.4 期末现金增加量动态面板分析结果 ………………… (129)
4.5 小结 …………………………………………………… (144)

第5章 商业信用与现金持有水平的动态面板分析 …… (146)
5.1 引言 …………………………………………………… (146)
5.2 研究样本和研究设计 ………………………………… (148)
5.3 实证结果与分析 ……………………………………… (153)
5.4 小结 …………………………………………………… (215)

第6章 银行短期贷款与现金持有水平的动态面板分析 ………………………………………… (218)
6.1 引言 …………………………………………………… (218)
6.2 研究样本和研究设计 ………………………………… (219)
6.3 实证结果与分析 ……………………………………… (222)
6.4 小结 …………………………………………………… (253)

结语 …………………………………………………………… (256)

参考文献 ……………………………………………………… (262)

第1章 绪 论

1.1 本书研究背景与问题提出

融资结构一直是公司财务研究的热点和难点。自从 Modigliani 和 Miller（1958）的无关性理论以来，融资结构的研究持续了半个多世纪，诞生了各种融资结构选择理论，其中的“权衡理论（Trade - Off Theory）”“融资优序理论或称啄食理论（Pecking Order Theory）”和“委托—代理理论（Agency Theory）”，逐渐发展成为融资结构现代理论中的主流理论。权衡理论通过放宽 Modigliani 和 Miller（1958）无关性理论的各种假定，探讨企业价值受到融资结构的影响，该理论认为企业的最佳资本结构存在于企业负债所引起的企业价值增加与因企业负债上升所引起的企业风险成本和各项费用相等时的平衡点上，此时的企业价值最大

(Miller，1977；Harris，1991)。权衡理论又可以分为静态和动态两种，静态理论强调了最优融资结构，动态理论则强调了公司从现实中非最优结构向最优结构调整的过程，是权衡理论的发展方向（Frank 和 Goyal，2008)。融资优序理论以信息不对称为理论基础，当企业经理人和投资者间存在不对称信息时，企业筹集外部资本为新项目提供资金面临着逆向选择问题，该理论认为发行股票的消息一经宣布，企业现有股份的市场价值将会下降，而通过内部资金或无风险负债融资不传递任何有关企业类型的信息，从而不会导致股价的任何反应，因此，从融资方式的优劣排序来看，应该是先通过内部资金，然后再通过低风险负债，最后不得已才求助于权益资金（Myers，1984；Myers 和 Majluf，1984；Noe，1988)。委托—代理理论则引入了代理成本和信息不对称，从股东与管理者、股东与债权人、大股东与小股东以及企业与外部利益相关者之间的代理问题出发，探讨了公司对融资结构的选择（Jensen 和 Meckling，1976；Titman，1984；Jensen，1986；Titman 和 Wessels，1988；Maksimovic 和 Titman，1991)。以上几种理论的建构都有一系列基本的前提条件或假设，在它们所设定的条件性假设范围内，这些理论对融资结构选择和最优融资结构都做出了符合逻辑的解释，客观上也对现实的企业融资活动提供了有益的理论指导（李延喜等，2007；李心合等，2014)。

资金可以按其来源渠道划分为内源融资与外源融资。内源融资是企业从内部寻找资金的过程。企业的内部资本主要来自于企业通过自身积累而形成的留存收益和盈余公积等。根据内源融资的概念，企业通过内源融资而筹集的资本有着自主决定能力较强、成本相对较低和抗风险能力较高的特点，是企业壮大规模、提升实力的一个十分重要的力量（唐清泉和徐欣，2010；陈胜蓝等，2014)。债务融资和权益融资则属于外源融资，是指企业从外部筹集资金的过程（程新生等，2012）。外源融资的来源主要包括企业和银行之间的借贷，企业和企业之间的信用、租赁以及企业在金融市场发行股票和债券等。直接和间接两种融资方式又是外源融资的进一步细分。直接融资是指企业直接向储蓄者筹集资本，其特点是直接性、长期性和不可逆性；间接融资是指企业通过金融中介机构聚集社会分散资金来筹集资金，其特点是间接性、短期性和可逆性。处于经济快速发展中的现代企业，其发展所需要的全部资金，只是依靠内源资金积累是难以满足的，因此企业必须依靠外源融资（林毅夫和李永军，2001）。

现金作为企业最为重要的内源融资来源之一，现金的持有决策直接关乎企业的生存与发展，是企业最为重要的财务决策之一（Buam 等，2006；廖理和肖作平，2009；王福胜和宋旭海，2012；张西征和刘志远，2016）。可以说现金是企业的“血液”，一旦企业出现现金危机，企业将面临破产（陆正飞和韩非池，2013）。曾经有很多大型企业因资金链断裂而轰然倒塌，例如德隆、三九、柯林格尔、巨人等，发生在我国多地的“老板跑路”事件也多由现金流问题产生（王福胜和宋旭海，2012）。因此，企业通常会储备一定量的现金以应付各种可能的情况（Dittmar 等，2003；祝继高和陆正飞，2009）。Dittmar 等（2003）研究发现，美国、英国、日本、新加坡、韩国、印度、中国台湾和中国香港，这些国家或地区的企业现金持有比率，在 1998 年分别为 6.4%、8.1%、15.5%、10.2%、8.9%、3.4%、11.6% 和 13.1%。祝继高和陆正飞（2009）测算出 1998 年中国上市公司的现金持有比率为 16.8%，1998～2007 年中国上市公司的现金持有比率约为 24%。于泽等（2014）通过分析得出，中国上市公司持现比率的均值从 1990 年的 5.35% 增长到 2002 年的 16.32%，进而增长到 2012 年的 23.30%。中国上市公司持现比率的中位数在1990~2002年间增长了7倍以上，并在2003~2012年间进一步增长了27%。他们计算出的2007~2013年间中国国有、民营上市公司的现金持有比率分别为15.08%和16.11%。

管征等（2008）研究得出中国上市公司倾向于主要采用配股方式进行股权再融资。在中国配股条件审查非常严格，比如要求公司最近3个完整会计年度的净资产收益率平均在10%以上，本次配股距前次发行间隔一个完整的会计年度以上，公司配股一次所发行的股份总数，不得大于公司在前一次发行并募足股份后其股份总数的30%等，这使得一些条件达不到的上市公司不能通过配股来获得所需资金，因而转向债务融资，并且配股融资没有债务融资方便，因此中国上市公司会更多利用债务融资来获取资金，而且会较多利用短期债务融资方式（胡援成和刘明艳，2011）。齐寅峰等（2005）通过对中国企业投融资行为的问卷调查研究，结果发现被调查公司各种融资方式的使用中，经常使用银行贷款的比例为68.8%，商业信用位于其次，经常使用的比例为39.3%，留存收益经常使用的比例为30.7%，这说明我国企业的融资主要来源于银行贷款、商业信用和留存收益；而各种负债融资方式使用的频次也表现出明显的差异性，结果显示，将近60%的企业回答经常使用银行短期贷款，应付及其他应付款项经常使用的比例接近40%，其余各种负债融资工具经常使用的比例均低于10%，这意味着，我国企业债务融资主要来源于银行短期贷款和商业信用（余明桂和潘红波，2010）。

目前我国企业的债务融资渠道仍以银行信贷融资为主，银行业仍是我国资本配置的基础（Allen等，2005；胡奕明等，2008；白俊和连立帅，2012）。2015年社会融资规模存量统计数据报告（中国人民银行公布）显示，我国2015年末社会融资规模存量为138.14万亿元，同比增长了12.4%。其中，对实体经济发放的人民币贷款余额、委托贷款余额和信托贷款余额分别为 92.75 万亿元、10.93 万亿元和 5.39 万亿元，同比分别增长了 13.9%、17.2%和 0.8%；企业债券余额和非金融企业境内股票余额分别为 14.63 万亿元和 4.53 万亿元，同比增长 25.1%和 20.2%。从结构上看呈现出以下特点：一是我国实体企业获得的人民币贷款余额为 92.75 万亿元，占同期社会融资规模存量的六成还多，同比高出差不多 1 个百分点；二是企业债券余额占比 10.6%，同比高 1.1 个百分点，但依然处于较低水平；三是委托贷款和信托贷款增加较多，全年实体经济以委托贷款、信托贷款和未贴现银行承兑汇票方式合计融资占全年社会融资规模的 16.05%；四是非金融企业境内股票余额虽同比增长 20.2%，但只占到社会融资规模存量的 3.28%，仍然处于较低水平。从报告中也可以看出，金融机构贷款仍然是国内企业主要的负债融资来源，这其中银行贷款融资对我国企业具有非常重要的作用（邓超等，2008；余明桂和潘红波，2008；余明桂和潘红波，2010）。

商业信用作为企业一种重要的非正式外源融资来源，各国企业在运营中都会涉及商业信用的应用（Petersen 和 Rajan，1997；石晓军和张顺明，2010；陆正飞和杨德明，2011；饶品贵和姜国华，2013；王彦超，2014）。例如，Rajan 和 Zingales（1995）对美国企业商业信用的研究发现，美国企业的商业信用在 1991 年占到总资产的 17.8%，而在德国、法国和意大利，商业信用能够占到企业总资产的 25%左右。石晓军等（2009）整理计算的 7 个不同发展程度国家中企业使用的商业信用占总资产的比例平均为 31.7%，而中国企业使用的商业信用平均占到销售收入的 27%，总资产的 13%。商业信用作为企业重要的融资渠道，在我国企业融资中还发挥着重要作用，特别是我国的民营企业在面临信贷配给和歧视时，因能够潜在地为难以获得银行贷款的企业提供及时和必要的资金支持，商业信用作为一种非正式融资渠道，在实务中被民营企业广泛使用（陆正飞等，2009；陆正飞和杨德明，2011；饶品贵和姜国华，2013）。

从融资结构理论中的“权衡理论”“优序融资理论”和“委托—代理理论”可以得到，作为企业最为重要的内源融资来源之一的现金与企业债务融资主要来源的银行短期贷款和商业信用彼此之间通常是相互影响，并且是动态变化的。因此，在考察企业现金持有水平与银行短期贷款、商业信用彼此之间的关系时，最好从动态视角，且需要考虑存在内生性。现金的主要特征在于它的灵活性，因为它是即时可用的（Ang 和 Smedema，2011）。在即时可用方面，现金最接近的替代者是获得的商业信用和银行短期贷款。企业获得的商业信用和银行短期贷款又是企业负债的重要组成部分，而 Opler 等（1999）认为，现金作为一种负的负债，持有现金可以降低公司的债务比率。但是，现金真的是一种负负债吗？现金和负债的财务功能是否相同？特别是对于灵活性相当的现金与短期负债（主要包括商业信用和银行短期贷款），它们之间有着什么样的关系？是企业利用持有的现金来减少公司的短期债务，进而降低短期债务比率，以便为将来的投资提供较大的债务容量？还是企业的短期负债越多，企业将来出现财务困境乃至于破产的风险就越大，因此，企业就越需要保持较高的现金持有水平，以降低未来发生财务困境的概率？国外虽有少数学者，比如 Kling 等（2014）对三者的关系在考虑内生性情况下，从动态视角进行了一些分析，但得出的结论只是三者间的格兰杰因果关系，并没有得出彼此间的具体影响程度是如何？同时他们的研究主要关注资本市场较为完善的发达国家，对于新兴市场国家，特别是处于经济转型中的我国，其结论不一定合适，而国内与之相关的研究还鲜有报道。

本书欲对以下几个问题进行有益的探索：①在考虑内生性以及动态视角下，我国上市公司的现金持有水平与商业信用（包括提供和获得）、银行短期贷款间的相互关系如何？样本按国有、民营分组后，各子样本中几个因素间的关系又如何？国有和民营间是否有差异？有着什么样的差异？②在引入货币政策、经营环境等条件下，整体样本、国有和民营上市公司各自的商业信用及其细分项与现金持有水平间的具体影响程度又如何？国有、民营是否存在差异？③不同货币政策、金融发展水平下，整体样本、国有和民营上市公司各自的银行短期贷款与现金持有水平间的具体影响程度又如何？是否存在差异？

1.2 本书研究的意义

本书研究的意义在于：第一，在中国的制度背景下，通过理论分析和实证检验相结合的方法，在考虑内生性以及动态视角下，揭示企业的现金持有水平与商业信用（包括提供和获得的商业信用）、银行短期贷款间的彼此关系，为理解我国公司资本结构的选择、融资政策的制定以及融资来源的决策等提供一定的经验证据。第二，针对正处于经济转轨时期的我国，在引入货币政策、经营环境（金融发展水平）条件下，在分别讨论整体样本、国有和民营上市公司的现金持有水平、商业信用、银行短期贷款几者彼此之间的关系和具体影响程度的基础上，为更好地理解我国国有、民营企业在资本市场中所受到的不同待遇，为我国资本市场的发展、公司融资政策的制定等提供政策建议，进而推动公司融资行为的规范化进程和促进资本市场的健康发展。第三，探讨研究了短期内资金的流出和流入对企业现金持有影响的新方法、新思路，充实和拓展中国现有的企业现金管理问题，丰富现代财务理论体系。

1.3 本书研究内容、研究思路与创新之处

1.3.1 本书研究内容

本书的主要章节如下：

第 1 章绪论。包括本书研究背景及研究问题的提出，研究的意义，研究内容、研究思路与创新之处。

第 2 章文献综述。概括了现金持有动机、现金持有影响因素、企业负债与现金持有之间的关系等研究成果，且对相关文献作了评述。

第 3 章商业信用（提供和获得）和银行短期贷款与企业现金持有水平之间的面板 VAR 分析，从内生和动态视角，讨论了四个因素彼此间的相互影响情况、脉冲响应结果以及是否为格兰杰因果关系。

第 4 章在考虑内生性和引入其他可能影响的控制变量情况下，通过加入商业信用（提供和获得）、银行短期贷款与现金持有四个变量的当期项和滞后一期项，构建动态面板计量经济模型，采用系统广义矩估计（SYS GMM）方法，实证检验整体样本、国有和民营上市公司的商业信用（提供和获得）、银行短期贷款以及现金持有水平彼此间的相互关系。

第 5 章在考虑内生性和引入其他可能影响的控制变量情况下，通过加入商业信用及其细分项（应收合计、应收票据、应收账款、预付账款；应付合计、应付票据、应付账款、预收账

款）的当期和滞后一期，构建动态面板计量经济模型，采用系统广义矩估计（SYS GMM）方法，实证检验整体样本、国有和民营上市公司的商业信用及其细分项对现金持有的影响，同时比较了国有和民营上市公司的异同点，并且进一步探讨了在不同货币政策和经营环境下，上述结果是否有所不同。

第6章在考虑内生性和引入其他可能影响的控制变量情况下，通过加入银行短期贷款的当期和滞后一期，构建动态面板计量经济模型，采用系统广义矩估计（SYS GMM）方法，实证检验整体样本、国有和民营上市公司的银行短期贷款对现金持有的影响，同时比较了国有和民营上市公司的异同点，并且进一步探讨了在不同货币政策和金融发展水平下，上述结果是否有所不同。

本书具体的研究内容框架如图1－1所示。

1.3.2　本书研究思路

本书主要以实证会计研究为主、规范研究为辅的研究方法，具体包括：①文献研究。广泛收集和阅读国内外相关研究文献，全面掌握国内外相关研究领域的最新动态和研究现状，厘清相关领域的研究脉络，界定本书研究的增量贡献。②在融资结构理论中的“权衡理论”“优序融资理论”和“委托—代理理论”指导下，以企业最为重要的内源融资来源之一的现金与企业债务融资主要来源的银行短期贷款和商业信用彼此之间存在的关系为切入点，从动态视角，且考虑存在内生性的情况下，分别以整体、国有和民营上市公司为样本，通过构建现金持有水平与银行短期贷款、商业信用（提供和获得）四个因素间的面板VAR模型，揭示四个因素彼此间的影响程度和是否为格兰杰因果关系。③基于计量经济学的建模分析。本书将根据之前的面板VAR

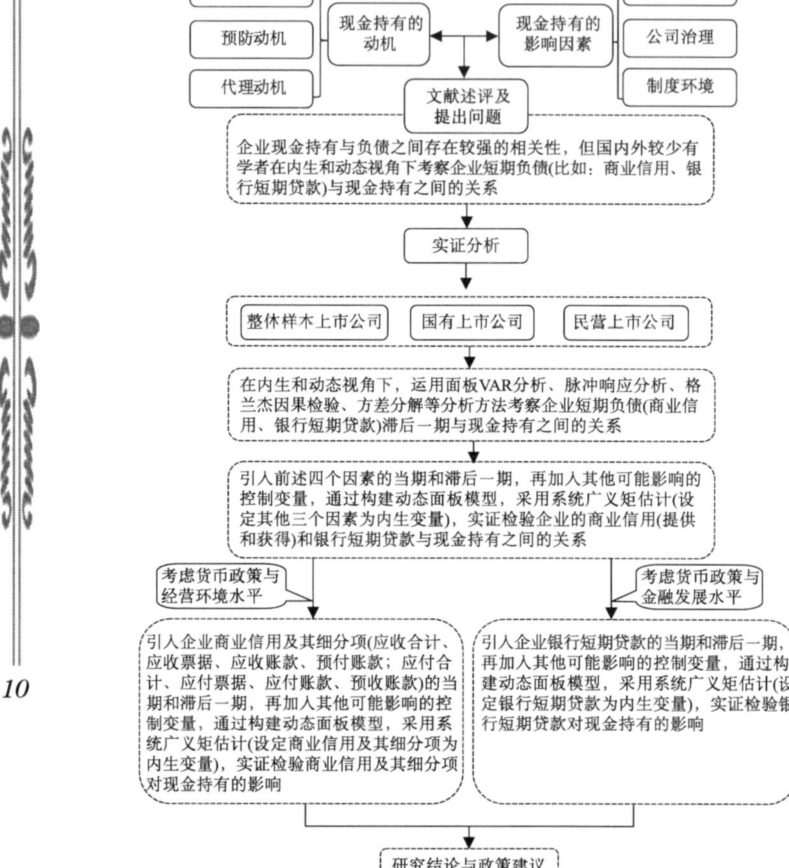

图 1－1　本书研究内容框架图

分析结果，在考虑内生性和引入其他可能影响的控制变量情况下，通过加入商业信用（提供和获得）、银行短期贷款与现金持有等四个因素的当期项和滞后一期项，构建动态面板计量经济模型，实证检验整体样本、国有和民营上市公司的商业信用（提供和获得）、银行短期贷款以及现金持有彼此间的相互关系。

④基于计量经济学的实证分析。在考虑内生性和引入企业规模、经营环境以及其他可能影响的控制变量情况下，构建动态面板计量经济模型，分别检验了以下几组因素相互间的关系，包括：商业信用及其细分项（应收合计、应收票据、应收账款、预付账款；应付合计、应付票据、应付账款、预收账款）与现金持有；银行短期贷款与现金持有。

本书的技术路线如图1－2所示。

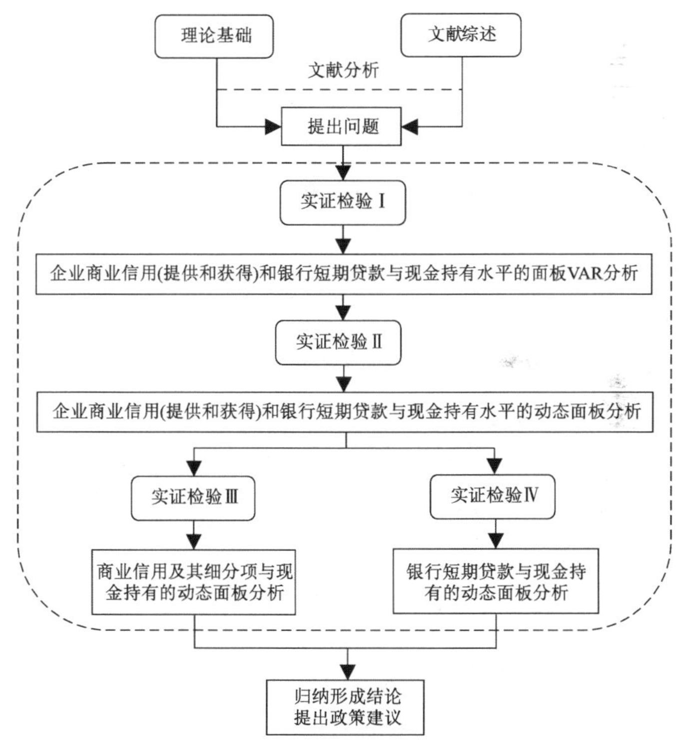

图1－2 本书的技术路线图

1.3.3 本书创新之处

本书的主要创新点如下：

（1）与先前研究主要从外生角度出发所不同，本书将主要变量看成一个内生系统，通过对整体、国有以及民营上市公司获得商业信用、提供商业信用、银行短期贷款以及现金持有水平等因素之间的面板 VAR、脉冲响应等分析，结果发现四个因素之间存在着较为明显的相互影响，特别是上市公司当期的现金持有水平与其他三个因素的滞后一期显著正相关。

（2）本书通过构建动态面板模型，利用系统广义矩估计（设定主要解释变量为内生变量）进一步分析发现，国有和民营上市公司当期的现金持有水平与其他三个因素的滞后一期显著正相关，而与其他三个因素的当期则显著负相关。

（3）本书进一步将应收项目细分为应收账款、应收票据和预付账款，研究发现整体、国有和民营上市公司三者的应收账款、应收票据和预付账款与当期现金持有水平的相关系数（绝对值），都是应收账款最大，应收票据其次，预付账款最小，也就是说对当期现金持有的影响，是应收账款最大、应收票据次之，预付账款最小。

第2章 文献综述

一直以来，关于现金持有（流动性）的研究都是国内外财务学界关注的焦点。企业在生产经营过程中，为了应付各种可能出现的状况，通常都会储备一定量的现金以备不时之需（Dittmar 等，2003；祝继高和陆正飞，2009）。Dittmar 等（2003）研究发现，美国、英国、日本、新加坡、韩国、印度、中国台湾和中国香港，1998 年这些国家或地区的企业现金持有比率分别为：6.4%、8.1%、15.5%、10.2%、8.9%、3.4%、11.6% 和 13.1%。Guney 等（2003）通过对英国、德国、法国和日本四国公司现金持有的研究发现，四国公司平均的现金持有率为 14%。Ferreira 和 Vilela（2003）通过对欧洲货币联盟（EMU）国家的研究表明，EMU 国家公司现金持有的比率平均为 15%。Kalcheva 和 Lins（2006）研究发现挪威和日本公司持有的现金和现金等价物约为总资产的 16%。彭桃英和周伟（2006）研究表明，中国上市公司在1998～2003年间的平均现金持有量为18.9%。祝继高和陆正飞（2009）通过对中国上市公司现金持有的分析发现，中国上市公司的现金持有在1998年为16.8%，而1998～2007年则达到了24%左右，高于世界主要国家或地区企业的现金持有比率。

在完全市场条件下，Modigliani 和 Miller（1958）将现金视为净现值为0的投资，也就意味着企业不需要持有大量的现金。当企业有净现值大于0的项目需要资金时，企业可以从资本市场获得资金（以合理价格），也就是说，企业内外部资金可以实现完美替代。那么公司为什么要积累现金（流动资产）？公司为什么要持有现金这一流动性最强、获利能力最低的资产？公司为什么要将他们的现金流保存为现金（流动资产），而不是转化为实物资本（资本形成）或分配给股东（股息）？之前学者们主要利用三种动机来解释公司的现金持有行为：交易动机、预防动机和代理动机。

实际上，资本市场并非完全市场，在现实中内、外部资金完美替代也不可能存在。企业自身特征（包括：公司规模、成长机会、资产有形性、债务水平、股利支付、研发支出等）（Opler等，1999）、公司治理（股权集中度、股权结构、董事会规模、控制权市场、代理权争夺等）（Pastor 和 Gama，2013；Ammann等，2011）、制度环境（经济不确定性、税收、产品市场、投资者保护、债权人受保护程度等）（Song 和 Lee，2013；Stone 和 Gup，2013；Megginson 等，2014）等因素都会对公司现金持有产生影响。

2.1　现金持有的动机

承继绪论部分公司融资决策理论框架的思路，可以在权衡理论、融资优序理论和委托—代理理论等公司融资理论下分析公司持有现金的动机。依据理论和动机两个层次，公司持有现金理论可以在图 2－1 所表示的框架内分析（于泽等，2014；李井林和刘淑莲，2015）。既可以利用权衡理论分析交易动机、预防动机和代理动机，得出最优的现金持有水平或者持有比例，也可以利用融资优序理论或者委托—代理理论分析交易动机、预防动机和代理动机，得出融资次序。

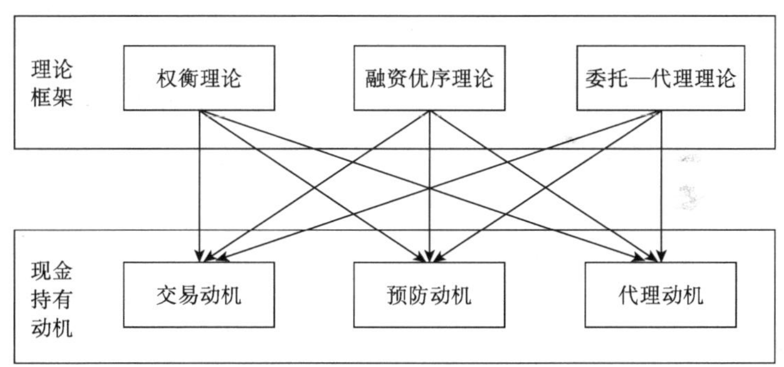

图 2－1　公司现金持有的理论框架与动机

2.1.1　交易动机

交易动机模型认为，公司的最优现金持有水平是现金持有成本和现金短缺成本进行权衡的结果，也就是说当现金持有的边际成本等于现金短缺的边际成本时，此时的现金持有水平最佳，现金持有的成本也是最低。

Keynes（1936）认为公司通过保持足够的现金水平可以避免由于资本市场的不完美所导致的交易成本。进一步地分析发现，保持足够的现金水平不仅可以避免放弃盈利的投资机会，而且还可以避免面对削减股息支付或清算资产的局面。

Baumol（1952）、Tobin（1956）、Meltzer（1963）、Mulligan（1997）和Liu等（2003）都通过实证发现，公司持有的现金与交易成本显著相关，交易成本越大，企业相应的持有现金就越多。

Myers和Majluf（1984）实证表明，当公司面临外源融资成本高于内源融资成本时，为了避免失去有利的投资机会，公司会选择持有一定数额的现金以满足投资性的需求。

Opler等（1999）利用权衡理论和融资优序理论来解释公司的现金持有行为，结果支持了现金持有的权衡理论。他们在分析中不仅考虑了现金持有的交易成本，而且还纳入了不对称信息以及外部融资代理成本等对现金持有的影响。

Rajan和Zingales（1995）、Dittmar等（2003）研究发现，公司外部融资存在规模经济效应。由于固定成本的原因，规模较小公司外部融资的成本相对较高，所以它们倾向于持有更多的现金。

Kim和Sherman（2012）研究发现，外部融资交易成本和出售资产成本的上升都会促使公司现金持有量的增加，并且他们的实证结果还表明，为了避免现金出现短缺，现金流越小的公司越有可能持有较多的现金。

在一个不完美的金融市场中，当企业有资金需要的时候，使用自有的内源资金的成本最低，因为股票、债券或者银行贷款等外源资金不但会给企业带来承销、法律以及利息等直接费用，也会带来谈判支出、签订合约费等间接费用（Jensen 和 Meckling，1976；Myers，1977；Myers 和 Majluf，1984；Mikkelson 和 Partch，1986）。

Venkiteshwaran（2011）通过构建动态模型，假设企业可以随时调整现金持有水平，结果支持了现金持有的权衡理论。他还发现规模较小的企业通常持有更多的现金，纠正现金持有与目标值的偏差也更快，这与融资约束企业通常以流动资产的次优水平运行观点相一致。

Kling（2011）通过构建模型，探讨了公司由于净营运资金的不确定性导致的短期流动性冲击对现金持有的影响，结果发现，在现金流不确定情况下，模型显示企业会权衡现金持有与固定资产投资之间的平衡，这体现了交易动机思想。进一步发现，现金持有降低了违约风险，从而提高了获得短期的银行贷款，同时模型还评估了商业信用作为银行贷款的替代和补充的作用。

Palazzo（2012）通过建立模型，理论和实证分析了企业现金流与总风险的相关性对最优现金持有策略的影响。研究发现，风险较高的公司（即现金流和总风险相关性较高的公司）更可能使用昂贵的外部资金，以资助他们的增长期权行权，同时具有更高的现金储备。这种现金的预防性持有，意味着预期的股本回报率和现金持有量之间的正相关关系。

Guariglia 和 Yang（2016）利用 1998～2010 年间 1478 家中国上市公司的面板数据，探讨了公司的现金持有策略，结果表明，与权衡理论相一致，中国上市公司倾向于积极向目标值调整持有现金。同时观察到，由于调整成本的不同，公司现金持有调整速度呈现出相当大的异质性。具体而言，公司超额现金越多，公司通过投资、股息支付和债务发行积极管理他们的现金等，这类公司都显示更高的现金调整速度，而机构设置则不能显著影响现金调整速度。

2.1.2 预防动机

预防动机是指考虑现金流量的不确定性和潜在的财务困境等，公司需要保有现金以满足公司营利性项目的投资需求和某些意外性支付。

在资本市场融资的成本较昂贵时，公司会持有更多的现金，以更好地应付所面临的不利冲击，Opler 等（1999）的研究刚好印证了此观点。现金持有的预防动机还表明，拥有更好投资机会的公司，在面临不利冲击和财务困境时所付出的代价更大，因此这类公司将会持有更多的现金。Opler 等（1999）通过运用市价对账面价值比率和研究开发费用作为投资机会的代理变量，支持了该预测结论。

Almeda 等（2004）的模型考察了企业对预防性现金的需求，他们发现财务约束的企业会从现金流中投资部分资金于现金及现金等价物，而不受财务约束的公司则没有；Chang 等（2007）从融资约束与公司投资决策和现金需求相结合的角度，证实了融资约束公司现金持有具有较强的预防动机；Han 和 Qiu（2007）的两期投资模型分析结果表明，财务约束公司会采取预防性现金持有动机。

Himmelberg 和 Love（2003）从销售收入波动的不确定性与现金持有角度；Custodio 等（2004）从筹资成本与现金持有角度；Baum 等（2006）从宏观经济与个体的不确定性与现金持有角度，都实证证实了现金持有的预防动机。

Guney 等（2007）利用美、英、法、德、日等国，1996 至 2000 年间的 4069 家公司数据，考察了杠杆与现金持有间的关系。一方面杠杆代表着企业的举债能力，所以杠杆与现金持有负相关（替代效应）；另一方面随着杠杆的增大，企业需要积累大量现金以减少财务困境和破产风险，因此杠杆与现金持有正相关（预防动机）。他们的实证结果强烈并稳健地支持杠杆与现金持有之间的非线性关系，他们还发现杠杆与现金持有之间的关系还会受到国家特征的影响，比如债权人和股东的受保护程度、股权集中度等。

Acharya 等（2007）的模型显示，当营业收入和投资机会之间的相关性较低时，企业会积累现金而不是降低债务。他们在模型中还发现，公司会发行债券和从世界其他高现金流的国家和地区转移收入来囤积现金，为了在所有国家进行投资，包括那些现金流量较低的国家。

Gamba 和 Triantis（2008）对现金持有决策的财务弹性价值分析，实质上都是对现金满足企业预防动机后果的研究。

Riddick 和 Whited（2009）对已有文献提出的公司倾向于从现金流中投资部分资金为现金和现金等价物进行了质疑，因为这些文献没有调整变量 Q 的测量误差；尽管如此，他们的模型却显示了公司的风险和现金持有水平之间的正相关关系。

Baum 等（2008）、Bates 等（2009）的研究都表明，公司现金持有量的增加主要是基于预防动机。

Denis 和 Sibilkov（2009）考察了为什么现金持有对于融资约束企业更有价值，而有些融资约束企业为什么持有较少的现金。他们研究发现，高水平的现金持有通常与融资约束企业较高的投资水平与高避险需求相联系，因为投资与价值间的关系，融资约束企业比无约束企业要强。这些研究结果意味着，更高的现金持有允许约束公司承担增加价值的项目，否则可能被错过。

Lins 等（2010）调查了 29 个国家企业首席财务官关于企业是否以及为什么使用信用额度还是非经营性（过剩）的现金作

为企业的流动资金。结果发现，这两种流动性资金来源被企业用于应对不同的风险，非经营性现金用于应对未来坏的时候现金流冲击，而在未来良好的时候，公司则选择信用额度投资于商业机会。

Lian（2011）通过对中国 1999 ~ 2009 年间（含 2008 年金融危机时期）上市公司现金持有影响因素的研究发现，相比于其他时段，中国上市公司金融危机时期持有的现金更多；他们还发现杠杆率低、净营运资金少、资本支出低的企业持有的现金更多，也就是这些企业从现金流保留的现金更多。他认为中国上市公司现金持有符合预防动机理论。

Acharya（2011）实证发现企业现金持有与贷款利差之间显著正相关，认为可以用现金持有的预防动机来解释其原因。在其模型中最佳现金持有量的部分内生性决定于企业的信用风险，所以现金持有与贷款利差之间必然是正相关，相反，贷款利差与影响现金持有的独立于信用风险以外的因素的“外生因素”负相关。虽然企业持有较多现金意味着企业在短期内不容易违约，但是内生于流动性资金的流动本质，使其可能与企业长期性违约正相关。现金持有的预防动机是理解现金对信贷风险影响的核心。

Lian 等（2012）考察了中国 1998 ~ 2006 年间上市公司现金持有的动态调整，实证结果支持了现金持有的动态权衡理论。从现金持有动机上看，由财政紧缩所引起的预防动机，可以很好地解释中国上市公司现金持有行为。

Gao 和 Grinstein（2014）将企业的不确定性分解为系统和异质性两部分，并发现系统部分而不是特质部分，能够解释公司的现金持有决策；进一步分解系统的不确定性，并发现宏观经济政策、利率和市场风险溢价的不确定性是现金持有的重要决定因素。

2.1.3　代理动机

之前讨论现金持有的交易动机和预防动机都主要是建立在"股东利益最大化"的假设基础上的，也就是说企业的经理人会以股东利益最大化为原则。现代企业往往是经营权与所有权相分离，导致企业经理人利益与股东利益产生了分化，经理人往往不再以股东利益最大化为原则，而是更多考虑自身利益的最大化。

现金作为企业流动性最强、企业经理人较为容易自由掌控的资金，出于有利于自身的角度，经理人表现为"倾向于持有更多的现金"（Jensen 和 Meckling，1976；Jensen，1986）。

Jensen（1986）认为，当公司所面临的投资机会较少时，企业自主权较大的经理人宁愿保留现金而不是将其分配给股东。这些自由支配的现金持有量通常是模型在控制了交易动机和预防动机所需现金后所得的多余现金持有量。

Dittmar 等（2003）、Dittmar 和 Mahrt－Smith（2007）、Harford 等（2008）提供的证据表明，代理问题越严重，企业持有的现金也就越多。

Gao 等（2013）通过对美国公开上市公司和私人企业现金持有的研究发现，私人企业虽然面临更大的融资摩擦，但是平均来说，私人企业持有的现金只有上市公司的一半。他们认为造成差异的原因是上市公司较为严重的代理问题。进一步研究发现，代理问题不但影响公司的现金持有目标值，并且还会影响经理人处理超额现金的方式。

Nikolov 和 Whited（2014）构建了包含错位经营和股东激励三种机制的融资和投资动态模型，三种机制为限制管理层持股、依据公司规模的薪酬激励、在职消费，研究结果表明在职消费对于企业现金持有的影响最大，依据公司规模的薪酬其次。当企业的大股东和机构投资者持股都较低、管理者在职消费高时，管理层持股少这一因素是企业现金持有长期上升的关键因素。

Boubaker 等（2015）认为距离较远公司受到股东的监督较少，所以有较大的代理冲突，远距离将促进经理人攫取私人利益。研究发现，企业与主要大都市间的距离和现金持有量之间正相关，并且当控股股东具有较高的超额控制权时（现金流权和控制权分离），这种影响更加明显。

Liu 等（2015）探讨了家族控制对企业现金持有的影响效果。他们认为，出于隧道掏空的目的，中国家族企业倾向于持有高水平现金，这损害了公司的价值，并且严重的控股股东与中小股东代理冲突以及独具中国特色的家庭特征（一个小孩、面临继承问题等）都能使这种情况变得更糟。

Jiang 和 Lie（2016）考察了企业现金调整与管理者侵占之间的关系。他们发现，平均而言企业每年调整实际现金与目标现金间差异的 30%。进一步研究发现如果企业是实际现金高于目标现金，那么现金调整的速度会更快。可能是因为降低现金比积累现金要容易，但是如果企业被并购的可能性越小，企业降低现金调整速率就越大，以此来持有更高比率的现金。这表明了，自利的经理人都不愿意将超额的现金支付出去，在没有受到外部压力情况下，他们更愿意保留更多的现金。

Shelifer 和 Vishny（1997）、La Porta 等（1999）、Faccio 等（2001）、Guney（2004）等学者，将对企业代理问题的研究从经理人与股东利益冲突扩展到“公司大股东与中小股东之间的利益冲突”。他们研究发现，当大股东能够控制公司时，他们可能会有强烈的动机在企业积累并持有大量现金，增加自己控制资金的额度，进而达到侵吞公司财产、侵占中小股东利益的目的。

2.2　现金持有的影响因素

近些年来，学者们从不同方面探讨了影响企业现金持有的因素，比如，企业特征（公司规模、成长机会、资产有形性、股利支付、研发支出、债务水平等）、公司治理（股权集中度、股权结构、董事会规模、控制权市场、代理权争夺等）、制度环境（经济不确定性、税收、产品市场、投资者保护、债权人受保护程度等）。

2.2.1　企业特征

之前学者们探讨了企业的不同特征对企业现金持有的影响，包括：公司规模、成长机会、资产有形性、股利支付、研发支出、债务水平、融资约束等。

Rajan 和 Zingales（1995）认为小公司由于面临更多的借贷约束和更高的外部融资成本，因此公司规模与现金持有量应呈负相关关系。

Ferreira 和 Vilela（2003）研究结果发现，当企业与银行关系紧密时，基于预防动机持有的现金可以较少；当国家投资者保护较好、股权较为集中，企业持有现金也较少，支持了代理理论对现金持有的解释。

Khurana（2006）通过考察金融发展水平对企业现金持有和现金流之间敏感性的影响，来检验金融发展水平对企业流动性需求的影响，他们利用了 1994 ~ 2002 年 35 个国家 12782 家企业的数据进行研究，结果发现现金持有与现金流之间的敏感性随着金融发展水平的提高而降低。

Rajan 等（2008）利用企业拆分时现金的分配来研究现金持有的决定因素。他们运用权衡理论建议的变量，并控制了可能导致内生性的杠杆率和现金比率，结果发现企业的管理者倾向于分配更多的现金给规模较小、研究和开发费用率高、净营运资本比率低、杠杆率较低的分企业。意味着，企业持有较高比率现金往往伴随着外部融资困难或者内部现金流减少。

García - Teruel 和 Martínez - Solano（2008）利用西班牙 1996 ~ 2001 年间 860 家中小企业的数据分析了现金持有的影响因素，实证结果表明，企业都试图达到其现金持有的目标，进一步研究发现拥有更多成长机会、现金流大的企业现金持有目标较高，而获得银行债务、现金替代物增加的企业，现金持有目标将降低。

Jung 和 Kim（2008）探讨了企业的超额现金持有是否加强边际税率对杠杆率变化的解释力，结果显示，持有较多超额现金的高税率公司更有可能提高杠杆，证实了有足够多现金的企业更有可能利用“债务税盾”。

Vanel 和 Perevalov（2008）利用加拿大 1980 ~ 2006 年公司层面的数据，考察了公司特征与现金持有之间的关系，他们发现，融资约束是解释企业高现金持有的一个重要因素，并且近年来公司现金持有的增加主要是由于公司特征的改变，具体来说，高现金持有与加拿大公司规模变小、现金流增大、持有的现金替代品水平较低、研发费用增多并且更容易陷入财务困境都有密切关系。

García - Teruel 等（2009）利用西班牙 1995 ~ 2001 年上市公司的面板数据研究发现，应计质量好的公司现金持有水平低于应计质量较差的公司。他们认为好的会计信息质量可以减少信息不对称和逆向选择的负面效应，进而可以使公司降低现金持有的水平。他们还发现当公司获得更多的银行贷款或者有其他现金替代品出现时，企业的现金持有水平也下降。

Álvarez 等（2010）利用 1996 ~ 2009 年智利企业的面板数据，分析了流动性危机对于企业现金持有间的关系，结果发现，企业的杠杆、银行债务、流动性资产、公司规模和现金流波动性都会影响企业的现金持有，同时发现流动性危机对企业现金持有具有整体性、经济上显著的负面效应，并且这种效应大小因企业规模而异。进一步研究发现，中等规模的企业相比于规模小或者规模大的企业，其现金调节能力较差。

Martínez - Carrascal（2010）研究了欧元区企业现金持有的影响因素及现金持有与企业规模间的函数关系，结果发现不同大小企业对流动性的投资呈现出显著的差异。更具体地说，欧元区规模较小企业的流动资产与现金流及其波动性的关系比规模较大企业要更加的紧密，这可能是因为规模较小企业外部融资更加困难。基于预防原因，它们需要为今后的投资准备资金。

Duchin（2010）研究了企业流动性与业务多元化之间的关系。他认为核心的发现是多元化业务企业相比于单一业务企业明显持有较少的现金，其原因是多元化企业拥有更多样的投资机会。业务多元化的企业现金持有占总资产的比率，1990 ~ 2006 年间平均为 11.9%，而业务单一的企业持有现金占总资产的 20.9% 还多，后者差不多是前者的 2 倍。进一步发现融资约束或者管理良好的公司，上述效应更强。

Ramezani（2011）探讨了美国公司融资约束、实物期权与现金持有之间的关系。研究发现，公司拥有较高价值的实物期权时，持有的现金就较多，在其他因素相同情况下，不受财务约束的企业持有更多现金。同时还发现，公司的加权平均资本成本增加将导致现金持有的增加，公司具有更高市场权利（相对销售较高）持有更少的现金，企业经营灵活性较低（固定资产占总资产比值较高）也持有较少现金。

Dittmar 和 Duchin（2012）研究发现美国工业企业在 2011 年持有的现金余额为 1.5 万亿美元，并且其中 78.2%（差不多 1.2 万亿美元）是由 10% 现金充裕企业所持有，这些现金充裕企业有着这样的特征：成熟企业具有较高收益、现金流波动性低、投资机会少和信用评级高，慢慢地调整他们的现金持有趋于目标值。控制公司的融资需求和代理动机，发现管理者的保守主义解释了现金充裕公司的现金持有策略。保守的管理者通过从现金流中保留更多资金、发行较多证券以此来持有更多现金，持有现金的价值基本上也是较低的。

Naoki（2012）利用日本 1980～2010 年上市公司的面板数据，分析了影响企业现金持有的因素以及检验了现金持有是否与企业的业绩和价值有关，结果表明，公司现金持有的增加是因为自 20 世纪 90 年代以来现金流的高不确定性，以及特别是在 21 世纪初，低成本资金的持续可用性。

Chen 和 Liu（2013）探讨了 2003～2012 年中国制造业企业现金持有的影响因素及其现金持有策略，结果表明，企业财务约束越严重，倾向于持有的现金就越多，同时，杠杆低、净营运资金少、资本支出低的公司也倾向于持有更多现金。另外，中国的经济环境与发达国家不同，并且中国多数制造业企业属于国有，所以政府政策也会对企业现金持有动机产生影响。

Shah（2011）针对 1996～2008 年 380 家巴基斯坦上市公司的静态面板数据研究发现，成长性更好、公司规模越大、股利分配越多和现金流越大的企业持有更多的现金；而公司债务期限越长、现金转换周期越短的企业现金持有越少。

Anjum 和 Malik（2013）同样研究了巴基斯坦公司现金持有的影响因素，他们考察了公司规模、净营运资金、杠杆、现金转换周期和销售增长对现金持有的影响，结果发现除销售增长外，其他因素都能显著影响公司的现金持有。

Steijvers 和 Niskanen（2013）实证分析了私营家族企业现金持有的影响因素，结果发现，相比于创始人，后代 CEO 倾向于持有更多的现金，并且股权越集中这种效应越显著；此外，外部聘请 CEO 相比于单一家族所有企业的内部 CEO，也将持有更多现金。

Horioka 和 Terada – Hagiwara（2013）利用 11 个亚洲国家 2002 ~ 2011 年公司层面数据，分析了公司现金持有的影响因素，结果发现企业的现金流与现金持有（现金存量）显著正相关，说明亚洲国家企业由于受到融资约束的影响，当现金流增大时，它们会更多地储备现金以备未来投资的需要。

Pastor 和 Gama（2013）重点分析了葡萄牙 2001 ~ 2007 年。非金融中小型制造业企业的现金持有影响因素，结果发现企业规模、成长机会、与银行的关系、现金流的不确定性、债务结构、流动性和杠杆都能显著影响这些中小型企业的现金持有水平。

Ehling 和 Haushalter（2014）利用 2000 ~ 2009 年超过 18 万条私营企业的数据，研究发现企业持有更多现金的收益因公司的规模和所面临的条件而改变，现金持有对于小公司非常重要。当有来自行业和宏观经济的负面冲击时，小企业的现金持有量与其销售和资产的变化显著正相关；而面临其他条件变化时，现金重要性就要小一些。

肖作平（2008）研究发现，公司规模、公司成长机会与公司现金持有量显著正相关；杠杆、非现金流动资产与公司现金持有量显著负相关；支付现金股利的公司具有相对高的现金持有量。

2.2.2 公司治理

针对公司治理对企业现金持有的影响，学者们主要从股权集中度、股权结构、董事会规模、控制权市场、代理权争夺等方面进行了探讨。

Yosuke（2003）、Ozkan 和 Ozkan（2004）、Harford 等（2008）分别探讨了董事会规模、企业管理层持股、公司治理结构等方面对企业现金持有的影响，结果分别为：新加坡公司的董事会规模越大，持有的现金就越多；企业管理层持股与企业现金持有之间存在着显著的非单调关系；美国公司治理结构较弱的企业，持有的现金较少。

Chen 和 Li（2011）探讨了中国上市公司自身特征和公司治理对现金持有的影响，结果表明，公司的成长机会、公司规模、现金流、债务期限结构、总资产周转率、股利分配等与现金持有显著正相关，而杠杆、银行债务、流动资产率、董事持有股份、领导结构与现金持有显著负相关，Z 指数、独立董事比率和控制股东类型则没有显著相关性，另外产业因素也是一个重要影响因素。

Subramaniam 等（2011）实证检验了公司的组织结构（比如多元化还是单一化）对现金持有的影响，结果发现，多元化公司持有的现金显著少于单一化公司，在运用时间序列、横截面和其他稳健性测试后，认为多元化公司持有较少的现金，是因为多元化企业各子公司之间增长机会互补、内部资金可以有效流动。

Tong（2011）实证研究发现，多元化公司无论是否面临财务约束，其现金持有价值较单一化企业都低。他还发现多元化企业公司治理水平的低（高）对现金持有价值的影响为负（零），这些研究结果与公司多元化引起的代理问题将降低现金价值的说法相一致。

Ammann 等（2011）考察了公司治理与现金持有间的关系，样本包括 2007 年 46 个新兴和发达国家 1875 家企业数据。研究发现，在公司层面的治理越弱，公司持有的现金则越多；公司层面治理越弱，持有大量现金将会导致经理人投资财务净现值为负的项目；公司如果将过剩的现金，以股利形式分配给股东，将会减少经理人把现金投资于净现值为负的项目。他们的研究反映了现金持有的代理动机。

Amess 等（2015）首先回顾和综述了企业现金持有的预防动机和代理动机进行探讨的现有文献，然后提出一个关于现金持有上述两种动机理论的程式化模型，最后通过对不同国家数据进行实证分析来讨论两种动机各自的适应条件。

Seo（2016）实证研究发现，企业受 SOX 法律驱动，引入独立董事后将会增加现金持有的量，同时经验数据表明，这时现金对于股东的价值也更高。进一步研究发现，融资约束和外部监督较强的公司，其现金持有增加幅度较小。

Lee 和 Park（2016）研究探讨了财务约束和董事会治理，在降低企业现金持有中的代理问题时，是否存在替代作用。他们利用了有关于融资约束的 4 个公司特有特征以及 28 个前瞻性的董事会治理标准，结果发现，董事会治理减少现金持有代理问题在财务约束较轻的企业更加有效。他们的结果表明，董事会治理对企业现金持有的作用将会受到财务约束的影响。

Cheng 等（2016）研究表明，企业的高现金持有可以被高管事后用于薪酬的讨价还价。企业现金资产增长大约 10%，CEO 的薪酬增长约 270 万美元，在公司治理较弱的企业，这种关系更为明显。他们运用奖励、亏损和公司诉讼作为外生因素冲击公司的现金持有时，则发现公司 CEO 的薪酬很容易响应这些现金持有的变化，也印证了管理者确实能够从超额现金中获取个人利益。

国内学者杨兴全和孙杰（2007）、罗琦和许俏晖（2009）、杨兴全和张照南（2010）、杨兴全等（2016），探讨了公司自身特征、公司治理和融资约束等对企业现金持有的影响，得出许多有意义的结论，比如杨兴全和孙杰（2007）得出国有股与现金持有量负相关，罗琦和许俏晖（2009）表明外部融资约束越大的民营企业倾向持有更多的现金等，杨兴全等（2016）发现成长性行业公司持有的现金更多。

2.2.3 制度环境

公司现金持有不仅受到公司内部因素的制约，还可能受到宏观经济状况和国家相关法律制度的作用，比如，经济不确定性、产品竞争环境、税收、产品市场、投资者保护、债权人受保护程度等。

Dittmar 等（2003）实证样本包括了 45 个国家 11000 家公司的数据，他们发现股东权利保护较差国家的公司持有的现金高达股东权利保护较好国家公司的两倍，并且如果股东权利保护较差，通常会对现金持有产生重要影响的因素，比如投资机会、信息不对称等将变得不那么重要。他们还发现，与代理理论一致，如果企业融资越容易，企业持有的现金越多；Pinkowitz 等（2006）也发现投资者保护程度较弱国家的企业持有的现金更多。

Guney 等（2003）利用日本、法国、德国和英国 1983 ~ 2000 年 3989 家企业的数据来探讨企业现金持有行为，结果发现国家的法律结构和企业的所有权结构在对企业现金持有的影响中，扮演着非常重要的角色。他们观察到股东（债权人）权利受保护程度越高，伴随着企业较低（较高）的现金持有，并且股权集中对现金持有水平将施加负的影响。

Kalcheva 和 Lins（2007）采用来自31个国家超过5000家企业的管理者控制权数据，检验了现金持有的净成本和好处，结果表明，如果国家层面的股东保护水平较弱的时候，公司管理者持有现金越多，公司价值则越低，进一步发现，虽然外部股东保护较弱但是如果管理者支付股息，企业价值则较高。

Foley 等（2007）从税收角度考察了美国公司为什么持有大量的现金，结果表明，美国跨国公司之所以持有大量现金，部分是因为海外分公司收入汇入国内会被征税，所以当面临较高归国税收时，跨国公司将持有较高水平现金，并且国外子公司归国税收越高持有现金就越多。

Ramírez 和 Tadesse（2009）基于50个国家公司的面板数据，考察了企业不确定性规避和国际化与现金持有的关系。研究发现，位于不确定性规避需要高的国家，企业倾向于持有更多的现金，企业的国际化程度与现金持有显著正相关，同时国家文化对跨国公司现金持有的影响较小，这些结果在经济上都是显著的。

Song 和 Lee（2012）通过对8个东亚国家的分析，考察了亚洲金融危机对企业现金持有长期影响，他们发现，公司特征的变化并不能解释企业现金持有量的增加，而是因为企业对现金的需求函数发生了变化，这说明金融危机系统性地改变了公司的现金持有政策，具体来说，公司现金与现金流波动性之间敏感性的增加是解释企业在后危机时期现金持有水平较高的一个主要因素。

May（2012）研究发现，大量的现金持有对公司面对一次突然的负面冲击后的业绩复苏具有负面影响，但是这种影响随着时间和分析截面的不同而变化，也就意味着这种影响是动态、状态依存的。进一步研究发现，之所以会出现这样的现象，是因为低现金持有企业面临冲击时显著降低其资产，而高现金持有企业则不遵循这种模式。

Hill 等（2013）通过利用游说费用来度量企业的政治关系，进而研究其与企业流动性需求间的关系，这是一个有趣的问题，因为许多持有现金的动机因政治关系的出现而减弱。结果发现，现金持有水平与游说费用间显著负相关，并且现金的边际价值随着游说的增加而降低。

Pinkowitz 等（2013）发现美国公司在金融危机后，不正常的现金持有占到总现金的 10% 左右，比危机前上升了 87%，引人注目的是，美国公司危机前后不正常现金的增加量并不比其他发达国家的公司多，并且美国公司不正常现金的增加主要集中在高盈利的公司。总之，在危机爆发之前，美国公司的高现金持有量是一个美国之谜，美国公司从危机之前到之后的现金持有量增加则不是。

Stone 和 Gup（2013）考察了 1970 ~2011 年企业现金持有与利率之间的关系，结果发现，1970 ~2011 年现金持有与利率之间并没有出现人们所期望的负相关，进一步分析发现，现金持有与利率之间的关系并不能被税收假说、现金流理论或者养老金入市等原因所解释。

Morellec 等（2014）认为竞争将导致企业增加现金持有量，同时也会增加股票发行的额度和频率，实证结果发现，产品市场的竞争对融资约束企业的现金持有和融资决策的影响居于首位，印证了之前的提出的假说。

Agliardi 等（2014）探讨了不确定性下，公司的现金持有策略和融资政策，他们的研究表明，如果投资者模糊厌恶的偏见足够大时，公司的现金将保留更久；而当模糊和模糊厌恶的综合影响较低时，现金持有变得不那么有吸引力。

Wang 等（2014）通过选取 1998～2009 年中国上市公司的数据，实证检验结果表明，在 CPI 达到一个适当值前与企业现金持有显著负相关，达到适当值后又显著正相关；经营周期与企业现金持有间的关系也是“U”形的，通货膨胀同样会对上述关系产生影响。

Megginson 等（2014）探讨了 2000～2012 年中国民营上市公司的国有股权与现金持有间的关系。他们发现民营上市公司现金持有水平随着国有股比例的下降而上升，平均来说，在他们的样本中，国有股比例下降 10%，企业现金持有增加 5500 万元，究其原因，可能是国有股权的预算软约束造成的。中国的金融体系是由国有银行所主导，这样的环境非常有利于预算软约束的形成。

Chen 等（2014）以中国为例探讨了政府质量对企业现金持有的影响效果，研究发现，企业所处地区政府管理水平越高，企业持有的现金就越少，结果与国家侵占说法不一致，但是支持了金融约束缓解学说。一个好的政府能够降低投资—现金流敏感性和现金—现金流敏感性，并对民营企业降低现金持有作用更明显，也能有利于企业获得银行贷款和其他信用融资。

Lin（2014）考察以知识为基础的创新对公司现金持有的影响，利用企业与最近大学之间的距离作为知识密集的代理变量，结果发现，知识密集型企业持有的现金更多，即使在控制研发费用后，结论依然成立，他认为预防动机比代理动机更占据主导地位，并且知识对现金持有的影响会随着时间的推移而强化。

Qiu 和 Wan（2015）考察了技术溢出效应对公司现金持有的影响，研究发现，企业面临技术溢出效应越大持有的现金就越多，并且对于那些财务约束公司、从技术扩散受益更多的公司

（比如，拥有新的专利、盈利更好、面临更好的增长机会），这种效果更明显，最后他们认为技术溢出效应是影响企业现金政策的一个重要因素。

Stone 和 Gup（2015）讨论了商业周期对企业现金持有的影响，他们利用三个截然不同季报数据集，研究表明公司的现金持有量在经济衰退期间开始下降，但会达到或超过危机前的水平，同时发现国家经济局对于经济衰退的声明将促使企业持有额外更多的现金。但是他们没有找到现金持有预防动机的证据。

Kusnadi 等（2015）考察了机构发展和国家所有权对中国企业现金持有的影响，实证结果表明，当企业所处省份的机构组织发展越好，企业持有的现金就越多；但是非国有控股企业持有的现金少于国有控股企业。进一步发现，机构发展与现金持有间的积极效应对于非国有公司更加突出，这些发现与如下假说相一致，“较发达的机构会减轻政治权利抽取非国有控股企业资源的威胁，这样的威胁会促使企业持有大量的现金”。

Chen 等（2015）探讨了美国和世界其他国家文化层面是否对企业现金持有变化产生影响，他们的研究结果主要有以下几点：第一，从国际情况来看，企业的现金持有与个人主义显著负相关，而与不确定性避税显著正相关；第二，个人主义和不确定避税会影响现金持有的预防动机；第三，美国个人主义较强州内的企业持有的现金要明显少于集体主义州内的企业；第四，个人主义与企业资本支出、收购和回购显著正相关，而不确定性避税却是负相关。

Lyandres 和 Palazzo（2015）理论和实证证明，战略考虑对于创新型企业决定现金持有策略非常重要。在他们的模型中，创新型企业在结构不确定的产品市场中竞争，需要使用现金作为创新的投资承诺。他们发现企业现金持有需要权衡预期的竞争强度，并且这种关系的符号和大小取决于企业财务约束的大小，与囤积现金的动机相一致。公司现金持有会受到竞争对手现金持有的负面影响，预计竞争越激烈，受到的影响越大。

Cunha 和 Pollet（2015）探索了由人口需求引起的公司持有现金的原因，结果表明，人口需求的变化是企业现金持有预防动机和代理问题的外生影响因素，在面临高需求增长时，企业会增加现金持有，与预防动机相一致，这种关系在融资约束较严重公司更加显著；此外他们还发现，企业预测需求增加较低时，会减少现金持有的量，与自由现金理论一致，这种关系在公司治理较好、债务较少和行业集中度低的企业表现更强。

Bliss 等（2015）关注到在 2008～2009 年金融危机期间，企业无论是分红还是股票回购（大部分采取这种方式）形式的股息支付都显著降低，企业将减少支出的资金主要用于维持现金水平和投资。

Pinkowitz 等（2016）研究发现美国公司 1998～2011 年持有现金的平均值（不是中位数）要多于国外同类公司，但是这种差异在 2008 年后不再扩大，进一步地在样本中删掉研发费用较高的美国公司，结果发现无论美国的跨国公司还是纯粹国内公司，它们的现金持有都多于外国同类公司，同时提出国家特征对这种差异几乎没有解释力。

Breuer 等（2016）首先理论分析得出投资者对不确定性投资回报的态度将会影响现金持有的量和持有现金的价值，随后的模型分析表明，模糊性厌恶越大，持有现金的价值就越低。同时发现，如果企业管理者发现他们的投资者倾向于模糊厌恶，管理者就会做出相应反应，降低现金持有的量。

Ki 和 Mukherjee（2016）探讨了宏观经济的不确定性与企业现金持有之间的关系，结果发现，宏观经济的不确定性确实有助于解释企业现金持有的变化。进一步研究表明，企业受宏观经济影响的程度不一样，企业现金持有水平就不一样，宏观经济影响较大的企业持有的现金就越多。

2.3 现金持有与负债之间的关系

在现有文献中，也有学者专门讨论了现金持有与负债水平（银行贷款、商业信用）之间的关系，但是还没能得到一致性的结论。

虽然 Baskin（1987）和 John（1993）都认为，负债水平越高企业持有的现金则越少，但是两者所反映的机理却不一样，前者认为负债越高，持有现金的成本就越高，所以应该少持有现金；而后者则认为负债越高，说明举债能力越强，可以举债来代替现金，所以可以少持有现金。Colquitt 等（1999）认为负债越低，外部监督就较弱，经理人出于自利，倾向于持有较多现金，从另一角度表明负债与现金持有负相关。Manso（2008）、Ferreira 和 Vilela（2003）研究发现，企业现金持有越多，债务的代理成本就越高，银行就越不愿意贷款给企业，由此表明现金持有与银行信贷额呈负相关，国内杨兴全和孙杰（2007）的研究结果也表明，公司现金持有量与银行性债务负相关。此外，Ozkan 等（2004）、辛宇和徐莉萍（2006）、罗琦和邹斌（2007）、Kalcheva 和 Lins（2007）、Hardford 等（2008）、沈艺峰等（2008）的研究也支持了现金持有量与负债水平存在负相关关系的论点。

Acharya 等（2013）认为如果公司的风险更大，那么它获得银行贷款的费用就更高，所以这些公司就是支付流动性溢价也会选择现金。实证研究证实了上述说法，他们发现，当公司风险波动较大时，企业未利用信用额度风险增加，银行信贷的功能也减少，利率要求更高、期限更短，所以此时企业的现金储备将增长。

Francis 等（2014）对美国放松银行管制与企业现金持有间关系的研究表明，放松银行管制与企业现金持有间显著负相关，进一步研究发现，这种负相关关系主要是由融资约束企业所带动的，特别是那些低对冲需求的融资约束公司。

Hudson 和 Roth（2015）探讨了企业现金持有与银行贷款条件之间的关系，他们发现无论是利用企业报告的现金、测算的正常现金或者超额现金进行分析，它们与银行贷款利差之间都呈显著负相关，并且如果企业获取资金所面临的特殊或者系统困难越大时，负相关性越强。企业持有的现金越多，其获得银行贷款的期限越长，并且由更少银行组团提供贷款，贷款条款的限制性要求也越少。恰恰与“持有越多现金意味着信用风险越大”的观点相反，他们认为持有高额现金会降低贷款的价格和非价格成本，以此来增加企业的财务和运营灵活性。

Ogawa（2015）考察了日本企业的银企关系对现金持有的影响，发现企业如果有一个主力关系银行，那么这种银企关系将在两个方面影响企业的现金管理策略：第一，企业只需持有较少的现金用于预防动机，因为主力银行会在它们需要的时候为其提供流动性资金；第二，主力银行也会给企业提供缓冲性支持，使客户企业可以通过调整现金持有来将冲击的影响降低到最低。但是客户企业为了维持与主力银行间的长期稳定关系，需要付出一定的代价，也就是主力银行对客户企业所施加的垄断租金，通常是以利率高但更有效率的形式存在。

另有一些学者提出，企业负债水平越高，就越需要保持较高的现金水平，以降低企业出现财务困境甚至破产的概率。Opler

等（1999）认为，企业负债越高，再融资的难度和成本就越大，所以企业会持有较多现金。Faulkender（2002）以及 Teruel 和 Solano（2004）分别通过对美国 2800 家和西班牙 860 家小企业的研究发现，企业的现金持有比例与负债水平正相关。Robichek 和 Myers（1966）研究发现，由于日本的主银行拥有垄断权，为了避免拖欠风险，银行会说服公司持有较多的现金。Rajan 和 Zingales（1995）以及 Pinkowitz 和 Williamson（2001）等学者对日本企业现金持有的研究结果分别为，“日本企业平均的现金持有量占资产的比重几乎是其他 G6 国的两倍”，“日本企业的现金持有量高于美国与德国”。Subrahmanyam 等（2014）研究发现，当企业对债务进行信用违约互换（CDS）后，持有的现金将显著增加，并且对于那些存在融资约束或再融资风险较大的企业，现金持有增加的程度更明显；另外，银企关系和良好的信贷服务质量都会加强信用违约互换（CDS）对现金持有的影响。

Seifert 等（2012）通过 48 个国家公司层面数据，检验了债权人权利与公司现金持有之间的关系，结果发现，公司现金持有量随着债权人权利的强化而减少，同时发现债权人权利和企业现金持有的关系还会受到国家治理质量的影响，在治理良好的国家上述关系才成立，而在治理较差的国家则恰好相反（公司现金持有量随着债权人权利的强化而增多）。

Yung 和 Nafar（2014）通过跨国分析的证据表明债权人的权利与企业现金持有水平间显著正相关，但是这样的关系在投资者保护较好的国家将有所减轻。他们认为其研究结果与“当债权人权利保护较强时，投资者将对企业持有现金的动机产生疑虑”的解释相一致。

Harford 等（2014）研究发现，企业通过增加现金持有量和从现金流中保留更多现金来减少再融资的风险，公司长期债务到期日已明显缩短，这种缩短现象在很大程度上解释了企业现金持有的增加（企业现金持有越多，就越愿意接受期限较短的债务）。

Brick 和 Liao（2016）利用 1985～2013 年大样本公司数据，考察了企业对于现金持有和债务期限的选择，结果表明，企业债务期限和现金持有之间存在正相关关系，并且在考虑了杠杆与债务期限和现金持有的内生性后，结果依然成立，他们的研究也证实了财务约束公司也存在这种正相关关系。

国内于东智等（2006）、孙杰（2007）、连玉君等（2011）、陈德球等（2011）的研究结果同样表明了，现金持有与负债两者之间存在正相关关系。而成果和黄远离（2013）的研究则发现，现金持有能从正反两方面影响企业的信贷融资能力，一方面适当的现金持有量对企业获得银行信贷存在有利的影响，但是另一方面当企业规模增大，现金持有增多，债务的代理成本就越高，这样现金持有反而会对企业的信贷融资产生不利影响。

2.4 文献评述

事实上，公司的现金持有策略是由公司的股东、债权人、经理人等利益相关者基于各异的动机相互较量的结果，是公司自身财务特征、治理结构、制度环境以及宏观经济波动等多重因素共同作用下的产物。

我们通过对当前与公司现金持有相关研究的分析，可以发现现有研究存在以下不足之处：

（1）先前关于企业现金持有的研究主要围绕着以下两点展开，第一，企业为什么要持有现金这一流动性最强、获利能力最低的资产？第二，哪些因素会影响公司的现金持有水平？针对第一点，以往文献主要在“权衡理论”“优序融资理论”和“委托—代理理论”等三种融资理论指导下，得出现金持有的三种主要持有动机，即交易动机、预防动机和代理动机；而针对第二点，学者们主要从企业特征、公司治理和制度环境等方面探讨了企业现金持有的影响因素。在众多可能影响因素中，也有学者专门讨论了企业的负债与现金持有之间的关系，但是还没能得到一致性的结论，特别是企业短期负债（如银行短期贷款和获得商业信用等外源资金）与现金持有（内源资金）之间的关系，国内外学者还较少有涉及。

（2）国内还没有学者在考虑内生性以及动态视角下，考察企业的现金持有水平与商业信用、银行短期贷款间的相互关系，虽然国外学者 Kling 等对此进行了一些分析，但是他们的研究主要关注资本市场和法律制度都较为完善的发达国家（英国），因此，他们的研究结果并不一定适合新兴市场国家，特别是处于转型期的我国。

（3）国内外很少有文献将商业信用细分为不同模式（应收票据、应收账款、预付账款；应付票据、应付账款、预收账款），并且在考虑内生性以及动态视角下，探讨它们对企业现金持有的影响。

（4）在我国这样较为特殊的经济和制度环境中，货币政策、经营环境和股权性质在影响企业现金持有中都扮演着重要角色，目前国内的研究较少有在将货币政策、经营环境和股权性质结合起来情况下，考察企业银行短期贷款、商业信用与现金持有水平之间的关系，以及它们对现金持有水平的具体影响程度和方向。

（5）多数研究采用截面静态回归技术，没有从动态视角出发；多数研究采用单一方程模型，没有考虑内生性等。

（6）目前我国对现金持有的相关研究还较为薄弱，同时我国上市公司面临特殊的经济和制度背景，对内源资金（现金持有）与外源资金（银行短期贷款与商业信用）之间关系的研究具有一定的理论和现实意义。

第3章

银行短期贷款、商业信用与现金持有水平

——基于面板VAR的实证分析

3.1 引言

现金不应该简单等同于负向负债，而应该被视作一种融资来源（于泽等，2014）。从融资结构理论中的“权衡理论”“优序融资理论”和“委托—代理理论”可以得到，作为企业最为重要的内源融资来源之一的现金与企业债务融资主要来源的银行短期贷款和商业信用彼此之间通常是相互影响，并且是动态变化的。因此，在考察企业现金持有水平与银行短期贷款、商业信用彼此之间的关系时，最好从动态视角，且需要考虑存在内生性。国外虽有

少数学者，比如 Kling 等（2014）对三者的关系在考虑内生性情况下，从动态视角进行了一些分析，但得出的结论只是三者间的格兰杰因果关系，并没有得出彼此间的具体影响程度是如何？同时他们的研究主要关注资本市场较为完善的发达国家，对于新兴市场国家，特别是处于经济转型中的我国，其结论不一定合适，而国内与之相关的研究还鲜有报道。

针对内生视角下我国上市公司现金持有与短期债务（主要包括银行短期贷款和商业信用）之间的模糊关系以及鲜有学者研究，本章利用我国上市公司 2007 ~ 2014 年的财务数据构建了面板 VAR 模型，通过系统 GMM 方法分析了整体、国有和民营上市公司三个样本组的现金持有、提供的商业信用、获得的商业信用以及银行短期贷款等之间的相互关系和彼此影响程度。此外，本章研究还运用 Granger 因果检验、脉冲响应分析、方差分解等方法对面板 VAR 模型进行了更进一步的分析，以期利用这些相关分析结果进一步印证系统 GMM 的结论。

3.2　研究样本和研究设计

3.2.1　样本选择与数据来源

本章研究以 2007 ~ 2014 年在沪深两市上市的企业为研究样本。根据以下原则剔除了一些样本：（1）剔除金融行业样本；（2）剔除 2007 ~ 2014 年，任一年被特别处理的公司；（3）剔除公司注册地在西藏的公司（西藏的经营环境与其他地区差异很大，甚至有些指标为负数）。

本研究所使用的相关数据来源于 CSMAR 数据库和 CCER 数

据库。本研究采用 Winsorize 方法，将 1% 以下和 99% 以上的分别替换为 1% 和 99%（虚拟变量除外），消除奇异值；选取 2007～2014 年都有相关数据的企业，构成平衡面板数据。最后，本研究的样本包括 2007～2014 年 1434 家样本公司，共 11472 个样本观察值（包括缺失值）。

3.2.2 变量的定义

本研究所涉及的变量主要包括：企业的期末现金持有量（Qmcash）、企业的期末现金持有增加量（Cashzj）、银行短期贷款（Bankloan）、企业提供的商业信用（Acre）、企业获得的商业信用（Acpa）。其具体度量方法为：

$$\text{期末现金持有量（Qmcash）}=\frac{\text{期末现金及现金等价物}}{\text{企业总资产}}$$

$$\text{期末现金持有增加量（Cashzj）}=\frac{\begin{matrix}\text{期末现金及}\\\text{现金等价物}\end{matrix}-\begin{matrix}\text{期初现金及}\\\text{现金等价物}\end{matrix}}{\text{企业总资产}}$$

$$\text{银行短期贷款（Bankloan）}=\frac{\begin{matrix}\text{银行短}\\\text{期贷款}\end{matrix}+\begin{matrix}\text{一年期到期}\\\text{长期借款}\end{matrix}}{\text{企业总资产}}$$

$$\text{提供商业信用（Acre）}=\frac{\text{应收票据}+\text{应收账款}+\text{预付账款}}{\text{企业总资产}}$$

$$\text{获得商业信用（Acpa）}=\frac{\text{应付票据}+\text{应付账款}+\text{预收账款}}{\text{企业总资产}}$$

3.2.3 模型的设定

向量自回归模型（VAR）作为一个重要的工具在时间序列分析中已经得到了非常广泛的应用，但该模型在应用过程中往往要求时间序列资料具有较长的时间跨度。Holtz – Eakin 等

(1988) 最先将该方法扩展至面板数据模型中，随后经 Arellano 和 Bond (1991)、Arellano 和 Bover (1995)、Blundell 和 Bond (1998) 等人的发展，面板 VAR 目前已经在宏观经济学、劳动经济学等诸多领域中得到了广泛应用。

本研究采用了 Holtz – Eakin 等 (1988) 提出的面板数据的向量自回归 (Panel Data Vector Autoregression，PVAR) 方法，该方法将系统中所用变量都视为内生变量，可以通过正交化脉冲响应函数分离出一个内生变量的冲击给其他内生变量所带来的影响程度；克服了传统连立方程模型受制于经济理论不完善而带来的诸如内生变量和外生变量的划分、估计和推断等复杂问题。同时面板 VAR 通过引入个体效应和时点效应变量分别捕捉了个体差异性和不同截面受到的共同冲击。本研究采用 Abrigo 和 Love (2015) 提供的面板 VAR 程序包进行实证分析，该程序采用系统 GMM 方法估计模型系数，放松了对样本数据统计分布特征的要求，稳健性较强。

本研究所使用的面板 VAR 模型形式为：

$$y_{it} = \alpha_i + \beta_0 + \sum_{j=1}^{p} \beta_j y_{i,t-j} + \gamma_{i,t} + u_{i,t}$$

其中，y_{it} 是一个包含四个变量 {Qmcash、Bankloan、Acre、Acpa} 的向量，Qmcash 代表企业期末的现金持有量；Bankloan 是我国上市公司获得的银行短期贷款；Acre 是企业提供的商业信用；Acpa 是企业获得的商业信用；在进一步的分析中本研究用企业的期末现金持有增加量 (Cashzj) 替代期末现金持有量 (Qmcash)。在运用面板 VAR 模型时，本研究有一个假设，每一个截面的基本结构相同，即采用固定效应模型，并通过引入反映个体异质性的变量 α_i 来克服假设对参数的限制。同时本研究还引入反映个体的时点效应的变量 $\gamma_{i,t}$，用来体现在同一时点的不同截面上可能受到的共同冲击。假设 $u_{i,t}$ 为一个服从正态分布的随机扰动。

通过对四变量间的面板 VAR 模型的分析，以期弄清楚图 3－1 所示的彼此间相互关系，也为进一步研究银行短期贷款等几个因素对企业现金持有的影响打下一定基础。

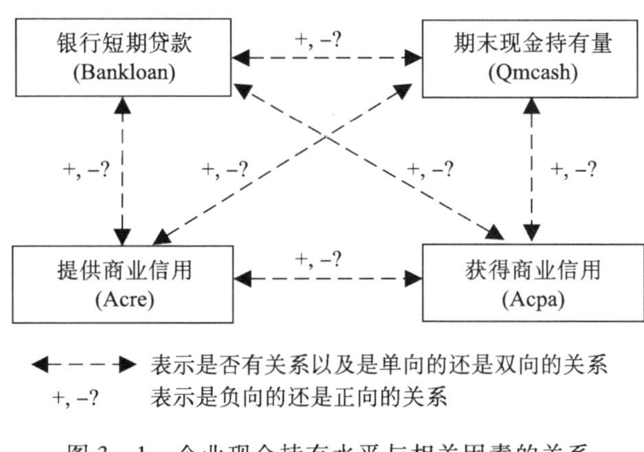

图 3－1　企业现金持有水平与相关因素的关系

3.3　实证结果与分析

3.3.1　变量的描述性统计

表 3－1 对主要变量进行分组描述性统计，并用“独立样本 t 检验”比较了各个变量的均值在两组之间的差异。结果表明，短期贷款（Bankloan）在民营上市公司总资产中所占的比例，在 5% 水平上显著大于国有上市公司。结合之前学者的研究成果，可以认为我国民营上市公司获得的银行贷款中短期贷款较多，而

国有上市公司更容易获得银行的长期贷款。民营上市公司提供的商业信用（Acre），在1%水平上显著大于国有上市公司，说明相比于国有企业，民营企业为促进产品销售，愿意提供更多商业信用给采购商，符合“经营性动机理论”（陆正飞和杨德明，2011）。相反，民营上市公司获得的商业信用（Acpa），在1%水平上显著小于国有上市公司，说明相比于国有企业，民营企业占用供应商的商业信用较少。

表3－1　　主要变量的描述性统计

	民营上市公司			国有上市公司			均值比较
	最小值	均值	最大值	最小值	均值	最大值	t值
Bankloan	0	0.1531	0.6044	0	0.1485	0.6056	1.9693**
Acre	0	0.1541	0.5305	0	0.1416	0.5309	5.9262***
Acpa	0	0.1646	0.5840	0	0.1778	0.5861	－5.5735***
Qmcash	0	0.1367	0.4521	0	0.1348	0.4065	1.0362
Cashzj	－0.1632	0.0082	0.1845	－0.1613	0.0090	0.1844	0.6788

注：平均值的差异的检验使用双侧配对参数检验的t统计量。***、**和*分别表示1%、5%和10%的显著性水平，下表同。

表3－2为分年度均值比较，本研究发现民营与国有上市公司两者间提供的商业信用的差异主要在2007～2011年，而2012～2014年则没有差异，意味着在2008年金融危机前后，民营上市公司为了促进产品的尽快销售，相比于国有上市公司更愿意提供商业信用。民营上市公司获得的商业信用（Acpa），在1%水平上显著小于国有上市公司。结合表3－2分年度均值比较，国有与民营上市公司获得商业信用间的显著差异在2009～2014年一直存在。这说明在我国特殊的制度环境下，国有上市公司处于“竞争优势”，具有“买方强势”，供应商愿意为

其提供商业信用，而民营上市公司“自身处于弱势的市场竞争地位”，获得的商业信用相对较少。民营和国有上市公司间的期末现金持有量（Qmcash）和现金持有增加量（Cashzj）之间则没有显著差异。

表 3－2　　主要变量分年度的均值比较

	Bankloan			Acre		
	民营上市公司	国有上市公司	均值比较 t 值	民营上市公司	国有上市公司	均值比较 t 值
2007	0.1749	0.1612	2.0334 **	0.1624	0.1442	3.2128 ***
2008	0.1704	0.1665	0.5492	0.1490	0.1331	2.9348 ***
2009	0.1498	0.1443	0.8185	0.1526	0.1340	3.3228 ***
2010	0.1465	0.1366	1.4679	0.1560	0.1414	2.4443 ***
2011	0.1562	0.1486	1.1170	0.1587	0.1471	1.8627 *
2012	0.1477	0.1477	0.0018	0.1540	0.1443	1.5605
2013	0.1443	0.1439	0.1845	0.1535	0.1483	0.8147
2014	0.1364	0.1388	－0.3742	0.1469	0.1402	1.0627
	Acpa			Qmcash		
2007	0.1692	0.1643	0.7496	0.1404	0.1347	1.0281
2008	0.1597	0.1685	－1.3333	0.1371	0.1307	1.2283
2009	0.1674	0.1796	－1.7847 *	0.1474	0.1457	0.3180
2010	0.1676	0.1833	－2.2815 **	0.1483	0.1481	0.0329
2011	0.1633	0.1819	－2.7679 **	0.1390	0.1365	0.4803
2012	0.1641	0.1816	－2.6353 **	0.1318	0.1321	0.0571
2013	0.1652	0.1829	－2.6341 **	0.1288	0.1303	0.0737
2014	0.1605	0.1806	－3.0623 ***	0.1202	0.1204	0.0564
	Cashzj			Cashzj（2011～2014 年）		
2007	0.0162	0.0162	－0.0061	0.0015	0.0044	－0.8900
2008	－0.0014	0.0035	－1.4456	0.0011	0.0054	－1.3923
2009	0.0230	0.0230	－0.0017	0.0054	0.0041	0.4477
2010	0.0140	0.0156	－0.4877	0.0065	0.0002	2.1878 **

3.3.2　主要变量的相关性分析

表 3 -3 分别汇报了整体、国有、民营上市公司主要变量的 Pearson 相关系数矩阵。表 3 -3 中的 A 部分数据显示，整体样本上市公司的银行短期贷款与提供的商业信用显著正相关，与获得的商业信用、期末现金持有量和期末现金持有增加量都显著负相关。提供商业信用与获得商业信用、期末现金持有量间都显著正相关，而与现金增加量间则负相关。获得商业信用与期末现金持有量和现金持有增加量间都是显著正相关。

表 3 -3　　主要变量的相关性分析

Part A：全部上市公司					
	Bankloan	Acre	Acpa	Qmcash	Cashzj
Bankloan	1.00				
Acre	0.057***	1.000			
Acpa	-0.034***	0.344***	1.000		
Qmcash	-0.314***	0.026***	0.048***	1.000	
Cashzj	-0.059***	-0.042*	0.043***	0.352***	1.000
Part B：国有上市公司					
	Bankloan	Acre	Acpa	Qmcash	Cashzj
Bankloan	1.000				
Acre	0.015	1.000			
Acpa	-0.065***	0.451***	1.000		
Qmcash	-0.342***	0.048***	0.086***	1.000	
Cashzj	-0.056***	-0.024*	0.056***	0.347***	1.000
Part C：民营上市公司					
	Bankloan	Acre	Acpa	Qmcash	Cashzj
Bankloan	1.000				
Acre	0.113***	1.000			
Acpa	0.015	0.194***	1.000		
Qmcash	-0.277***	-0.004	-0.005	1.000	
Cashzj	-0.063***	-0.064***	0.025	0.358***	1.000

表 3－3 中的 B 部分数据显示，国有上市公司的银行短期贷款与获得的商业信用、期末现金持有量、期末现金持有增加量都显著负相关，而与提供的商业信用则无相关性。提供商业信用与获得商业信用、期末现金持有量间都显著正相关，而与现金增加量间则负相关。获得商业信用与期末现金持有量和现金持有增加量间都是显著正相关。

表 3－3 中的 C 部分数据显示，民营上市公司的银行短期贷款与提供的商业信用显著正相关，而与期末现金持有量、期末现金持有增加量都显著负相关，而与获得的商业信用则无相关性。提供商业信用与获得商业信用显著正相关，与现金持有量负相关但是没有显著性，与现金增加量间则显著负相关。获得商业信用与期末现金持有量和现金持有增加量间都无显著相关性。

通过比较国有、民营上市公司主要变量间的相关系数可以发现，两者主要差异在于：首先，国有上市公司获得的银行短期贷款与其提供的商业信用间没有相关性，而民营上市公司与其提供的商业信用显著正相关；其次，国有上市公司获得的银行短期贷款与其获得的商业信用间显著负相关，而民营上市公司与其提供的商业信用则无显著相关性；再次，国有上市公司提供的商业信用与期末现金持有量间显著正相关，而民营上市公司提供的商业信用与期末现金持有量之间无显著相关性；最后，国有上市公司获得的商业信用与期末现金持有量、现金持有增加量之间都是显著正相关，而民营上市公司获得的商业信用与期末现金持有量、现金持有增加量之间都是无显著相关性。由银行短期贷款、获得商业信用、提供商业信用、现金持有量和现金持有增加量彼此间的相关性，可以看出国有、民营两类上市公司间存在较大的差异，这为本研究进一步分析他们间的差异提供了可能。

3.3.3　期末现金持有量分析结果

3.3.3.1　面板平稳性检验

变量的非平稳性可能会导致伪回归，同时变量的平稳性对面板 VAR 模型的参数估计、脉冲响应分析、Granger 因果检验都具有非常重要的影响，为此在对面板 VAR 进行分析前，必须对各变量进行单位根检验。本章采用了 LLC、HT、Breitung、IPS、Fisher ADF、Fisher PP、Hadri LM 等七种方法，结果如表 3 - 4 所示，所有检验的原假设都是面板存在单位根，而从结果来看，Acre、Acpa、Bankloan、Qmcash、Cashzj 五个变量都是平稳的，可以进行面板向量自回归分析。

表 3 - 4　　各面板数据变量单位根检验结果

检验方法	变量				
	Acre	Acpa	Bankloan	Qmcash	Cashzj
LLC	-92.8660***	-92.3022***	-140.6678***	92.2449***	121.3660***
	(0.000)	(0.000)	(0.000)	(0.000)	(0.000)
HT	-32.0538***	-28.4250***	-31.1641***	-40.5919***	-96.7704***
	(0.000)	(0.000)	(0.000)	(0.000)	(0.000)
Breitung	-10.2850***	-10.0153***	-10.7210***	-13.1483***	-37.1650***
	(0.000)	(0.000)	(0.000)	(0.000)	(0.000)
IPS	-11.9529***	-8.8308***	-10.0015***	-14.7638***	-35.5539***
(z - t - tilder - bar)	(0.000)	(0.000)	(0.000)	(0.000)	(0.000)
Hadri LM	40.9338***	40.6384***	41.4141***	36.7913***	11.3535***
	(0.000)	(0.000)	(0.000)	(0.000)	(0.000)

续表

检验方法		变量				
		Acre	Acpa	Bankloan	Qmcash	Cashzj
Fisher ADF	P	7265.1809***	7843.1541***	8180.7484***	6921.0342***	9954.4252***
		(0.000)	(0.000)	(0.000)	(0.000)	(0.000)
	Z	-15.7237***	-17.6078***	-20.6482***	-15.2123***	-40.1558***
		(0.000)	(0.000)	(0.000)	(0.000)	(0.000)
	L*	-30.9521***	-34.7868***	-38.2856***	-28.4133***	-60.3588***
		(0.000)	(0.000)	(0.000)	(0.000)	(0.000)
	Pm	58.0590***	65.6904***	70.1479***	53.5150***	93.5670***
		(0.000)	(0.000)	(0.000)	(0.000)	(0.000)
Fisher PP	P	7331.3002***	6971.7871***	7711.5156***	8059.2376***	1.45e+04***
		(0.000)	(0.000)	(0.000)	(0.000)	(0.000)
	Z	-25.3635***	-20.8806***	-23.3187***	-30.8377***	-76.5241***
		(0.000)	(0.000)	(0.000)	(0.000)	(0.000)
	L*	-37.1458***	-32.9727***	-38.5607***	-44.3355***	-101.4337***
		(0.000)	(0.000)	(0.000)	(0.000)	(0.000)
	Pm	58.9320***	54.1851***	63.9523***	68.5435***	153.2358***
		(0.000)	(0.000)	(0.000)	(0.000)	(0.000)

3.3.3.2 面板 VAR 的估计

在变量滞后阶数的选择上，本章根据 AIC、BIC、HQIC 三个准则的值以及显著性情况来判断模型的最优滞后阶数（一般依据信息量取得最小的准则确定模型的滞后阶数），最终整体、国有以及民营上市公司样本组，本研究都选择了滞后一阶，也就是模型的最优滞后阶数都为滞后一阶，结果如表 3-5 所示。

表 3-5　　面板 VAR 最优滞后阶数选择

	期末现金持有量（Qmcash）			期末现金持有增加量（Cashzj）		
Part A：全部样本公司						
滞后阶数	AIC	BIC	HQIC	AIC	BIC	HQIC
1	-10.8433*	-5.7835*	-9.1102*	-10.7124*	-5.3456*	-8.8680*
2	-10.6933	-4.6555	-8.6040	-10.0582	-3.4642	-7.7647
3	-10.5841	-3.1317	-7.9733	-9.9544	-1.5929	-7.0051
4	-10.3483	-0.6598	-6.9007	-9.5752	1.5936	-5.5666
Part B：国有上市公司						
滞后阶数	AIC	BIC	HQIC	AIC	BIC	HQIC
1	-11.0473	-6.4253*	-9.4223*	-10.3469*	-5.5365*	-8.6515*
2	-10.7264	-5.2379	-8.7772	-8.4301	-2.5883	-6.3475
3	-11.1972*	-4.4597	-8.7751	-9.6448	-2.3283	-7.0012
4	-10.8714	-2.1642	-7.6926	-9.5531	-0.0973	-6.0075
Part C：民营上市公司						
滞后阶数	AIC	BIC	HQIC	AIC	BIC	HQIC
1	-10.2007*	-5.6719*	-8.5769*	-10.1747*	-5.2485*	-8.3997*
2	-10.0507	-4.6141	-8.0804	-9.6927	-3.5477	-7.4492
3	-9.7235	-2.9825	-7.2489	-9.2456	-1.3429	-6.3166
4	-9.4042	-0.6279	-6.1310	-8.5767	2.0882	-4.5519

本章利用 STATA12.0 软件对四个变量（Bankloan、Acre、Acpa、Qmcash）的面板数据做了面板 VAR 分析。采用的是 Abrigo 和 Love（2015）提供的面板 VAR 程序包进行实证分析，该程序采用系统广义矩估计（SYS GMM）方法估计模型参数，放松了对样本数据统计分布特征的要求，稳健性较强。详细结果见表 3-6。

表 3-6　面板 VAR 模型的系统 GMM 估计结果

Part A：整体样本上市公司				
	$Bankloan_{(t-1)}$	$Acre_{(t-1)}$	$Acpa_{(t-1)}$	$Qmcash_{(t-1)}$
$Bankloan_{(t)}$	0.5778***	0.0990**	0.0673*	0.0145
	(18.70)	(2.23)	(1.89)	(0.77)
$Acre_{(t)}$	-0.0321*	0.3532***	-0.0402	0.0092
	(-1.93)	(8.41)	(-1.47)	(0.53)
$Acpa_{(t)}$	0.0409**	0.0331	0.5984***	0.0096
	(2.04)	(0.90)	(16.25)	(0.53)
$Qmcash_{(t)}$	0.0543***	0.2556***	0.1955***	0.5286***
	(2.69)	(5.43)	(5.46)	(21.00)
Nobs	7895		BIC	-5.7835
AIC	-10.8433		HQIC	-9.1102

Part B：国有上市公司				
	$Bankloan_{(t-1)}$	$Acre_{(t-1)}$	$Acpa_{(t-1)}$	$Qmcash_{(t-1)}$
$Bankloan_{(t)}$	0.6151***	0.0753	0.0964	0.0061
	(11.36)	(0.81)	(1.24)	(0.16)
$Acre_{(t)}$	-0.0964**	0.1755*	-0.1974**	-0.0747*
	(-2.82)	(1.84)	(-2.77)	(-1.97)
$Acpa_{(t)}$	0.0530	0.0586	0.6406***	0.0368
	(1.39)	(0.69)	(8.28)	(1.02)
$Qmcash_{(t)}$	0.1244***	0.4578***	0.3516***	0.6552***
	(3.01)	(4.01)	(4.12)	(12.94)
Nobs	4698		BIC	-6.4253
AIC	-11.0473		HQIC	-9.4223

续表

Part C：民营上市公司				
	$Bankloan_{(t-1)}$	$Acre_{(t-1)}$	$Acpa_{(t-1)}$	$Qmcash_{(t-1)}$
$Bankloan_{(t)}$	0.5462 ***	0.1278 **	0.0409	0.0244
	(14.02)	(2.46)	(1.04)	(1.05)
$Acre_{(t)}$	-0.0020	0.4226 ***	0.0391	0.0522 **
	(-0.09)	(8.68)	(1.36)	(2.46)
$Acpa_{(t)}$	0.0408 **	0.0289	0.5685 ***	-0.0108
	(2.05)	(0.74)	(13.32)	(-0.50)
$Qmcash_{(t)}$	0.0166	0.1798 ***	0.1185 ***	0.4450 ***
	(1.63)	(3.38)	(2.85)	(13.95)
Nobs	3195		BIC	-5.6719
AIC	-10.2007		HQIC	-8.0804

注：***、**、* 分别表示在 1%、5%、10% 的水平下显著；$Bankloan_{(t-1)}$，$Acre_{(t-1)}$，$Acpa_{(t-1)}$，$Qmcash_{(t-1)}$ 分别表示 $Bankloan_{(t)}$，$Acre_{(t)}$，$Acpa_{(t)}$，$Qmcash_{(t)}$ 的一阶滞后。

本章首先分析我国整体样本上市公司银行短期贷款、提供商业信用、获得商业信用以及期末现金持有量的面板 VAR 估计结果，见表 3-6 的 A 部分。结果发现整体样本上市的银行短期贷款（Bankloan）受到自身滞后一期的显著正影响，说明如果企业在前一期较容易获得银行短期贷款，之后一期也较容易获得贷款。(t) 期银行短期贷款还与（t-1）期提供的商业信用和（t-1）期获得的商业信用都显著正相关。针对银行短期贷款与提供的商业信用显著正相关，这点很好理解，企业提供的商业信用越多，其应收款项合计就越多，企业将其合法拥有的应收账款收款权向银行作还款保证的能力就越强，银行贷款的风险就越低。而（t）期银行短期贷款与（t-1）期企业获得的商业信用也显著正相关，这说明企业在前一期获得更多的商业信用有利于企业获得较多的银行短期贷款，这支持了商业信用与银行贷款间“互补关系”理论。而整体样本上市公司获得的银行短期贷款与前一期企业期末的现金持有间没有显著性。

在对企业提供商业信用（Acre）的影响中，整体上市公司（t-1）期获得银行贷款越多，在（t）期其提供给别的企业的商业信用反而减少。这可能是因为公司在（t-1）期从银行获得短期贷款越多，在（t）期需要偿还的贷款总额就越多，因此其向其他公司提供商业信用的额度就会减少。整体上市公司（t-1）期对外提供的商业信用与（t）期对外提供的商业信用间在1%水平上显著正相关，说明公司商业信用策略具有延续性，（t-1）期对外提供的商业信用越多，（t）期也就继续对外提供更多商业信用。整体上市公司对外提供商业信用与获得的商业信用和期末现金持有之间都没有显著相关性。

在对企业获得商业信用（Acpa）的影响中，整体上市公司（t-1）期获得银行短期贷款越多，在（t）期其获得商业信用也越多。整体上市公司（t-1）期获得的商业信用与（t）期获得的商业信用间在1%水平上显著正相关，这也说明公司商业信用策略具有延续性，（t-1）期获得商业信用越多，（t）期也就继续更多占有供应商的资金，获得更多的商业信用。整体上市公司获得的商业信用与对外提供的商业信用和期末现金持有之间都没有显著相关性。

在对企业期末现金持有量（Qmcash）的影响中，整体上市公司（t-1）期获得银行短期贷款越多，在（t）期其现金持有的量也就越多。究其原因，首先可能是企业（t-1）期获得的银行贷款越多，在（t）期需要偿还的贷款总额就越多，因此就需要持有更多的现金以备偿还需要；其次可能是企业（t-1）期获得的银行贷款越多，而获得的银行贷款没有及时投入项目之中，因此以现金及现金等价物的形式存在企业。整体上市公司（t）期期末现金持有量与（t－1）期对外提供的商业信用之间在1%水平上显著正相关，可能是（t－1）期对外提供的商业信用在（t）期收回来了，为此导致了企业现金持有量的增加。整体上市公司（t）期期末现金持有量与（t－1）期获得的商业信用与之间在1%水平上显著正相关，这可能是（t－1）期获得商业信用越多，（t）期需要偿还的就越多，因此就需要持有更多的现金用于偿还到期的商业信用。整体上市公司（t）期期末现金持有量与（t－1）期期末现金持有量间也在1%水平上显著正相关，这说明虽然企业现金持有量具有目标水平，也就是说企业往往会调整现金持有的量，使其趋于目标水平，但是需要一定的调整时间（从第 4 章可知，整体样本上市公司现金持有的调整周期为 4 年），因此相邻年度企业现金持有策略具有很强的相关性和延续性，（t－1）期持有的现金越多，（t）期也就继续持有较多现金。

同样为了更好理解我国上市公司银行短期贷款、提供商业信用、获得商业信用以及期末现金持有量间的相互关系，本研究把我国上市公司按照最终控制性质分为了国有和民营两类。表3－6中的 B、C 分别是国有、民营上市公司的面板 VAR 分析结果。从表中可以发现，无论国有还是民营上市公司，其银行短期贷款（Bankloan）都受到自身滞后一期的显著正影响，说明如果企业在前一期较容易获得银行短期贷款，之后一期也较容易获得贷款。同时两类公司（t）期获得的银行短期贷款与（t－1）期获得的商业信用、（t－1）期期末现金持有量之间都没有显著相关性。两类企业最大的区别在于，国有上市公司（t）期获得的银行短期贷款与（t－1）期提供的商业信用间没有显著相关性，而民营上市公司（t）期获得的银行短期贷款，在5%水平上与（t－1）期提供的商业信用显著正相关。这点说明了，如果民营上市公司对外提供的商业信用越多，其应收款项合计就越多，企业将其合法拥有的应收账款收款权向银行作还款保证就越强，银行贷款的风险就越低，为此银行就愿意贷款给此类企业。另外，虽然本研究在之前分析时发现，我国全部上市公司（t）期银行短期贷款与（t－1）期企业获得的商业信用间显著正相关，但是当本研究在分组分析时，此种显著性在国有和民营上市公司间都不存在。意味着，虽然把我国民营、国有上市公司作为整体纳入分析也能获得有意义的信息，但是由于我国特殊制度背景下，国有和民营公司间存在着较大差异，为此在整体分析基础上，将上市公司分组分别分析，将会获得更多的有益信息。

在对公司对外提供商业信用（Acre）的影响中，国有和民营上市公司（t－1）期对外提供的商业信用与（t）期对外提供的商业信用间，分别在10%、1%水平上显著正相关，说明无论是国有还是民营上市公司，他们商业信用策略都具有延续性，（t－1）期对外提供的商业信用越多，（t）期也就继续对外提供更多商业信用，与整体上市公司分析结果相似。分析对外提供商业信用（Acre）与其他三个因素之间关系时，国有和民营上市公司呈现出较大差异。国有上市公司（t）期对外提供的商业信用与（t－1）期银行短期贷款、（t－1）期获得商业信用以及（t－1）期期末现金持有量都是显著负相关。而民营上市公司（t）期对外提供的商业信用与（t－1）期期末现金持有量是显著正相关，与（t－1）期银行短期贷款、（t－1）期获得商业信用都没有显著相关性。

在对公司获得商业信用（Acpa）的影响中，国有和民营上市公司（t－1）期获得的商业信用与（t）期获得的商业信用间在 1% 水平上都显著正相关，说明两类公司商业信用策略具有延续性，(t-1) 期获得商业信用越多，(t) 期也就继续更多占有供应商的资金，获得更多的商业信用。两类公司（t）期获得的商业信用与（t-1）期对外提供的商业信用和（t-1）期期末现金持有量都没有显著相关性。两类公司之间最大的差异在于，国有上市公司（t）期获得的商业信用与（t-1）期获得的银行短期贷款间没有显著相关性，而民营上市公司（t）期获得商业信用，在 5% 水平上与（t-1）期获得的银行短期贷款间显著正相关。

本研究结合两类公司提供商业信用和获得商业信用进行分析，认为导致两类公司对外提供商业信用、获得商业信用与其他几个因素间关系的差异，是由于我国特殊制度背景下，国有、民营上市公司在经营环境中处于不同的竞争地位造成的。国有上市公司由于“国家”身份处于竞争的“强势地位”，而民营上市公司则处于竞争的“劣势地位”。

①由于我国国有上市公司处于“强势地位”，在对外提供商业信用时，国有上市公司就不愿意或者不需要采用积极策略，哪怕是持有较多现金的情况下，也不愿意对外提供更多商业信用。而对处于“劣势地位”的我国民营上市公司来说，则恰恰相反，在前一期持有较多现金的情况下，民营企业会积极对外提供商业信用，以促进产品销售、获取竞争优势，符合“交易动机”的理论预期。

②前一期获得的银行短期贷款和供应商提供的商业信用越多时，可以认为两者增加企业的短期负债就越多，处于“强势地位”的国有企业，具有谈判优势，可以较容易修改销售产品的收款条款，为此国有企业出于偿还短期负债的需要，就会减少对外提供的商业信用。而处于“劣势地位”的民营上市公司，为

了维持与采购商的关系、维持产品的销售，不愿意或者较难修改销售产品的收款条款，所以就算是民营上市公司前一期银行短期贷款和获得商业信用等短期负债较多，其也不能减少对外提供的商业信用。

③相比于国有上市公司，民营上市公司处于“劣势地位”，其从银行处获得贷款就较难（比如还款条件更为苛刻、短期贷款占比高等等），民营上市公司为了及时偿还银行贷款，可能需要更多的占用供应商提供的商业信用。

在对公司期末现金持有量（Qmcash）的影响中，国有、民营上市公司（t）期期末现金持有量与（t－1）期对外提供的商业信用之间在1%水平上显著正相关，可能是（t－1）期对外提供的商业信用在（t）期收回来了，为此企业的现金持有增加。两类公司（t）期期末现金持有量与（t－1）期获得的商业信用与之间在1%水平上显著正相关，这可能是（t－1）期获得商业信用越多，（t）期需要偿还的就越多，因此就需要持有更多的现金用于偿还到期商业信用。同样两类公司（t）期期末现金持有量与（t－1）期期末现金持有量间也在1%水平上显著正相关，其原因与整体样本部分所分析的相类似，相邻年度企业现金持有策略具有很强的相关性和延续性，（t－1）期持有的现金越多，（t）期也就继续持有较多现金。（t－1）期银行短期贷款对国有、民营上市公司（t）期期末现金持有量，分别在接近10%水平上（t值为1.63）、1%水平上显著正相关，这仍然适合于之前分析整体上市公司（t－1）期获得银行短期贷款与（t）期期末现金持有量显著正相关时，本研究提出的两点可能解释：首先可能是企业（t－1）期获得的银行贷款越多，在（t）期需要偿还的贷款总额就越多，因此企业就需要持有更多的现金以备还款所需；其次可能是企业（t－1）期获得的银行贷款越多，而获得的银行贷款没有及时投入相应项目中，因此以现金及现金等价物的形式存在。我国民营上市公司经营效率较高，资金利用效率也好，所以获得银行贷款后更加有效率地投入使用，所以（t-1）期银行短期贷款与（t）期现金持有量间显著性不高；而我国国有上市公司经营效率相对低下，资金利用效率也较差，所以获得银行贷款后投入使用的效率也低一些，因此其（t-1）期银行短期贷款与（t）期现金持有量间正相关更为显著。

综上所述，在我国这样特殊的转型背景下，国有、民营上市公司在经营过程中所面临的制度环境、经营条件有着很大的差异，为此需要在分析全部上市公司条件下，按照所有权性质的不同，按国有、民营进一步分组分析，所获得的结果将更具说服力。本研究经过对我国整体样本，国有、民营上市公司，银行短期贷款，获得商业信用，提供商业信用与现金持有的面板 VAR 分析，发现整体样本上市公司与国有、民营间有着较大差异，国有与民营间也有很大的差异，所获得研究结果也具有较好的理论及现实意义，为此，本研究下一步的分析也都按照整体样本上市公司、国有上市公司和民营上市公司三个样本组来开展。

3.3.3.3　期末现金持有量 Granger 因果关系检验

在对面板 VAR 模型进行 Granger 因果检验、脉冲响应分析以及方差分解之前，需要对模型的稳定性进行检验，面板 VAR 模型的稳定性要求模型特征方程的根全在单位圆内，图 3-2 分别是整体样本、国有上市公司以及民营上市公司的模型特征根在单位圆平面上的散点图。

如图 3-2 所示，六个样本模型所有的特征根都在单位圆内（包括期末现金持有量模型和期末现金增加量模型），由此可以认为本研究构建的面板 VAR 模型是稳定的。

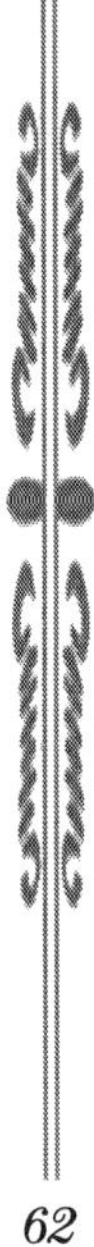

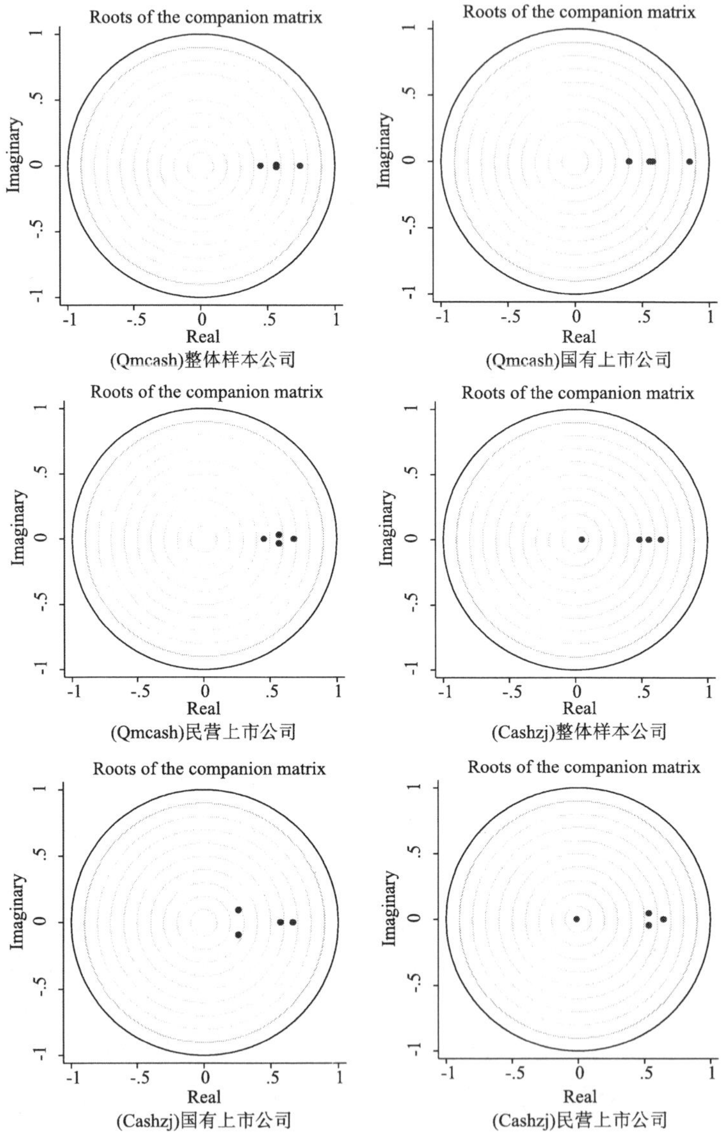
Roots of the companion matrix
Imaginary
Real
(Qmcash)整体样本公司
Roots of the companion matrix
Imaginary
Real
(Qmcash)国有上市公司
Roots of the companion matrix
Imaginary
Real
(Qmcash)民营上市公司
Roots of the companion matrix
Imaginary
Real
(Cashzj)整体样本公司
Roots of the companion matrix
Imaginary
Real
(Cashzj)国有上市公司
Roots of the companion matrix
Imaginary
Real
(Cashzj)民营上市公司

图 3－2　模型稳定性检验

本研究利用 STATA12.0 软件检验了面板 VAR 模型中的两两变量间是否存在 Granger 因果关系，变量之间的 Granger 因果关系检验结果如表 3－7 所示。

表 3－7　　Granger 因果关系检验结果

因变量－自变量	Chi^2	p－value	检验结果
Part A：整体样本上市公司			
Bankloan－Acre	4.9588	0.026**	Acre 是 Bankloan 的 Granger 原因
Bankloan－Acpa	3.5856	0.058*	Acpa 是 Bankloan 的 Granger 原因
Bankloan－Qmcash	0.5861	0.444	Qmcash 不是 Bankloan 的 Granger 原因
Bankloan－All	7.498	0.058*	三者综合是 Bankloan 的 Granger 原因
Acre－Bankloan	3.7189	0.054*	Bankloan 是 Acre 的 Granger 原因
Acre－Acpa	2.147	0.143	Acpa 不是 Acre 的 Granger 原因
Acre－Qmcash	0.2852	0.593	Qmcash 不是 Acre 的 Granger 原因
Acre－All	7.2876	0.063*	三者综合是 Acre 的 Granger 原因
Acpa－Bankloan	4.1687	0.041*	Bankloan 是 Acpa 的 Granger 原因
Acpa－Acre	0.8131	0.367	Acre 不是 Acpa 的 Granger 原因
Acpa－Qmcash	0.3022	0.583	Qmcash 不是 Acpa 的 Granger 原因
Acpa－All	4.8861	0.180	三者综合不是 Acpa 的 Granger 原因
Qmcash－Bankloan	7.248	0.007***	Bankloan 是 Qmcash 的 Granger 原因
Qmcash－Acre	28.566	0.000***	Acre 是 Qmcash 的 Granger 原因
Qmcash－Acpa	29.81	0.000***	Acpa 是 Qmcash 的 Granger 原因
Qmcash－All	46.464	0.000***	三者综合是 Qmcash 的 Granger 原因
Part B：国有上市公司			
因变量－自变量	Chi^2	p－value	检验结果
Bankloan－Acre	0.6589	0.417	Acre 不是 Bankloan 的 Granger 原因
Bankloan－Acpa	1.5417	0.214	Acpa 不是 Bankloan 的 Granger 原因
Bankloan－Qmcash	0.0259	0.872	Qmcash 不是 Bankloan 的 Granger 原因
Bankloan－All	3.3786	0.37	三者综合不是 Bankloan 的 Granger 原因
Acre－Bankloan	7.9365	0.005***	Bankloan 是 Acre 的 Granger 原因
Acre－Acpa	7.6547	0.006***	Acpa 是 Acre 的 Granger 原因

续表

Part B：国有上市公司			
因变量 - 自变量	Chi^2	p - value	检验结果
Acre - Qmcash	3.8791	0.049 **	Qmcash 是 Acre 的 Granger 原因
Acre - All	8.8728	0.031 **	三者综合是 Acre 的 Granger 原因
Acpa - Bankloan	1.9357	0.164	Bankloan 不是 Acpa 的 Granger 原因
Acpa - Acre	0.4694	0.493	Acre 不是 Acpa 的 Granger 原因
Acpa - Qmcash	1.0467	0.306	Qmcash 不是 Acpa 的 Granger 原因
Acpa - All	2.011	0.570	三者综合不是 Acpa 的 Granger 原因
Qmcash - Bankloan	9.034	0.003 ***	Bankloan 是 Qmcash 的 Granger 原因
Qmcash - Acre	16.096	0.000 ***	Acre 是 Qmcash 的 Granger 原因
Qmcash - Acpa	16.937	0.000 ***	Acpa 是 Qmcash 的 Granger 原因
Qmcash - All	19.993	0.000 ***	三者综合是 Qmcash 的 Granger 原因
Part C：民营上市公司			
因变量 - 自变量	Chi^2	p - value	检验结果
Bankloan - Acre	6.0514	0.014 **	Acre 是 Bankloan 的 Granger 原因
Bankloan - Acpa	1.0822	0.298	Acpa 不是 Bankloan 的 Granger 原因
Bankloan - Qmcash	1.0994	0.294	Qmcash 不是 Bankloan 的 Granger 原因
Bankloan - All	7.2792	0.064 *	三者综合是 Bankloan 的 Granger 原因
Acre - Bankloan	0.0079	0.929	Bankloan 不是 Acre 的 Granger 原因
Acre - Acpa	1.8384	0.175	Acpa 不是 Acre 的 Granger 原因
Acre - Qmcash	6.0372	0.014 **	Qmcash 是 Acre 的 Granger 原因
Acre - All	7.6743	0.053 *	三者综合是 Acre 的 Granger 原因
Acpa - Bankloan	2.7351	0.098 *	Bankloan 是 Acpa 的 Granger 原因
Acpa - Acre	0.5421	0.462	Acre 不是 Acpa 的 Granger 原因
Acpa - Qmcash	0.2492	0.618	Qmcash 不是 Acpa 的 Granger 原因
Acpa - All	4.5808	0.205	三者综合不是 Acpa 的 Granger 原因
Qmcash - Bankloan	0.3996	0.527	Bankloan 不是 Qmcash 的 Granger 原因
Qmcash - Acre	11.458	0.001 ***	Acre 是 Qmcash 的 Granger 原因
Qmcash - Acpa	8.0957	0.004 ***	Acpa 是 Qmcash 的 Granger 原因
Qmcash - All	21.706	0.000 ***	三者综合是 Qmcash 的 Granger 原因

从表 3 -7 中可以看出，整体样本上市公司：针对银行短期贷款来说，企业提供和获得的商业信用都是银行短期贷款的 Granger 原因；期末现金持有不是银行短期贷款的 Granger 原因；三者综合是银行短期贷款的 Granger 原因。对于提供商业信用，只有获得的银行短期贷款和三者综合是其 Granger 原因。只有获得的银行短期贷款是获得商业信用 Granger 原因，其他都不是。而对于期末现金持有来说，银行短期贷款、获得商业信用、提供商业信用以及三者综合都是期末现金持有的 Granger 原因。

国有上市公司样本组：对于银行短期贷款，企业期末现金持有、提供和获得的商业信用以及三者综合都不是银行短期贷款的 Granger 原因。对于提供商业信用，企业获得短期银行贷款、期末现金持有、获得的商业信用以及三者综合都是提供商业信用的 Granger 原因。企业获得短期银行贷款、期末现金持有、提供的商业信用以及三者综合都不是获得商业信用的 Granger 原因。而对于期末现金持有来说，银行短期贷款、获得商业信用、提供商业信用以及三者综合都是期末现金持有的 Granger 原因。

民营上市公司样本组：对银行短期贷款来说，企业提供的商业信用是银行短期贷款的 Granger 原因；获得商业信用和期末现金持有不是银行短期贷款的 Granger 原因；三者综合是银行短期贷款的 Granger 原因。对于提供商业信用，只有期末现金持有和三者综合是其 Granger 原因。只有获得的银行短期贷款是获得商业信用 Granger 原因，其他都不是。而对于期末现金持有来说，获得商业信用、提供商业信用以及三者综合都是期末现金持有的 Granger 原因，而银行短期贷款则不是期末现金持有的 Granger 原因。

综上所述，通过对变量间进行两两 Granger 因果检验，再结合表 3 -6 的面板 VAR 分析结果，可以得到整体样本、国有、民营上市公司样本组期末现金持有、银行短期贷款、提供商业信用和获得商业信用四个变量之间的 Granger 关系图，如图 3－3 所示。

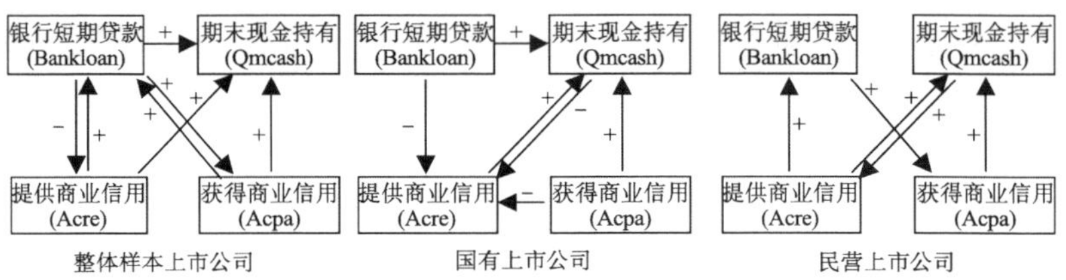

图 3－3 Granger 因果关系

结合图 3－3 和表 3－6 面板 VAR 模型结果，从中可以得到，整体样本上市公司四个变量之间的 Granger 关系图基本上是综合了国有和民营上市公司的结果。整体样本上市公司样本组的银行短期贷款、提供商业信用和获得商业信用三者都是期末现金持有的单向 Granger 原因，并且都是正向的，也就是三者的增加都会导致期末现金持有的上升。银行短期贷款与提供商业信用两者间互为 Granger 原因，且都是正向的。银行短期贷款与提供商业信用间互为 Granger 原因，但是提供商业信用的增多将导致银行短期贷款增加，而银行短期贷款的增加则会导致提供商业信用减少。国有上市公司样本组的银行短期贷款和获得商业信用两者都是期末现金持有的单向 Granger 原因，并且都是正向的。提供商业信用与期末现金持有是互为 Granger 原因，但是提供商业信用的增加会导致期末现金持有增加，而期末现金持有的增加则会导致提供商业信用的减少。银行短期贷款是提供商业信用的 Granger 原因，且为负向的，意味着国有上市公司银行短期贷款越多，对外提供的商业信用则越少。获取商业信用是提供商业信用的单向 Granger 原因，说明国有上市公司获得商业信用越多，对外提供的商业信用则越少。民营上市公司样本组的获得商业信用是期末现金持有的单向 Granger 原因，并且是正向的，也就是获得商业信用的增加会导致期末现金持有的上升。提供商业信用与期末现金持有是互为 Granger 原因，并且都是正向的。提供商业信用是银行短期贷款的 Granger 原因，且为正向的，意味着民营上市公司对外提供的商业信用越多，则获得银行短期贷款就越多。银行短期贷款是获得商业信用的单向 Granger 原因，且为正向的，意味着民营上市公司获得银行短期贷款越多，对外提供的商业信用也就越多。

国有、民营上市公司两个样本组之间有着相似也有不同的地方。共同之处：两类公司的提供商业信用和获得商业信用两者都是期末现金持有的 Granger 原因，且都为正向。

相异之处：国有上市公司的银行短期贷款、获得商业信用、期末现金持有都是提供商业信用的 Granger 原因，且都为负向。而民营上市公司只有期末现金持有是提供商业信用的 Granger 原因，但是为正向。国有上市公司的银行短期贷款是提供商业信用的 Granger 原因，且为负向，而民营上市公司却是提供商业信用是银行短期贷款的 Granger 原因，且为正向。

结合 Granger 因果关系检验结果和先前的面板 VAR 结果可知，我国国有、民营两类公司的提供和获得的商业信用、银行短期贷款和期末现金持有量四个因素间的彼此影响关系虽有一定的相似之处，但更多的则是呈现出差异。导致两者间差异的可能原因，我们认为是由于我国特殊制度背景下，国有、民营上市公司在经营环境中所处的不同竞争地位造成的。国有上市公司处于竞争的“强势地位”，而民营上市公司则处于竞争的“劣势地位”。

3.3.3.4 期末现金持有量脉冲响应分析

脉冲响应函数是用来衡量随机扰动项的一个标准差的冲击对其他变量当前和未来取值的影响轨迹，能比较直观刻画出变量之间的动态交互作用和效应，并从动态反应中判断变量间的时滞关系。本研究通过给予变量一个标准差的冲击，使用 Monte Carlo 模拟了 500 次得到脉冲响应函数图，并给出了 95% 的置信区间，图 3-4、3-5、3-6、3-7 分别是整体样本、国有、民营上市公司的脉冲响应图。图中横轴代表冲击反应的响应期数，滞后期数为 6，纵轴表示内生变量对于冲击的响应程度。

①整体样本上市公司。对于整体样本上市公司组，从图 3-4 可以看出：

对银行短期贷款的影响：第一，给提供商业信用一个标准差的冲击，整体样本上市公司的银行短期贷款会在当期迅速反应并产生较小的正响应状态，在第 1 期末响应值达到正的最大并维持到第 2 期，但随后 3~6 期影响程度逐渐减少，最终趋向于一个很小的正响应值。总体上看均为正向影响，说明公司提供商业信用会对银行短期贷款产生正向促进作用。第二，给获得商业信用一个标准差的冲击，整体样本上市公司的银行短期贷款会在当期迅速反应并产生较小的正响应状态，在第 2 期末响应值达到正的最大，但随后从第 3 期影响程度就大幅度减少，最终在第 4 期趋于无显著影响。总体上看为正向影响，说明公司获得商业信用会对银行短期贷款产生正向促进作用，但影响期较短。第三，给期末现金持有一个标准差的冲击，对全部上市公司的银行短期贷款虽会产生正向影响，但是其 95% 置信区间包括 0 值，因此可以认为不具有显著性影响。

对提供商业信用的影响：第一，给银行短期贷款一个标准差的冲击，整体样本上市公司的对外提供商业信用会在当期迅速

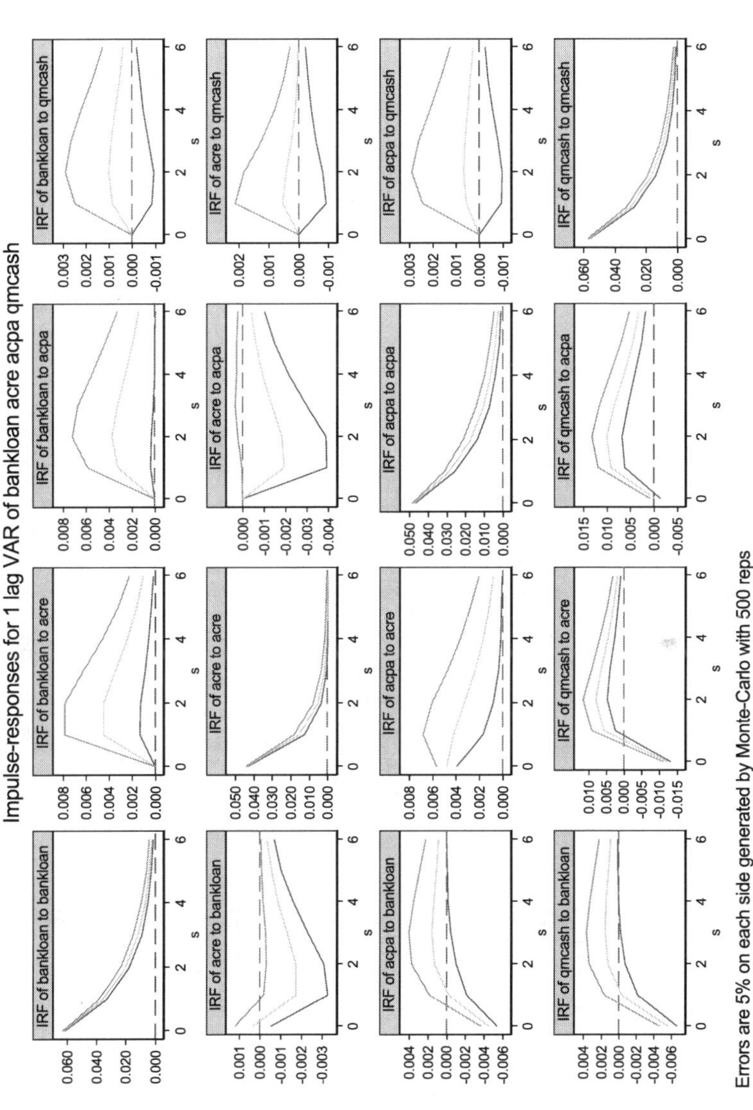

图 3－4　整体样本上市公司脉冲响应分析

反应并产生较小的负响应状态，在第 1 期末响应值达到负的最大，但随后 2 ~6 期影响程度逐渐减少，最终趋向于一个很小的负响应值。总体上看均为负向影响，说明公司银行短期贷款会对提供商业信用产生负向作用，意味着公司在前一期获得了银行短期贷款，其在当期提供给采购商的商业信用就会减少。第二，分别给获得商业信用、期末现金持有一个标准差的冲击，对整体样本上市公司对外提供商业信用各自产生负向和正向影响，但是两者 95% 置信区间都包括 0 值，因此可以认为不具有显著性影响。

对获得商业信用的影响：第一，给银行短期贷款一个标准差的冲击，整体样本上市公司的获得商业信用会在当期迅速反应并产生较大的负响应状态，说明公司如果在当期能够获得银行短期贷款，那么其占有供应商提供的商业信用就会减少；随后2 ~6期的响应状态逐渐由负转为正，但是 2 ~4 期 95% 置信区间都包括 0 值，只是最终在第 5 ~6 期趋向于一个很小的正响应值。第二，给提供商业信用一个标准差的冲击，整体样本上市公司的获得商业信用会在当期迅速反应并产生较大的正响应状态，但随后从第 1 期影响程度就逐渐减少，最终在第 6 期趋向于一个很小的正响应值。说明公司提供商业信用会对获得商业信用产生正向促进作用，意味着如果公司向采购商提供的商业信用越多，公司也会更多的占用供应商提供的商业信用，以此来弥补被采购商（客户）占用的资金。第三，给期末现金持有一个标准差的冲击，对整体样本上市公司的获得商业信用虽会产生正向影响，但是其 95% 置信区间包括 0 值，因此可以认为不具有显著性影响。

对期末现金持有的影响：第一，给银行短期贷款一个标准差的冲击，整体样本上市公司的期末现金持有会在当期迅速反应并产生较大的负响应状态，随后 2 ~6 期的响应状态逐渐由负转为正，但是 2 ~4 期 95% 置信区间都包括 0 值，只是最终在第 6 期趋向于一个很小的正响应值。这说明企业由于经营或者项目需要投入资金，在当期获得银行贷款的情况下仍然满足不了需求，所以企业会投入自身持有的现金，而后企业出于偿还贷款或者日常经营的需要又会逐渐增加现金持有。第二，给提供商业信用一个标准差的冲击，整体样本上市公司的期末现金持有会在当期迅速反应并产生较大的负响应状态，随后在第 1 期响应状态就转为正，并在第 2 期达到正的最大，而后在 3 ~4 期影响程度逐渐减少，最终趋向于一个很小的正响应值。这说明公司在当期向采购商（客户）提供较多商业信用，必然会减少企业本身当期的现金持有量，而后随着采购商（客户）资金的支付，企业的现金持有又会逐渐的增加。第三，给获得商业信用一个标准差的冲击，整体样本上市公司的期末现金持有会在当期迅速反应并产生较小的正响应状态，在第 2 期末响应值达到正的最大，但随后 3 ~6 期影响程度逐渐减少，最终趋向于一个很小的正响应值，总体上看均为正向影响，说明公司获得商业信用会对期末现金持有产生正向作用。这说明公司在当期占用了供应商的商业信用，节省的资金用于其他支出，所以在当期公司现金持有没有太大变化，而后企业出于偿还供应商商业信用的需要又会逐渐增加现金持有。

②国有上市公司。对于国有上市公司样本组，从图 3 –5 可以看出：

对银行短期贷款的影响：分别给提供商业信用、获得商业信用和期末现金持有一个标准差的冲击，对国有上市公司的银行短期贷款虽都会产生正向影响，但是其 95% 置信区间包括 0 值，因此可以认为不具有显著性影响。说明国有上市公司银行短期贷款的获得，更多的是受自身国有企业性质的影响，较少受到这三个因素的冲击影响。

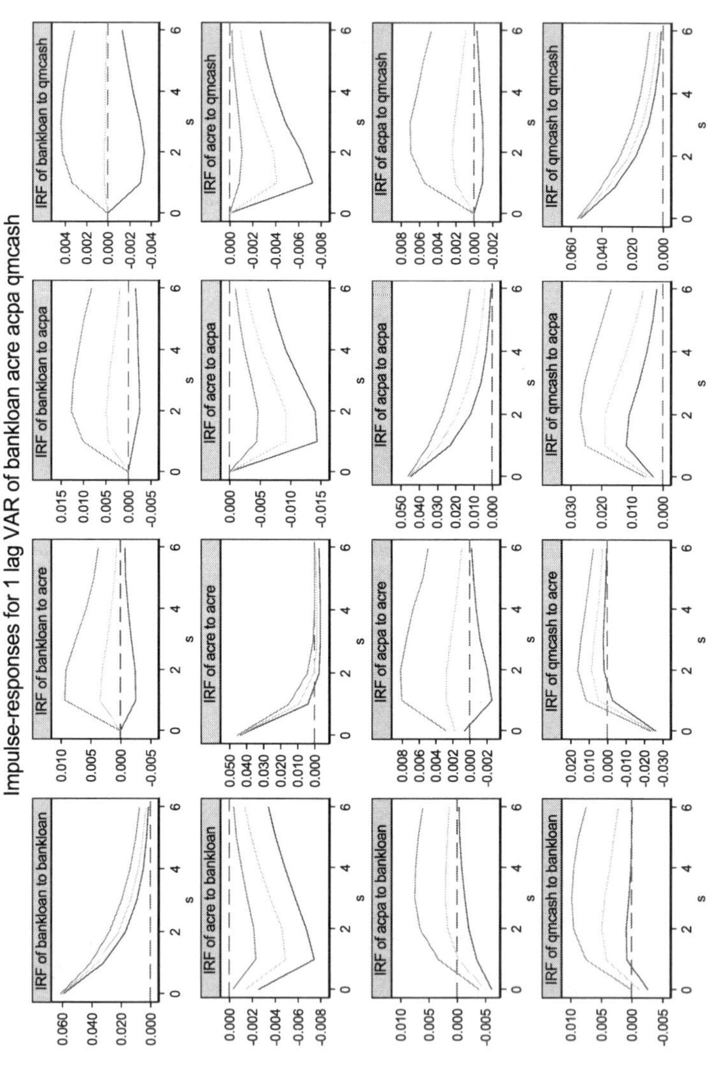

图 3－5　国有上市公司脉冲响应分析

对提供商业信用的影响：分别给银行短期贷款、获得商业信用和期末现金持有一个标准差的冲击，国有上市公司的对外提供商业信用都会在当期迅速反应并产生负响应状态，并在第 1 期末响应值达到负的最大，但随后 2 ~6 期影响程度逐渐减少，最终趋向于一个很小的负响应值。总体上看均为负向影响，说明公司银行短期贷款、获得商业信用和期末现金持有都会对提供商业信用产生负向作用。对于银行短期贷款和获得商业信用，可以认为两者增加了国有上市公司的短期负债，国有企业出于偿还短期负债的需要，就会减少对外提供的商业信用。国有上市公司持有较多现金的情况下，也不愿意对外提供更多商业信用，说明国有上市公司处于竞争“强势地位”，不愿意或者不需要采用积极商业性用策略。

对获得商业信用的影响：第一，给银行短期贷款一个标准差的冲击，国有上市公司的获得商业信用会在当期迅速反应并产生较大的负响应状态，说明公司如果在当期能够获得银行短期贷款，那么其占有供应商提供的商业信用就会减少；随后 1 ~6 期的响应状态逐渐由负转为正，但是 1 ~6 期 95% 置信区间都包括 0 值，因此可以认为不具有显著性影响。第二，给提供商业信用一个标准差的冲击，国有上市公司的获得商业信用会在当期迅速反应并产生较大的正响应状态，但随后 1 ~6 期虽都会产生正向影响，但是其 95% 置信区间包括 0 值，因此可以认为不具有显著性影响。第三，给期末现金持有一个标准差的冲击，对国有上市公司的获得商业信用虽会产生正向影响，但是其 95% 置信区间包括 0 值，因此可以认为不具有显著性影响。

对期末现金持有的影响：第一，给银行短期贷款一个标准差的冲击，国有上市公司的期末现金持有会在当期迅速反应并产生较小的负响应状态，随后在第 1 期响应状态就转为正，并在第 2

期达到正的最大。这说明企业由于经营或者项目需要投入资金，在当期获得银行贷款的情况下仍然满足不了需求，所以企业会投入自身持有的现金，而后企业出于偿还贷款或者日常经营的需要又会逐渐增加现金持有；而后影响程度逐渐减少，并且4～6期95%置信区间包括0值，因此可以认为4～6期不具有显著性影响，意味着影响期较短。第二，给提供商业信用一个标准差的冲击，国有上市公司的期末现金持有会在当期迅速反应并产生负的最大响应状态，随后响应状态就由负转为正，并在第2期达到正的最大，而后在3～6期影响程度逐渐减少，最终趋向于一个很小的正响应值。这说明公司在当期向采购商（客户）提供较多商业信用，必然会减少企业本身当期的现金持有量，而后随着采购商（客户）货款资金的支付，企业的现金持有又会逐渐地增加。第三，给获得商业信用一个标准差的冲击，国有上市公司的期末现金持有会在当期迅速反应并产生较大的正响应状态，并在第2期末响应值达到正的最大，但随后3～6期影响程度逐渐减少，最终趋向于一个很小的正响应值。总体上看均为正向影响，说明公司获得商业信用会对期末现金持有产生正向作用。这说明国有上市公司在当期占用了供应商的商业信用，节省的资金并没有用于其他支出，所以在当期公司现金持有量有一个明显增加，而后企业出于偿还供应商商业信用的需要又会逐渐增加现金持有。

③民营上市公司。对于民营上市公司样本组，从图3－6可以看出：

对银行短期贷款的影响：第一，给提供商业信用一个标准差的冲击，民营上市公司的银行短期贷款会在当期迅速反应并产生较小的正响应状态，在第1期末响应值达到正的最大并维持到第2期，但随后3～6期影响程度逐渐减少，最终趋向于一个很

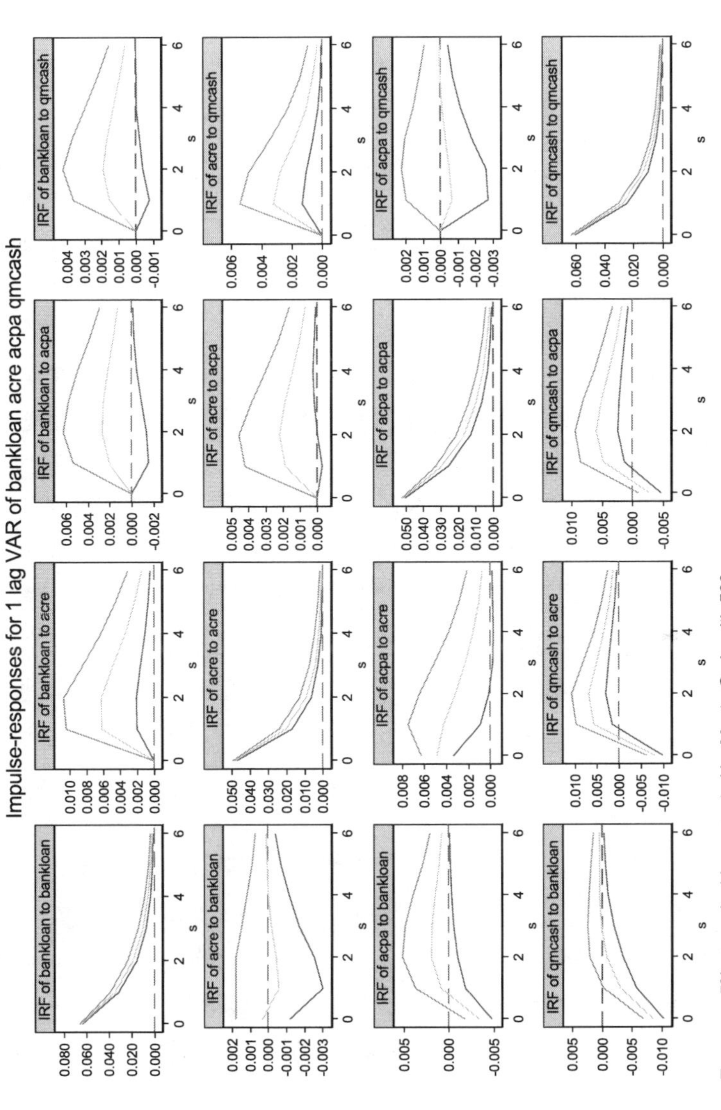

图 3－6　民营上市公司脉冲响应分析

小的正响应值。总体上看均为正向影响，说明公司提供商业信用会对银行短期贷款产生正向促进作用。第二，分别给获得商业信用和期末现金持有一个标准差的冲击，对民营上市公司的银行短期贷款虽都会产生正向影响，但是其95%置信区间包括0值，因此可以认为不具有显著性影响。

对提供商业信用的影响：第一，给银行短期贷款一个标准差的冲击，对民营上市公司对外提供商业信用影响的95%置信区间包括0值，因此可以认为不具有显著性影响。第二，给获得商业信用一个标准差的冲击，民营上市公司对外提供商业信用会在当期迅速反应并产生正响应状态，但是1～3期的95%置信区间包括0值，因此可以认为不具有显著性影响，只是在5～6期趋向于一个很小的正响应值。第三，给期末现金持有一个标准差的冲击，民营上市公司对外提供商业信用会在当期迅速反应并产生正响应状态，并在第1期末响应值达到正的最大，随后2～6期影响程度逐渐减少，最终趋向于一个很小的正响应值，总体上看均为正向影响，说明民营上市公司期末现金持有会对提供商业信用产生正向作用，意味着我国民营上市公司处于竞争“劣势地位”，在前一期持有较多现金的情况下，民营上市公司会积极对外提供商业信用，以促进产品销售、获取竞争优势。

对获得商业信用的影响：第一，给银行短期贷款一个标准差的冲击，民营上市公司的获得商业信用会在当期迅速反应并产生较大的负响应状态，说明公司如果在当期能够获得银行短期贷款，那么其占有供应商提供的商业信用就会减少；随后1～6期的响应状态逐渐由负转为正，但是1～6期95%置信区间都包括0值，因此可以认为不具有显著性影响。第二，给获得商业信用一个标准差的冲击，民营上市公司的提供商业信用会在当期迅速反应并产生较大的正响应状态，意味着如果公司向采购商（客户）提供的商业信用越多，公司也会更多地占用供应商提供的商业信用，以此来弥补被采购商（客户）占用的资金；但随后程度逐渐减少，且 2 ~6 期 95% 置信区间都包括 0 值，因此可以认为 2 ~6 期不具有显著性影响。第三，给期末现金持有一个标准差的冲击，对民营上市公司的获得商业信用虽会产生正向影响，但是其 95% 置信区间包括 0 值，因此可以认为不具有显著性影响。

对期末现金持有的影响：第一，给银行短期贷款一个标准差的冲击，民营上市公司的期末现金持有会在当期迅速反应并产生较大的负响应状态，这说明企业由于经营或者项目需要投入资金，在当期获得银行贷款的情况下仍然满足不了需求，所以企业会投入自身持有的现金；随后 1 ~6 期的响应状态逐渐由负转为正（第 2 期为负，3 ~6 期为正），但 2 ~6 期 95% 置信区间包括 0 值，因此可以认为 2 ~6 期不具有显著性影响。第二，给提供商业信用一个标准差的冲击，民营上市公司的期末现金持有会在当期迅速反应并产生较大的负响应状态，随后从第 1 期开始响应状态就由负转为正，并在第 2 期达到正的最大，而后在 3 ~6 期影响程度逐渐减少，最终趋向于一个很小的正响应值。这说明公司在当期向采购商提供较多商业信用，必然会减少企业本身当期的现金持有量，而后随着采购商资金的支付，企业的现金持有又会逐渐地增加。第三，给获得商业信用一个标准差的冲击，民营上市公司的期末现金持有会在当期迅速反应并产生较小的负响应状态，随后从第 1 期开始响应状态就由负转为正，并在第 2 期达到正的最大，而后在 3 ~6 期影响程度逐渐减少，最终趋向于一个很小的正响应值。这说明民营上市公司在当期由于经营或者项目需要投入资金，为此占用了供应商的商业信用，把节省的资金和自身持有的部分现金投入所需，所以在当期公司现金持有量有一个明显减少，而后企业出于偿还供应商商业信用的需要又会逐渐增加现金持有。

④国有、民营之间的差异。本研究参照 Love 和 Zicchino（2006）的方法，考察了两类公司脉冲响应的差异（民营减去国有），结果如图 3－7 所示。从图 3－7 中可以看出：

首先，银行短期贷款在面对其他三个因素的冲击时，民营上市与国有上市公司间存在较大差异。民营上市公司银行短期贷款对提供商业信用、期末现金持有的冲击反应分别在第 1～4 期和第 1 期都显著高于国有上市公司，而民营上市公司银行短期贷款对获得商业信用的冲击反应在第 1 期却显著低于国有上市公司。

其次，民营上市公司提供商业信用对银行短期贷款、获得商业信用以及期末现金持有的冲击反应分别在 0～6 期、1～6 期和 1～6 期都显著高于国有上市公司。

再次，民营上市公司获得商业信用对期末现金持有的冲击反应在 1～6 期显著低于国有上市公司。民营上市公司获得商业信用对银行短期贷款和提供商业信用的冲击反应都在当期显著高于国有上市公司。

最后，民营上市公司期末现金持有对银行短期贷款、获得商业信用的冲击反应都在 0～6 期显著低于国有上市公司；而对提供商业信用的反应则是在当期显著高于国有上市公司，1～6 期则无显著性差异。

综上，我国国有、民营两类公司的脉冲响应具有明显差异，再结合之前的面板 VAR 分析以及 Granger 因果关系检验，可以认为银行短期贷款、提供商业信用、获得商业信用以及期末现金持有这四个因素彼此间的影响，在我国两类公司间存在较大差异。这说明本研究按照公司所有权性质分别讨论四个因素间的关系是合适的，也为本研究进一步分析影响的具体差异如何提供了可能。

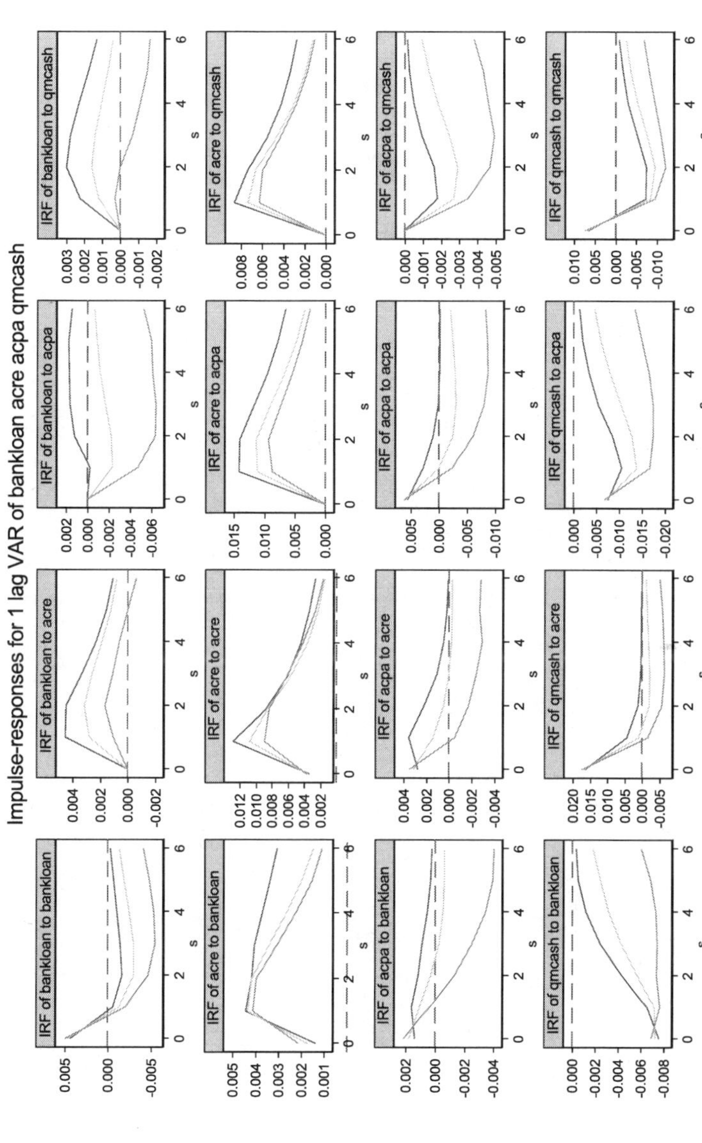

图 3－7　国有、民营上市公司脉冲响应分析的差异

3.3.3.5 期末现金持有量方差分解

本研究通过方差分解来更精确地考察银行短期贷款（Bankloan）、获得商业信用（Acpa）、提供商业信用（Acre）、期末现金持有（Qmcash）之间的相互影响程度。表3－8分别给出了第1、5、10、20个预测期的方差分析结果。

表3－8　　方差分解结果

Part A：整体样本上市公司					
	s	Bankloan	Acre	Acpa	Qmcash
Bankloan	1	1.000	0.000	0.000	0.000
Acre	1	0.000	1.000	0.000	0.000
Acpa	1	0.009	0.010	0.981	0.000
Qmcash	1	0.009	0.043	0.000	0.947
Bankloan	5	0.982	0.010	0.007	0.001
Acre	5	0.004	0.991	0.004	0.000
Acpa	5	0.007	0.017	0.976	0.000
Qmcash	5	0.007	0.059	0.057	0.876
Bankloan	10	0.980	0.011	0.008	0.001
Acre	10	0.004	0.991	0.005	0.000
Acpa	10	0.008	0.017	0.974	0.000
Qmcash	10	0.008	0.061	0.064	0.867
Bankloan	20	0.980	0.011	0.008	0.001
Acre	20	0.004	0.991	0.005	0.000
Acpa	20	0.008	0.017	0.974	0.000
Qmcash	20	0.008	0.061	0.064	0.867
Part B：国有上市公司					
	s	Bankloan	Acre	Acpa	Qmcash
Bankloan	1	1.000	0.000	0.000	0.000
Acre	1	0.001	0.999	0.000	0.000
Acpa	1	0.013	0.001	0.986	0.000
Qmcash	1	0.000	0.172	0.005	0.823

续表

Part B：国有上市公司					
	s	Bankloan	Acre	Acpa	Qmcash
Bankloan	5	0. 982	0. 005	0. 013	0. 000
Acre	5	0. 028	0. 852	0. 102	0. 018
Acpa	5	0. 011	0. 007	0. 977	0. 005
Qmcash	5	0. 011	0. 115	0. 156	0. 719
Bankloan	10	0. 980	0. 005	0. 015	0. 000
Acre	10	0. 030	0. 839	0. 112	0. 019
Acpa	10	0. 012	0. 008	0. 974	0. 006
Qmcash	10	0. 013	0. 114	0. 172	0. 702
Bankloan	20	0. 980	0. 005	0. 015	0. 000
Acre	20	0. 030	0. 839	0. 112	0. 019
Acpa	20	0. 012	0. 008	0. 974	0. 006
Qmcash	20	0. 013	0. 114	0. 172	0. 701
Part C：民营上市公司					
	s	Bankloan	Acre	Acpa	Qmcash
Bankloan	1	1. 000	0. 000	0. 000	0. 000
Acre	1	0. 000	1. 000	0. 000	0. 000
Acpa	1	0. 004	0. 009	0. 987	0. 000
Qmcash	1	0. 019	0. 016	0. 002	0. 963
Bankloan	5	0. 976	0. 019	0. 004	0. 002
Acre	5	0. 000	0. 987	0. 005	0. 008
Acpa	5	0. 005	0. 015	0. 980	0. 000
Qmcash	5	0. 016	0. 035	0. 021	0. 928
Bankloan	10	0. 974	0. 020	0. 005	0. 002
Acre	10	0. 000	0. 986	0. 005	0. 008
Acpa	10	0. 006	0. 015	0. 979	0. 000
Qmcash	10	0. 016	0. 036	0. 023	0. 925
Bankloan	20	0. 974	0. 020	0. 005	0. 002
Acre	20	0. 000	0. 986	0. 005	0. 008
Acpa	20	0. 006	0. 015	0. 979	0. 000
Qmcash	20	0. 016	0. 036	0. 023	0. 925

整体样本上市公司的银行短期贷款主要受自身和提供商业信用的影响，对其波动的解释程度分别为98%和1.1%，其他两者对其方差贡献很小，基本可忽略。提供商业信用主要受自身的影响，对自身波动的解释程度为99.1%，其他基本可忽略。获得商业信用主要受自身和提供商业信用的影响，对其波动的解释程度分别为97.4%和1.7%，其他两者贡献很小，基本可忽略。期末现金持有受到自身以及获得商业信用和提供商业信用的影响较多，对其波动的解释程度分别为86.7%、6.4%和6.1%，而受银行短期贷款的影响较小，只有0.08%，基本可忽略。

国有上市公司的银行短期贷款主要受自身和获得商业信用的影响，对其波动的解释程度分别为98%和1.5%，其他两者对其的方差贡献很小，基本可忽略。提供商业信用自身、获得商业信用、银行短期贷款和期末现金持有对提供商业信用波动的解释程度分别为83.9%、11.2%、3%和1.9%。获得商业信用主要受自身的影响，对其波动的解释程度为97.4%，而银行短期贷款、提供商业信用和期末现金持有对其波动的解释程度分别为1.2%、0.8%和0.6%，都比较小。期末现金持有受到自身以及获得商业信用和提供商业信用的影响较多，分别为70.2%、17.2%和11.4%，相对而言受银行短期贷款的影响较小，解释程度只有1.3%。

民营上市公司的银行短期贷款主要受自身和提供商业信用的影响，对其波动的解释程度分别为97.4%和2%，其他两者对其方差贡献很小，基本可忽略。提供商业信用主要受自身的影响，对自身波动的解释程度为98.6%，其他基本可忽略。获得商业信用主要受自身和提供商业信用的影响，对其波动的解释程度分别为97.9%和1.5%，而其他两者贡献很小，基本可以忽略。期末现金持有主要受到自身影响，对自身波动的解释程度为

92.5%，提供商业信用、获得商业信用以及银行短期贷款的解释程度分别为 3.6%、2.3% 和 1.6%，相对较小。

综合上述方差分解结果可以发现，国有、民营上市公司间的差异主要在期末现金持有量波动的解释度有较大不同。期末现金持有量、获得和提供商业信用以及银行短期贷款对国有上市公司期末现金持有量波动解释程度分别为：70.2%、17.2%、11.4% 和 1.3%；而对民营上市公司期末现金持有量波动解释程度分别为：92.5%、2.3%、3.6% 和 1.6%，由此可见国有、民营上市公司期末现金持有受到获得和提供商业信用、银行短期贷款的影响存在较大差异。

3.3.4　期末现金增加量分析结果

为了考察上述研究结果的可靠性，本节以期末现金增加量（Cashzj）替代之前所采用的期末现金持有量（Qmcash），对上述分析进行了稳健性检验。

3.3.4.1　面板 VAR 的估计

银行短期贷款、提供商业信用、获得商业信用以及期末现金增加量四个因素间的面板 VAR 估计结果，如表 3-9 所示。从表 3-9 的 A 部分中可以得到，整体样本上市公司四个因素间的面板 VAR 估计结果与之前分析的结果除了存在两点差别外，其他部分没有发生实质性变化。两点差异主要在，第一，整体样本上市公司（t）期对外提供的商业信用与（t-1）期现金持有增加量显著正相关，说明前一期企业的现金增加越多，当期对外提供的商业信用就越多，而之前分析中整体上市公司对外提供商业信用与期末现金持有间没有显著相关性。第二，整体样本上市公司（t）期现金持有增加量与（t-1）期现金持有增加量间是显著负相关，说明前一期企业的现金增加越多，当期现金持有的增加量就会减少，而之前分析中整体上市公司（t）期与（t－1）期期末现金持有量间则是显著正相关。

对于表3－9的B部分中的国有上市公司来说，其与之前的分析也是主要存在两点差异，而其他则没有实质性差异。第一，国有上市公司（t）期对外提供的商业信用与（t－1）期现金持有增加量无显著相关性，而之前分析中国有上市公司对外提供商业信用与期末现金持有间则是显著负相关。第二，国有上市公司（t）期现金持有增加量与（t－1）期现金持有增加量间也是显著负相关，说明前一期企业的现金增加越多，当期现金持有的增加量就会减少，而之前分析中国有上市公司（t）期与（t－1）期期末现金持有量间却是显著正相关。

对于表3－9的C部分中的民营上市公司来说，其与之前分析的差异主要在于对期末现金持有增加量的影响上，而其他则没有实质性差异。第一，民营上市公司（t）期的现金持有增加量与（t－1）期银行短期贷款显著正相关，说明前一期企业获得的银行短期贷款越多，企业在当期现金持有增加量就会增多，而之前分析中民营上市公司（t）期期末现金持有量与（t－1）期银行短期贷款只是在接近10%水平上（t值为1.63）正相关。第二，民营上市公司（t）期的现金持有增加量与（t－1）期对外提供的商业信用间无显著相关性，而B部分的国有上市公司（t）期的现金持有增加量与（t－1）期对外提供的商业信用却显著正相关；与之相对照，之前分析国有和民营上市公司（t）期期末现金持有量与（t－1）期对外提供的商业信用间都是显著正相关的。产生差异的原因可能是，虽然之前分析认为（t－1）期对外提供的商业信用在（t）期收回来，为此企业的现金持有会增加，但是对于民营上市公司来说，增加的现金会被更加有效率地投入使用，所以期末现金增加量没有显著增加，而国有企业可能是由于自身资金较为充裕或者资金利用效率较差，所以更多地以现金形式存在企业，故期末现金增加量显著增多。第三，民营上市公司（t）期现金持有增加量与（t－1）期现金持有增加量间也是显著负相关，说明前一期民营上市公司的现金增加越多，当期现金持有的增加量就会减少，而之前分析中民营上市公司（t）期与（t－1）期期末现金持有量间却是显著正相关。

表 3－9　　面板 VAR 模型估计结果

Part A：整体样本上市公司				
	$Bankloan_{(t-1)}$	$Acre_{(t-1)}$	$Acpa_{(t-1)}$	$Cashzj_{(t-1)}$
$Bankloan_{(t)}$	0. 6160***	0. 1652**	0. 1011**	－0. 0071
	(17. 17)	(2. 54)	(2. 11)	(－0. 61)
$Acre_{(t)}$	－0. 0319*	0. 3898***	－0. 0470	0. 0268***
	(－1. 66)	(6. 74)	(－1. 32)	(3. 14)
$Acpa_{(t)}$	0. 0596**	0. 1025*	0. 6626***	0. 0005
	(2. 50)	(1. 88)	(13. 95)	(0. 05)
$Cashzj_{(t)}$	0. 1373***	0. 2561***	0. 3072***	－0. 0841***
	(5. 26)	(3. 62)	(5. 94)	(－6. 06)
N obs	7382		BIC	－5. 3456
AIC	－10. 7124		HQIC	－8. 8680
Part B：国有上市公司				
	$Bankloan_{(t-1)}$	$Acre_{(t-1)}$	$Acpa_{(t-1)}$	$Cashzj_{(t-1)}$
$Bankloan_{(t)}$	0. 6494***	0. 1362	0. 1358	－0. 0148
	(9. 32)	(0. 82)	(1. 09)	(－0. 95)
$Acre_{(t)}$	－0. 1265**	0. 0645	－0. 2925**	0. 0040
	(－2. 41)	(0. 35)	(－2. 31)	(0. 28)
$Acpa_{(t)}$	0. 0822	0. 2146	0. 7514***	0. 0103
	(1. 51)	(1. 31)	(5. 88)	(0. 78)

续表

Part B：国有上市公司				
	$Bankloan_{(t-1)}$	$Acre_{(t-1)}$	$Acpa_{(t-1)}$	$Cashzj_{(t-1)}$
$Cashzj_{(t)}$	0.2983***	0.8190***	0.6950***	-0.0582**
	(3.50)	(2.91)	(3.43)	(-2.32)
N obs	4481		BIC	-5.5365
AIC	-10.3469		HQIC	-8.6515
Part C：民营上市公司				
	$Bankloan_{(t-1)}$	$Acre_{(t-1)}$	$Acpa_{(t-1)}$	$Cashzj_{(t-1)}$
$Bankloan_{(t)}$	0.5856***	0.2004***	0.0628	-0.00006
	(13.11)	(2.91)	(1.28)	(-0.00)
$Acre_{(t)}$	0.0065	0.5005***	0.0481	0.0487***
	(0.26)	(8.29)	(1.44)	(3.62)
$Acpa_{(t)}$	0.0597**	0.0601	0.6252***	-0.0092
	(2.10)	(1.16)	(12.41)	(-0.61)
$Cashzj_{(t)}$	0.0630**	0.0589	0.1761***	-0.1061***
	(2.08)	(0.88)	(3.53)	(-5.33)
N obs	2900		BIC	-5.2485
AIC	-10.1747		HQIC	-8.3997

注：***、**、* 分别表示在1%、5%、10%的水平下显著；$Bankloan_{(t-1)}$，$Acre_{(t-1)}$，$Acpa_{(t-1)}$，$Cashzj_{(t-1)}$ 分别表示 $Bankloan_{(t)}$，$Acre_{(t)}$，$Acpa_{(t)}$，$Cashzj_{(t)}$ 的一阶滞后。

3.3.4.2 Granger 因果关系检验

结合表3-10和图3-8的Granger因果关系检验结果来看，与面板VAR分析相类似，在几个地方存在差异，而其他的与之前的分析没有发生实质性变化。

表 3－10　　　　Granger 因果关系检验结果

Part A：整体样本上市公司			
因变量－自变量	Chi^2	p－value	检验结果
Bankloan－Acre	6.4542	0.011**	Acre 是 Bankloan 的 Granger 原因
Bankloan－Acpa	4.4554	0.035**	Acpa 是 Bankloan 的 Granger 原因
Bankloan－Cashzj	0.3676	0.544	Cashzj 不是 Bankloan 的 Granger 原因
Bankloan－All	8.2799	0.041**	三者综合是 Bankloan 的 Granger 原因
Acre－Bankloan	2.7468	0.097*	Bankloan 是 Acre 的 Granger 原因
Acre－Acpa	1.7414	0.187	Acpa 不是 Acre 的 Granger 原因
Acre－Cashzj	9.8485	0.002***	Cashzj 是 Acre 的 Granger 原因
Acre－All	14.333	0.002***	三者综合是 Acre 的 Granger 原因
Acpa－Bankloan	6.2591	0.012**	Bankloan 是 Acpa 的 Granger 原因
Acpa－Acre	3.5243	0.060*	Acre 是 Acpa 的 Granger 原因
Acpa－Cashzj	0.0030	0.956	Cashzj 不是 Acpa 的 Granger 原因
Acpa－All	6.9099	0.075*	三者综合是 Acpa 的 Granger 原因
Cashzj－Bankloan	27.642	0.000***	Bankloan 是 Cashzj 的 Granger 原因
Cashzj－Acre	13.077	0.000***	Acre 是 Cashzj 的 Granger 原因
Cashzj－Acpa	35.324	0.000***	Acpa 是 Cashzj 的 Granger 原因
Cashzj－All	37.75	0.000***	三者综合是 Cashzj 的 Granger 原因
Part B：国有上市公司			
因变量－自变量	Chi^2	p－value	检验结果
Bankloan－Acre	0.6697	0.413	Acre 不是 Bankloan 的 Granger 原因
Bankloan－Acpa	1.1802	0.277	Acpa 不是 Bankloan 的 Granger 原因
Bankloan－Cashzj	0.9066	0.341	Cashzj 不是 Bankloan 的 Granger 原因
Bankloan－All	2.3335	0.506	三者综合不是 Bankloan 的 Granger 原因
Acre－Bankloan	5.7894	0.016**	Bankloan 是 Acre 的 Granger 原因
Acre－Acpa	5.3474	0.021**	Acpa 是 Acre 的 Granger 原因
Acre－Cashzj	0.0761	0.783	Cashzj 不是 Acre 的 Granger 原因

续表

Part B：国有上市公司			
因变量 - 自变量	Chi^2	p - value	检验结果
Acre - All	6.7767	0.079 *	三者综合是 Acre 的 Granger 原因
Acpa - Bankloan	2.2913	0.130	Bankloan 不是 Acpa 的 Granger 原因
Acpa - Acre	1.7213	0.190	Acre 不是 Acpa 的 Granger 原因
Acpa - Cashzj	0.6064	0.436	Cashzj 不是 Acpa 的 Granger 原因
Acpa - All	2.5697	0.463	三者综合不是 Acpa 的 Granger 原因
Cashzj - Bankloan	12.245	0.000 ***	Bankloan 是 Cashzj 的 Granger 原因
Cashzj - Acre	8.4437	0.004 ***	Acre 是 Cashzj 的 Granger 原因
Cashzj - Acpa	11.754	0.001 ***	Acpa 是 Cashzj 的 Granger 原因
Cashzj - All	12.765	0.005 ***	三者综合是 Cashzj 的 Granger 原因
Part C：民营上市公司			
因变量 - 自变量	Chi^2	p - value	检验结果
Bankloan - Acre	8.473	0.004 ***	Acre 是 Bankloan 的 Granger 原因
Bankloan - Acpa	1.6472	0.199	Acpa 不是 Bankloan 的 Granger 原因
Bankloan - Cashzj	1.3e - 05	0.997	Cashzj 不是 Bankloan 的 Granger 原因
Bankloan - All	9.4031	0.024 **	三者综合是 Bankloan 的 Granger 原因
Acre - Bankloan	0.0661	0.797	Bankloan 不是 Acre 的 Granger 原因
Acre - Acpa	2.0703	0.150	Acpa 不是 Acre 的 Granger 原因
Acre - Cashzj	13.08	0.000 **	Cashzj 是 Acre 的 Granger 原因
Acre - All	15.711	0.001 ***	三者综合是 Acre 的 Granger 原因
Acpa - Bankloan	4.4024	0.036 **	Bankloan 是 Acpa 的 Granger 原因
Acpa - Acre	1.3561	0.244	Acre 不是 Acpa 的 Granger 原因
Acpa - Cashzj	0.3687	0.544	Cashzj 不是 Acpa 的 Granger 原因
Acpa - All	5.6102	0.132	三者综合不是 Acpa 的 Granger 原因
Cashzj - Bankloan	4.3242	0.038 **	Bankloan 是 Cashzj 的 Granger 原因
Cashzj - Acre	0.7753	0.379	Acre 不是 Cashzj 的 Granger 原因
Cashzj - Acpa	12.475	0.000 ***	Acpa 是 Cashzj 的 Granger 原因
Cashzj - All	12.944	0.005 ***	三者综合是 Cashzj 的 Granger 原因

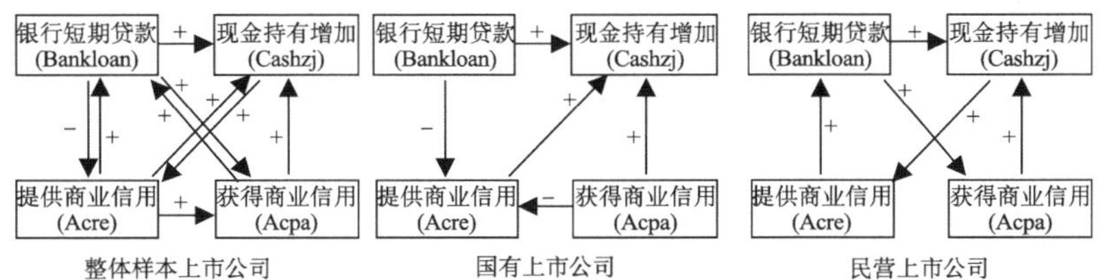

图 3-8　Granger 因果关系

差异的地方主要在：第一，对于整体样本上市公司来说，企业现金持有的增加量是企业对外提供商业信用的 Granger 原因，且为正向，而之前分析则认为期末现金持有不是企业对外提供商业信用的 Granger 原因。第二，对于国有企业来说，企业现金持有的增加量不是企业对外提供商业信用的 Granger 原因，而之前分析认为，期末现金持有是企业对外提供商业信用的 Granger 原因，且为负向。第三，对于民营企业来说，企业对外提供商业信用不是企业现金持有增加量的 Granger 原因，而之前分析认为，企业对外提供商业信用是企业现金持有量的 Granger 原因，且为正向；企业获得的银行短期贷款是企业现金持有增加量的 Granger 原因，且为正向，而之前分析则认为，企业获得的银行短期贷款不是企业现金持有量的 Granger 原因。

3.3.4.3　脉冲响应分析

整体样本上市公司的银行短期贷款、提供商业信用、获得商业信用以及期末现金增加量四个因素间的脉冲响应图，如图 3-9 所示。与之前对应的分析相比较，除了企业对外提供商业信用对期末现金持有增加量的冲击反应存在较为明显差异外，其他部分都没有发生实质性变化。

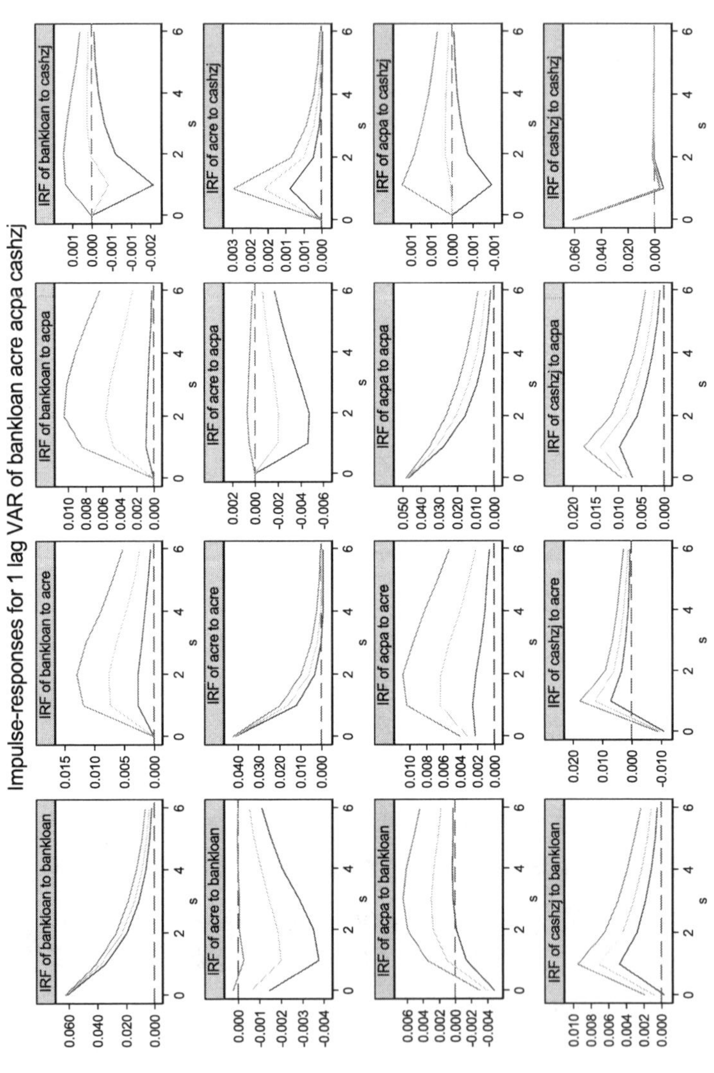

图 3－9　整体样本上市公司脉冲响应分析

①整体样本。由图3－9可知，给期末现金持有增加量一个标准差的冲击，整体样本上市公司对外提供商业信用会在当期迅速反应并产生正响应状态，在第1期末响应值达到正的最大，随后2～6期影响程度逐渐减少，最终趋向于一个很小的正响应值，总体上看均为正向影响，说明整体样本上市公司期末现金持有增加量会对提供商业信用产生正向作用，意味着整体样本上市公司，在前一期现金持有增加较多的情况下，对外也就会提供较多的商业信用。之前分析则发现，期末现金持有对整体样本上市公司对外提供商业信用不具有显著性影响。

②国有上市公司。国有上市公司的期末现金增加量与其他三个因素间的脉冲响应图，如图3－10所示。与之前对应的分析相比较，主要存在两点较为明显的差异，其他部分则没有发生实质性变化。

两点主要差异为：第一，给期末现金持有增加量一个标准差的冲击，对国有上市公司的对外提供商业信用产生较小正向影响，但是95%置信区间包括0值，因此可以认为不具有显著性。之前分析则发现，期末现金持有对国有上市公司对外提供商业信用具有负向的显著影响。第二，给银行短期贷款一个标准差的冲击，国有上市公司的期末现金持有增加量会在当期迅速反应并产生较大的正响应状态，随后在第1期达到正的最大，而后在2～6期影响程度逐渐减少，最终趋向于一个很小的正响应值。而之前的分析则发现，给银行短期贷款一个标准差的冲击，国有上市公司的期末现金持有会在当期迅速反应并产生较小的负响应状态，随后在第1期响应状态就转为正，并在第2期达到正的最大，而后在3～6期影响程度逐渐减少，最终趋向于一个很小的正响应值。

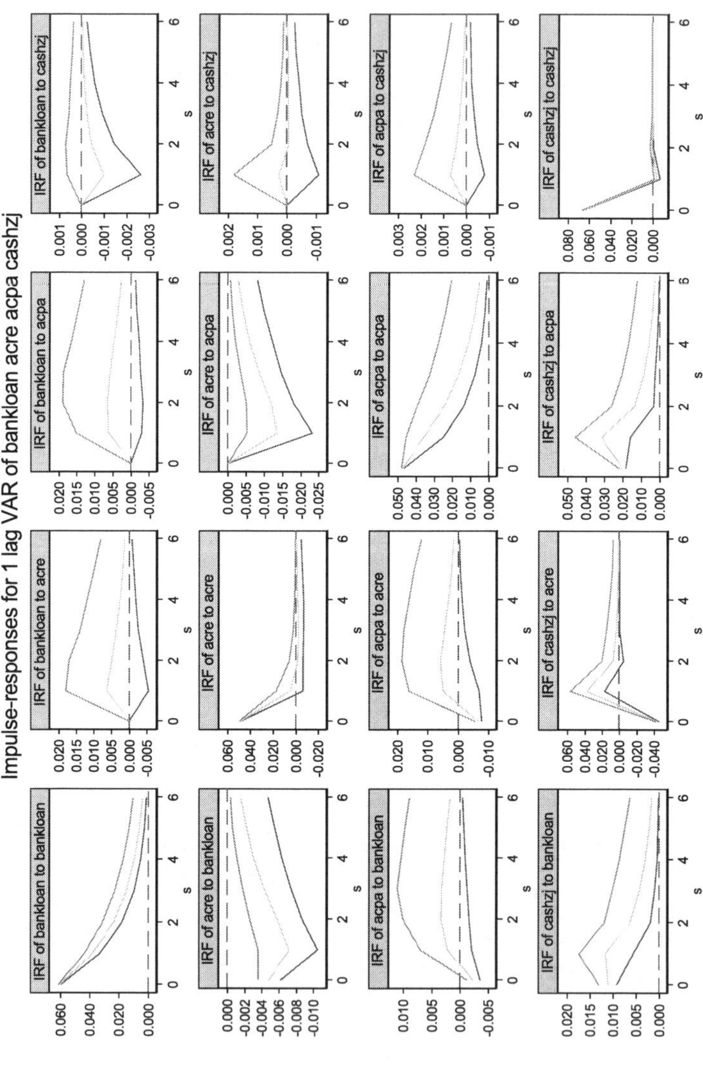

图 3－10　国有上市公司脉冲响应分析

③民营上市公司。民营上市公司的期末现金增加量与其他三个因素间的脉冲响应图，如图3－11所示。与之前对应的分析相比较，除了期末现金持有增加量对企业获得商业信用的冲击反应存在较为明显差异外，其他部分都没有发生实质性变化。

给获得商业信用一个标准差的冲击，民营上市公司的期末现金持有增加量会在当期迅速反应并产生较大的正响应状态，并在第1期末响应值达到正的最大，但随后2～6期影响程度逐渐减少，最终趋向于一个很小的正响应值，总体上看均为正向影响。而之前的分析则发现，给获得商业信用一个标准差的冲击，民营上市公司的期末现金持有量会在当期迅速反应并产生较小的负响应状态，随后从第1期开始响应状态就由负转为正，并在第2期达到正的最大，而后在3～6期影响程度逐渐减少，最终趋向于一个很小的正响应值。

④国有、民营间差异。本节同样考察了国有、民营上市公司银行短期贷款、提供商业信用、获得商业信用以及期末现金增加量四个因素间的脉冲响应的差异，结果如图3－12所示。与之前的分析结果相比，没有发生实质性变化。同样可以认为银行短期贷款、提供商业信用、获得商业信用以及期末现金持有增加量这四个因素彼此间的影响，在我国国有、民营两类公司间存在较大差异，这为本研究进一步分析影响的具体差异如何提供了可能。

3.3.4.4　方差分解

通过方差分解来考察银行短期贷款（Bankloan）、获得商业信用（Acpa）、提供商业信用（Acre）、期末现金持有增加量（Cashzj）之间相互影响程度的结果如表3－11所示。与之前相对应的分析结果相比，国有、民营上市公司间的差异主要也是在期末现金持有增加量波动的解释度有较大不同。期末现金持有增

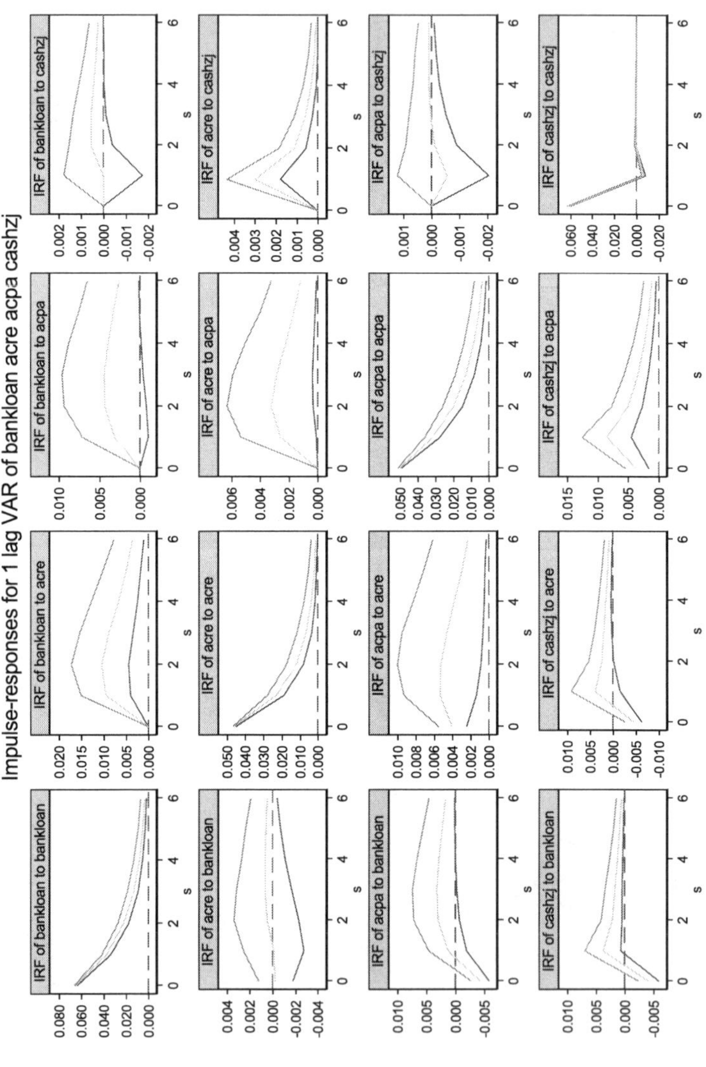

图 3－11　民营上市公司脉冲响应分析

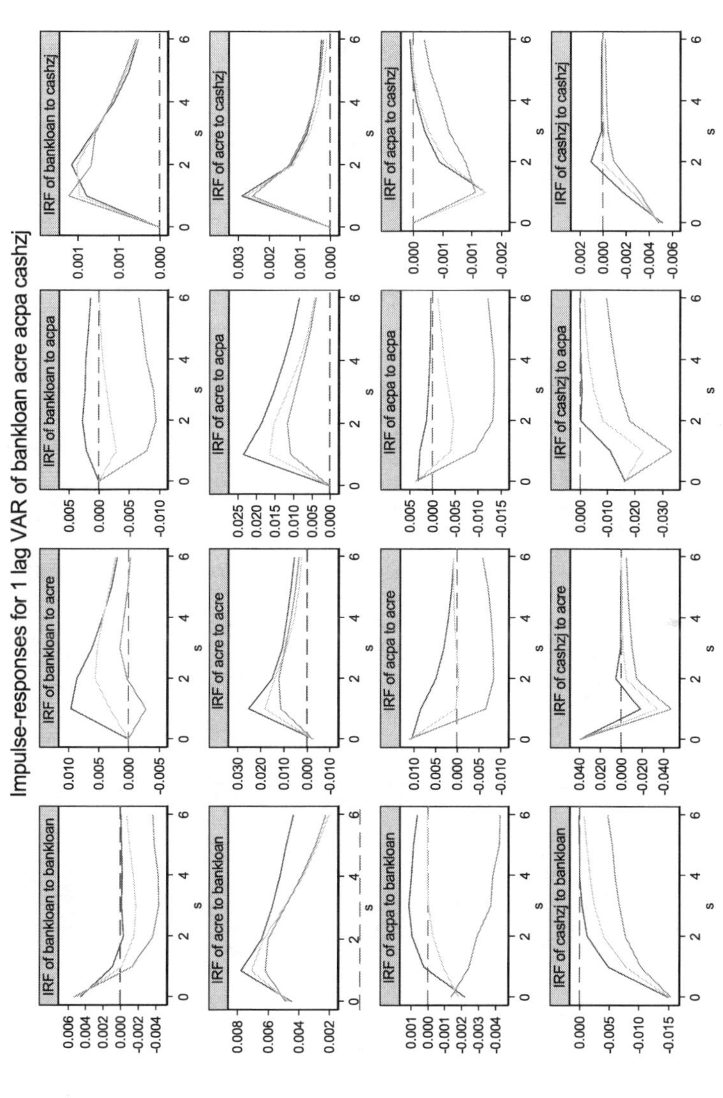

图 3－12　国有、民营上市公司脉冲响应分析的差异

加量、获得和提供商业信用以及银行短期贷款对国有上市公司期末现金持有增加量波动解释程度分别为：44.6%、17.3%、34.8%和3.4%；而对民营上市公司期末现金持有增加量波动解释程度分别为：94.4%、3.3%、1.3%和1.0%，由此可见国有、民营上市公司期末现金持有增加量受到获得和提供商业信用、银行短期贷款的影响也存在较大差异。

表3－11　　　　方差分解结果

	s	Bankloan	Acre	Acpa	Cashzj
Part A：全部上市公司					
Bankloan	1	1.000	0.000	0.000	0.000
Acre	1	0.000	1.000	0.000	0.000
Acpa	1	0.007	0.004	0.988	0.000
Cashzj	1	0.000	0.026	0.017	0.957
Bankloan	5	0.957	0.027	0.016	0.000
Acre	5	0.005	0.987	0.006	0.001
Acpa	5	0.010	0.032	0.958	0.000
Cashzj	5	0.019	0.070	0.086	0.824
Bankloan	10	0.950	0.030	0.019	0.000
Acre	10	0.006	0.986	0.007	0.001
Acpa	10	0.012	0.036	0.952	0.000
Cashzj	10	0.020	0.071	0.089	0.819
Bankloan	20	0.950	0.030	0.019	0.000
Acre	20	0.006	0.986	0.007	0.001
Acpa	20	0.012	0.036	0.952	0.000
Cashzj	20	0.020	0.071	0.089	0.819
Part B：国有上市公司					
	s	Bankloan	Acre	Acpa	Cashzj
Bankloan	1	1.000	0.000	0.000	0.000
Acre	1	0.010	0.990	0.000	0.000
Acpa	1	0.003	0.020	0.977	0.000
Cashzj	1	0.018	0.282	0.059	0.641

续表

Part B：国有上市公司					
	s	Bankloan	Acre	Acpa	Cashzj
Bankloan	5	0. 965	0. 014	0. 021	0. 000
Acre	5	0. 046	0. 807	0. 147	0. 000
Acpa	5	0. 009	0. 028	0. 963	0. 000
Cashzj	5	0. 033	0. 349	0. 171	0. 447
Bankloan	10	0. 960	0. 015	0. 026	0. 000
Acre	10	0. 048	0. 796	0. 156	0. 000
Acpa	10	0. 011	0. 029	0. 960	0. 000
Cashzj	10	0. 034	0. 348	0. 173	0. 446
Bankloan	20	0. 959	0. 015	0. 026	0. 000
Acre	20	0. 048	0. 796	0. 156	0. 019
Acpa	20	0. 011	0. 029	0. 959	0. 006
Cashzj	20	0. 034	0. 348	0. 173	0. 446
Part C：民营上市公司					
	s	Bankloan	Acre	Acpa	Cashzj
Bankloan	1	1. 000	0. 000	0. 000	0. 000
Acre	1	0. 000	1. 000	0. 000	0. 000
Acpa	1	0. 007	0. 006	0. 987	0. 000
Cashzj	1	0. 004	0. 005	0. 003	0. 987
Bankloan	5	0. 943	0. 048	0. 010	0. 004
Acre	5	0. 000	0. 985	0. 011	0. 004
Acpa	5	0. 011	0. 025	0. 964	0. 000
Cashzj	5	0. 010	0. 012	0. 032	0. 946
Bankloan	10	0. 933	0. 054	0. 013	0. 000
Acre	10	0. 001	0. 983	0. 012	0. 004
Acpa	10	0. 013	0. 029	0. 958	0. 000
Cashzj	10	0. 010	0. 013	0. 033	0. 944
Bankloan	20	0. 933	0. 054	0. 013	0. 000
Acre	20	0. 001	0. 983	0. 013	0. 004
Acpa	20	0. 013	0. 029	0. 958	0. 000
Cashzj	20	0. 010	0. 013	0. 033	0. 944

3.4 小结

本章通过构建面板VAR模型分别对我国整体样本、国有和民营上市公司银行短期贷款、获得商业信用、提供商业信用以及期末现金持有量（期末现金持有增加量）四个因素间的关系进行了面板VAR分析、Granger因果关系检验、脉冲响应分析以及方差分解，结果发现整体样本上市公司四个因素之间的关系基本上是综合了国有和民营上市公司的结果，而四个因素间的相互关系和影响程度在我国国有与民营上市公司间存在着显著的差异。

3.4.1 面板VAR估计结果

本章通过构建面板VAR模型分别分析了整体样本、国有以及民营上市公司的银行短期贷款、获得商业信用、提供商业信用和期末现金持有量等之间的相互关系。面板VAR的系统GMM估计结果显示，整体样本上市公司与国有、民营间有着较大差异，国有与民营上市公司间也存在很大的差异。主要结果为：

3.4.1.1 整体样本上市公司

①四个因素的（t）期都与自身的（t-1）期显著正相关。

②（t）期银行短期贷款与（t-1）期提供的商业信用和（t-1）期获得的商业信用都显著正相关，而与（t-1）期期末现金持有量无显著相关性。

③（t-1）期获得银行贷款越多，在（t）期其提供给其他企业的商业信用反而减少，而（t-1）期获得的商业信用和（t-1）期期末现金持有量对（t）期提供的商业信用都无显著

影响。

④（t-1）期获得银行短期贷款越多，在（t）期其获得商业信用也就越多，而（t-1）期对外提供的商业信用和（t-1）期期末现金持与（t）期获得商业信用无显著相关性。

⑤（t）期期末现金持有量与（t-1）期获得银行短期贷款、（t-1）期对外提供的商业信用以及（t-1）期获得的商业信用之间都在1%水平上显著正相关。

3.4.1.2　国有上市公司

①四个因素的（t）期都与自身的（t-1）期显著正相关，并且（t）期银行短期贷款和（t）期获得商业信用除了与本身（t-1）期显著正相关外，与其他三个因素的（t-1）期都无显著相关性。

②（t）期提供的商业信用与（t-1）期银行短期贷款、（t-1）期获得的商业信用以及（t-1）期期末现金持有量都显著负相关。

③（t）期期末现金持有量与（t-1）期获得银行短期贷款、（t-1）期对外提供的商业信用以及（t-1）期获得的商业信用之间都在1%水平上显著正相关。

3.4.1.3　民营上市公司

①四个因素的（t）期都与自身的（t-1）期显著正相关。

②（t）期银行短期贷款与（t-1）期提供的商业信用显著正相关，而与（t-1）期获得的商业信用、（t-1）期期末现金持有量都无显著相关性。

③（t）期提供的商业信用与（t-1）期期末现金持有量显著正相关。

④（t-1）期获得银行短期贷款越多，在（t）期其获得商业信用也就越多，而（t-1）期对外提供的商业信用和

(t-1) 期期末现金持有量与 (t) 期获得商业信用都无显著相关性。

⑤ (t) 期期末现金持有量与 (t-1) 期对外提供的商业信用、(t-1) 期获得的商业信用都在1%水平上，与 (t-1) 期获得银行短期贷款在接近10%水平上，显著正相关。

3.4.1.4 国有、民营上市公司间的差异

整体样本上市公司四个变量之间的关系基本上是综合了国有和民营上市公司的结果，而国有、民营上市公司间存在较大差异。两类企业主要差异在于：

①国有上市公司 (t) 期获得的银行短期贷款与 (t-1) 期提供的商业信用间没有显著相关性，而民营上市公司 (t) 期获得的银行短期贷款，在5%水平上与 (t-1) 期提供的商业信用显著正相关。

②国有上市公司 (t) 期对外提供的商业信用与 (t-1) 期银行短期贷款、(t-1) 期获得商业信用以及 (t-1) 期期末现金持有量都是显著负相关。而民营上市公司 (t) 期对外提供的商业信用与 (t-1) 期期末现金持有量是显著正相关，与(t-1)期银行短期贷款、(t-1) 期获得商业信用都没有显著相关性。

③国有上市公司 (t) 期获得的商业信用与 (t-1) 期获得的银行短期贷款间没有显著相关性，而民营上市公司 (t) 期获得商业信用，在5%水平上与 (t-1) 期获得的银行短期贷款间显著正相关。

④通过分析上述差异，可以发现，国有、民营两类公司银行短期贷款、获得商业信用、提供商业信用和期末现金持有量等之间关系的差异，主要在于对外提供商业信用、获得商业信用与其他三个因素间关系的差异，我们认为这些差异是由于我国特殊制

度背景下，国有、民营上市公司在经营环境中处于不同的竞争地位造成的。国有上市公司处于竞争的“强势地位”，而民营上市公司则处于“劣势地位”。

首先，由于我国国有上市公司处于“强势地位”，在对外提供商业信用时，国有上市公司就不愿意或者不需要采用积极策略，哪怕是持有较多现金的情况下，也不愿意对外提供更多商业信用。而对处于“劣势地位”的我国民营上市公司来说，则恰恰相反，在前一期持有较多现金的情况下，民营企业会积极对外提供商业信用，以促进产品销售、获取竞争优势，符合“交易动机”的理论预期。

其次，前一期获得的银行短期贷款和供应商提供的商业信用越多时，可以认为两者增加企业的短期负债就越多，处于“强势地位”的国有企业，具有谈判优势，可以较容易修改销售产品的收款条款，为此国有企业出于偿还短期负债的需要，就会减少对外提供的商业信用。而处于“劣势地位”的民营上市公司，为了维持与采购商的关系、维持产品的销售，不愿意或者较难修改销售产品的收款条款，所以就算是民营上市公司前一期银行短期贷款和获得商业信用等短期负债较多，其也不能减少对外提供的商业信用。

最后，相比于国有上市公司，民营上市公司处于“劣势地位”，其从银行处获得贷款就较难（比如还款条件更为苛刻、短期贷款占比高等），民营上市公司为了及时偿还银行贷款，可能需要更多地占用供应商提供的商业信用。

3.4.2　Granger 因果关系检验结果

变量之间的 Granger 因果关系检验结果与之前的面板 VAR 估计结果相似。整体样本上市公司四个变量之间的 Granger 关系基本上是综合了国有和民营上市公司的结果。国有、民营上市公司两个样本组之间有相同也有不同的地方。共同之处：两类公司的提供商业信用和获得商业信用两者都是期末现金持有的 Granger 原因，且都为正向。

相异之处：国有上市公司的银行短期贷款、获得商业信用、期末现金持有都是提供商业信用的 Granger 原因，且都为负向。而民营上市公司只有期末现金持有是提供商业信用的 Granger 原因，但是为正向。国有上市公司的银行短期贷款是提供商业信用的 Granger 原因，且为负向，而民营上市公司却是提供商业信用是银行短期贷款的 Granger 原因，且为正向。

3.4.3 脉冲响应分析结果

本章还通过构建面板 VAR 模型度量了整体、国有和民营上市公司银行短期贷款、提供商业信用、获得商业信用以及期末现金持有量（期末现金持有增加量）等相互之间的冲击反应。结果显示，整体、国有和民营上市公司两两变量间的脉冲反应结果与之前的面板 VAR 估计以及 Granger 因果关系的结果相似。国有、民营两类公司的冲击反应存在较大的差异。

（1）银行短期贷款在面对其他三个因素的冲击时，民营与国有上市公司间存在较大差异。民营上市公司银行短期贷款对提供商业信用、期末现金持有的冲击反应分别在第 1 ~ 4 期和第 1 期都显著高于国有上市公司，而民营上市公司银行短期贷款对获得商业信用的冲击反应在第 1 期却显著低于国有上市公司。

（2）民营上市公司提供商业信用对银行短期贷款、获得商业信用以及期末现金持有的冲击反应分别在 0 ~ 6 期、1 ~ 6 期和 1 ~ 6 期都显著高于国有上市公司。

（3）民营上市公司获得商业信用对期末现金持有的冲击反

应在 1 ~6 期显著低于国有上市公司。民营上市公司获得商业信用对银行短期贷款和提供商业信用的冲击反应都在当期显著高于国有上市公司。

（4）民营上市公司期末现金持有对银行短期贷款、获得商业信用的冲击反应都在 0 ~6 期显著低于国有上市公司；而对提供商业信用的反应则是在当期显著高于国有上市公司，1 ~6 期则无显著性差异。

3.4.4　方差分解结果

变量间的方差分析结果也印证了之前的分析，如果变量间的面板 VAR 估计、Granger 因果检验、脉冲反应具有显著相关性，那么对彼此波动的解释程度就较大，如果无上述相关性，则彼此间方差贡献就很小。

国有、民营上市公司间的差异主要在期末现金持有量波动的解释度有较大不同。期末现金持有量、获得和提供商业信用以及银行短期贷款对国有上市公司期末现金持有量波动解释程度分别为：70.2%、17.2%、11.4% 和 1.3%；而对民营上市公司期末现金持有量波动解释程度分别为：92.5%、2.3%、3.6% 和 1.6%，由此可见，国有、民营上市公司期末现金持有量受到获得和提供商业信用、银行短期贷款的影响存在较大差异。

另外，本章以期末现金增加量替代之前所采用的期末现金持有量，对上述分析进行了稳健性检验。与之前结果相比，除个别地方存在一定差异外，并没有发生实质性变化。

综上所述，通过对我国整体、国有和民营上市公司银行短期贷款、获得商业信用、提供商业信用以及期末现金持有量（现金持有增加量）的面板 VAR 分析、Granger 因果关系检验、脉冲响应分析以及方差分解，结果发现整体样本上市公司四个因素之间的关系基本上是综合了国有和民营上市公司的结果，而国有与民营上市公司间存在着很大的差异。导致两者间差异的可能原因，我们认为是由于我国特殊制度背景下，国有、民营上市公司在经营环境中所处的不同竞争地位造成的。国有上市公司处于竞争的“强势地位”，而民营上市公司则处于竞争的“劣势地位”。为此，在后续章节的分析中都是在分析整体样本上市公司基础上，再按照所有权性质的不同，按国有、民营进一步分组分析，以使所获得的结果更具说服力。

银行短期贷款、商业信用与现金持有水平动态面板分析

4.1　引言

根据前一章的面板 VAR 分析结果可知，无论是整体样本还是国有上市公司或者民营上市公司，四变量（Bankloan、Acre、Acpa、Qmcash）系统和四变量（Bankloan、Acre、Acpa、Cashzj）系统中各变量之间，从内生角度看，都存在较为密切的关系。这为理解四变量间的相互关系和彼此影响程度做了较好的解释，但是前一章的面板 VAR 分析也存在两点不足：第一，面板 VAR 只是分析了内生系统中某一变量的滞后期对其他变量的影响，而该变量当期对其他变量的影响则没有体现；第二，面板 VAR 分析只是在内生角度下分析了

四变量之间的相互关系和彼此影响程度，没有控制其他可能的影响因素。

针对前一节面板 VAR 分析的不足，本章在引入其他可能影响的控制变量条件下，再通过加入四变量的当期项，通过构建动态面板来进一步分析四变量间的关系和彼此影响程度。

4.2 模型设定

在本章中，分析所使用的动态面板模型形式如下：

$$y_{it} = \alpha_i + \beta_0 + \sum_{j=1}^{p} \beta_j y_{i,t-j} + \beta' z_{i,t-1} + \gamma_{i,t} + u_{i,t}$$

模型中，y_{it}为一个包含四个变量｛Qmcash、Bankloan、Acre、Acpa｝的向量，Qmcash 代表企业期末的现金持有量；Bankloan 是我国上市公司获得的银行短期贷款；Acre 是企业提供的商业信用；Acpa 是企业获得的商业信用；在进一步的分析中，本章用企业的现金持有增加量（Cashzj）替代期末现金持有量（Qmcash）。$z_{i,t-1}$为其他可能的影响因素。参考以往的文献，本章控制了一些可能的影响因素：企业规模 Size（公司年末总资产的对数值）、主营业务增长率 Grow（本期主营业务收入 - 上期主营业务收入）/上期主营业务收入、企业财务杠杆 Leverage（负债总额/资产总额）、资本开支 Zbkz（用购建固定资产、无形资产和其他长期资产支付的现金减去处置固定资产、无形资产和其他长期资产收回的现金）/总资产、资产有形性 Zcyx（固定资产/总资产）。β_0为常数项，α_i和 $\gamma_{i,t}$分别为反映个体异质性和时间效应的变量，$u_{i,t}$为一个服从正态分布的随机扰动。

由于模型右边包含了被解释变量的滞后项 $y_{i,t-j}$，与随机误差项存在相关，使得模型中存在较为严重的内生性问题，所以，如果运用普通最小二乘法（OLS）和面板固定效应（FE）进行估计，得到的估计结果往往是存在有偏性的。只有使用工具变量法或在系统GMM框架下才能得到一致性估计。Anderson和Hsiao（1982）首先提出对一阶差分后的动态面板模型运用工具变量估计可得到动态面板数据模型系数的一致性估计，但是该方法在估计时由于没有考虑随机误差项的结构，其估计量不具有有效性。Arellano和Bond（1991）将“一阶差分广义矩”（First - difference GMM）估计法引入动带面板数据的估计中，该方法由于引入了更多的滞后水平值作为工具变量，且使用GMM估计方法，也考虑了误差项的结构，较Anderson和Hsiao（1982）的方法更为有效。但是在一阶差分方程中，水平变量的滞后项往往都是弱工具变量，使得Arellano和Bond（1991）的估计量可能存在严重的小样本偏误。为此Arellano和Bover（1995）以及Blundell和Bond（1998），提出了“系统广义矩估计”（System GMM），该方法的核心在于增加了一个假设：工具变量的差分外生于个体效应，从而可以作为水平方程的工具变量。这样，就在Arellano和Bond（1991）的一阶差分GMM估计方法只应用差分后的方程的基础上，增加了水平方程，利用了更多的矩条件。Blunden和Bond（1998）的理论证明及仿真实验均说明了系统广义矩估计量比一阶差分系统广义矩估计量有更好的有限样本性质，极大地减小了一阶差分广义矩估计量的偏误。Bond和Windmeijier（2002）研究也表明，因为系统广义矩估计更加充分地利用了样本信息，相对于差分估计量，系统估计量的小样本偏误明显降低。

根据之前分析，为了克服个体异质性和内生性问题，在本章中我们主要也采用系统广义矩估计（System GMM）来估计动态面板模型参数，同时为了作为比较，我们在结果中也汇报了动态面板的混合普通最小二乘法（OLS）、固定效应（FE）等分析结果。系统广义矩估计（System GMM）方法的一个关键假设是，模型中的干扰项 $u_{i,t}$ 不存在序列相关。如果差分后的干扰项只存在一阶自相关而不存在二阶自相关，我们就认为这一假设是合理的。在随后的经验结果中，我们给出了与该检验相关的 Corr1 和 Corr2 统计量。同时，为了检验工具变量的合理性，我们给出了检验过度识别约束的 Sargan 和 Hansen 统计量。

4.3 期末现金持有量动态面板分析结果

4.3.1 对企业期末现金持有量影响的分析结果

表 4 -1 中分别呈现了整体样本、民营上市公司和国有上市公司期末现金持有量（Qmcash）与解释变量和控制变量的动态面板模型，在四种不同的估计方法下得到的估计结果。其中，第（1）栏和第（2）栏均为采用系统 GMM 估计得到的结果，但是第（1）栏假设除控制变量外，其他所有解释变量均为内生变量（包括被解释变量滞后期、其他三个解释变量的当期和滞后期）；第（2）栏假设除被解释变量滞后期为内生变量外，其余三个解释变量的当期和滞后期以及控制变量都为外生变量。第（3）和第（4）栏分别为混合 OLS 和面板固定效应设定下的估计结果。由第（1）和第（2）栏列示的 Corr1 和 Corr2 统计量的 P 值可知，扰动项存在一阶相关，但不存在二阶相关，可以使用系统 GMM 对动态面板模型进行估计。表中第（1）和第（2）栏列示的 Sargan 值和 Hansen 值，用于检验工具变量是否合理，在多数

情况下，Sargan 检验的原假设都会被拒绝，并且 Sargan 检验不稳健（Kling 等，2014）；而 Hansen 检验的结果则表明，本章选择的工具变量是合理的，不存在过度识别问题，“工具变量是有效的”原假设没有被拒绝。

通过对比表 4－1 中所呈现的每个样本组的四种估计结果，可以发现采用不同的方法估计面板动态模型的系数估计值及其显著性存在一定的差异。Roodman（2006）以及连玉君和苏治（2008）的研究都表明，动态面板模型被解释变量滞后一期的混合最小二乘（OLS）估计量和固定效应（FE）估计量分别上偏和下偏于其真实值，也就意味着对于动态面板模型采用混合最小二乘（OLS）估计或者固定效应（FE）估计都是有偏的。但是本章的估计结果有时会与上述 Roodman（2006）以及连玉君和苏治（2008）的结论不一致，究其原因可能是他们都是在将被解释变量滞后一期纳入动态面板模型的分析中得到上述结论的，而本章则纳入了被解释变量的滞后四期，所以得到的系数估计结果有时会与他们的结论有所不同。另外本章发现动态面板主要解释变量内生设定下的估计结果与外生设定下的估计结果很相近，那么究竟需不需要考虑内生性问题呢？根据动态面板模型的设定条件、解释变量与被解释变量实际的经济含义以及前一章节的分析结果都表明，在内生设定下所获得的动态面板系数估计值可能更合适，也更具有效性（Arellano，2003；连玉君和苏治，2008）。为此，在后面的分析中，本研究都主要以内生设定下的系数估计结果为主，而其他方法的估计结果主要用于对比。

在对企业期末现金持有量（Qmcash）的影响中，无论是对整体样本上市公司还是分组下的国有、民营上市公司，都呈现出相类似的影响作用。具体来说，银行短期贷款（Bankloan）、提供商业信用（Acre）、获得商业信用（Acpa）对企业期末现金持有（Qmcash）的影响都是滞后一期显著正相关，当期显著负相关。对于三个主要解释变量滞后一期与企业期末现金持有显著正相关，这点也印证了前一章节面板 VAR 分析的结果，其可能原因，本研究在面板 VAR 章节也已经分析过，在此不再赘述。在此本章主要分析三个主要解释变量的当期对企业期末现金持有的影响。

从表 4－1 中可以得到无论是对整体样本上市公司还是分组下的国有、民营上市公司，当期的银行短期贷款（Bankloan）与当期企业期末现金持有（Qmcash）在 1% 水平上都显著负相关，意味着企业在当期获得银行贷款越多，而其持有的现金量反而越少。分析可能是因为，企业在当期有合适项目需要资金投入，但是企业需要先以自己持有的现金作为资本金投入，再向银行申请贷款，因此银行会根据企业投入自有资金的规模来提供贷款。换句话说，企业投入的自有资金越多，银行可能愿意提供的贷款规模也就越大；企业投入的自有资金越多，其期末现金持有量就会越少。试想一下，如果银行发现企业持有较多的现金而没有投入到项目中，那么银行很有可能也就不会为此项目贷款。

整体、国有以及民营三组样本当期的获得商业信用（应付合计 Acpa）与当期企业期末现金持有（Qmcash）在 1% 水平上也都显著负相关，说明企业当期占有供应商的提供的信用越多，其持有的现金反而越少，这点可以这样来理解，因为获得的商业信用往往是银行贷款的替代性融资来源（Wu 等，2012），基于之前分析的当期银行短期贷款与当期企业期末现金持有间的显著负相关关系，也就可以推论出企业获得商业信用与期末现金持有间的负相关关系，也就是企业基于融资需求的目的，项目需要投入自有现金的同时，还需要外部融资，比如包括获得银行贷款以及占用供应商提供的商业信用。

整体、国有以及民营三组样本当期对外提供的商业信用（应收项目 Acre）与当期企业期末现金持有（Qmcash）在 1% 水平上都显著负相关，其可能原因不再是企业基于融资目的，而是基于对外提供商业信用（应收项目）与现金持有间存在替代性。企业对外提供商业信用，意味着企业在可以预计的将来某个时间收回额度确定的现金，或者可以把应收账款契约作为抵押向银行获得贷款。因此这些对外提供的商业信用（应收项目），可以被作为是现金的替代物，也就意味着企业拥有的应收项目越多，企业所需持有的现金的量就可以越少（Wu 等，2012）。

动态面板模型下样本公司现金持有水平的调整半周期 = ln2/（1 − α），α 为 $Cash_{t-1}$ 的系数估计值。系统 GMM 内生模型下，对于整体样本上市公司来说，调整半周期为 = 0.6931/（1 − 0.6532） = 2.0；民营上市公司为 0.6931/（1 − 0.6148） = 1.80；国有上市公司为 0.6931/（1 − 0.6653） = 2.07。换言之，整体样本上市公司的现金持有水平从一个均衡态调整为另外一个均衡态所需要的时间为 4 年，民营上市公司需要 3.6 年，国有上市公司需要 4.14 年，民营上市公司现金持有水平的调整速度稍稍快于国有上市公司。与国外 Guney 等（2003）、Ozkan 和 Ozkan（2004）以及国内连玉君和苏治（2008）的研究结果相比较，本研究研究结果的调整半周期较长。在此基础上可进一步得到，我国民营上市公司调整的速度比国有上市公司要快一些，其可能原因是相对于国有上市公司，我国民营上市公司管理制度更加灵活、经营也更有效率，因此现金持有水平的调整速度也相对快一些。

4.3.2　对企业银行短期贷款影响的分析结果

在对企业银行短期贷款（Bankloan）的影响中，无论是对整体样本上市公司还是分组下的国有、民营上市公司，也都呈现出相类似的影响作用。具体来说，期末现金持有（Qmcash）和获得商业信用（Acpa）对银行短期贷款（Bankloan）的影响都是滞后一期显著正相关，当期显著负相关；提供商业信用（Acre）无论当期还是滞后一期对银行短期贷款（Bankloan）都没有显著的影响。三个主要解释变量滞后一期与银行短期贷款间的相关性与前一章节 PVAR 分析结果存在一定的差异，产生差异的原因可能是在动态面板中引入主要解释变量的当期以及控制变量。

从表 4－2 中可以得到无论是对整体样本上市公司还是分组下的国有、民营上市公司，动态面板系统 GMM 估计下，企业当期的期末现金持有（Qmcash）与银行短期贷款（Bankloan）在 1% 水平上都显著负相关，意味着企业在当期持有的现金越多，其从银行处获取贷款就越少。这点不难理解，因为企业持有的现金越多，对外融资的需求就越小，向银行贷款就越少；滞后一期的期末现金持有与当期银行短期贷款显著正相关，意味着企业在前一期持有的现金越多，当期就可以从银行处获取更多的贷款。究其原因，可能是企业在前一期持有现金较多，意味企业财务状况较好，就越容易从银行处获取贷款。

整体、国有以及民营三组样本当期的获得商业信用（应付合计 Acpa）与当期银行短期贷款（Bankloan）在 1% 水平上都显著负相关，说明企业当期占有供应商提供的信用越多，其从银行处获取的贷款就越少。这点可以这样理解，从融资角度，企业获得的商业信用往往是银行贷款的替代性融资来源（Cull 等，2009；王彦超和林斌，2008；胡海青等，2011；Wu 等，2012）。所以当期获得供应商的信用越多，企业需要向银行贷款就相应减少。而企业获得商业信用的滞后一期与当期银行贷款却显著正相关，这说明企业在前一期获得更多的商业信用有利于企业从银行处获得较多的银行短期贷款，这支持了商业信用与银行贷款间“互补关系”理论（Biais 和 Gollie，1997；Ono，2001；Giannetti 等，2011）。因此综合企业获得商业信用与银行短期贷款间的关系，我们认为，企业获得商业信用在当期与银行短期贷款之间符合“替代关系”；而前一期获得商业信用与银行短期贷款间则符合“互补关系”。

企业提供商业信用（Acre）无论当期还是滞后一期对银行短期贷款（Bankloan）都没有显著性影响，与前一章节面板 VAR 分析结果存在一定的差异，面板 VAR 章节整体以及民营上市公司样本组，企业前一期提供的商业信用（Acre）与企业当期获得银行短期贷款（Bankloan）间显著正相关，产生差异的原因可能是在动态面板中引入企业提供商业信用的当期以及控制变量。

4.3.3　对企业对外提供商业信用影响的分析结果

在对企业对外提供商业信用（Acre）的影响中，对整体样本上市公司还是分组下的国有、民营上市公司，即呈现出相类似一面，也有不同的地方。具体来说，类似的地方：三个样本组期末现金持有（Qmcash）对企业提供商业信用（Acre）的影响都是滞后一期显著正相关，当期显著负相关；银行短期贷款（Bankloan）无论当期还是滞后一期对企业提供商业信用（Acre）都没有显著的影响。不一致的地方：企业获得商业信用（Aacpa）对于全体以及国有样本组提供商业信用（Acre）的影响都是当期显著正相关，滞后一期显著负相关，而民营上市公司获得商业信用（Acpa）无论当期还是滞后一期对企业提供商业信用（Acre）却都没有显著的影响。三个主要解释变量滞后一期与企业对外提供商业信用间的相关性与前一章节 PVAR 分析结果存在一定的差异，产生差异的原因也可能是在动态面板中引入主要解释变量的当期以及控制变量。

从表 4－3 中可以得到，无论是对整体样本上市公司还是分组下的国有、民营上市公司，动态面板系统 GMM 估计下，企业当期的期末现金持有（Qmcash）与当期企业对外提供商业信用（Acre）在 1% 水平上都显著负相关，意味着企业在当期持有的现金越多，其提供给采购商的商业信用反而越少。这说明企业在当期由于流动性资金需求较多，因此需要持有较多现金，当然也就减少了提供给供应商的商业信用。而企业滞后一期的期末现金持有（Qmcash）与当期企业对外提供商业信用（Acre）在 1% 水平上都显著正相关，说明企业在前一期持有的现金越多，在当期对外提供的商业信用也就越多。这点很好理解，因为企业在前一期持有的现金越多，资金越充裕，企业就可以采取积极对外提供商业信用，以促进产品销售、获取竞争优势等。

整体和国有样本组当期获得商业信用（应付合计 Acpa）与当期企业对外提供商业信用（Acre）在 1% 水平上都显著正相关，说明企业当期占有供应商提供的信用越多，其也愿意对外提供更多的商业信用。它们的滞后一期与当期企业对外提供商业信用（Acre）在 5% 水平上都显著负相关，意味着企业在前一期占有较多供应商商业信用，企业在当期对外提供的商业信用反而越少，可能是因为前一期占有供应商商业信用较多，需要偿还的额度就越多，因此对外提供的信用就会减少。而民营上市公司样本组无论是当期还是滞后一期获得的商业信用（应付合计 acpa）与当期企业对外提供商业信用（Acre）都无显著相关性。

整体、国有以及民营三组样本无论是当期还是滞后一期获得的银行短期贷款（Bankloan）与当期企业对外提供商业信用（A-cre）间都无显著相关性，与前一章节面板 VAR 分析结果存在一定的差异，面板 VAR 章节整体以及国有上市公司样本组，企业前一期获得银行短期贷款（Bankloan）与企业当期对外提供的商业信用（Acre）间显著负相关，产生差异的原因可能是在动态面板中引入企业银行贷款的当期以及控制变量。

4.3.4　对企业获得商业信用影响的分析结果

在对企业获得商业信用（Acpa）的影响中，动态面板系统 GMM 估计下，对整体样本上市公司还是分组下的国有、民营上市公司，即呈现出相类似一面，也有不同的地方。具体来说，类似的地方：三个样本组银行短期贷款（Bankloan）对企业获得商业信用（Acpa）的影响都是滞后一期显著正相关，当期显著负相关；不一致的地方：整体样本组、民营样本组，期末现金持有（Qmcash）对企业获得商业信用（Acpa）的影响都是滞后一期显著正相关，当期显著负相关，而国有样本组期末现金持有（Qmcash）无论当期还是滞后一期对企业获得商业信用（Acpa）却都没有显著的影响；整体样本组、国有样本组当期和滞后一期对外提供商业信用（Acre）与当期获得商业信用（Acpa）间的关系，分别是显著正相关和负相关，而民营样本组只是滞后一期显著负相关，当期则没有显著相关性。

从表 4 -4 中可以得到无论是对整体样本上市公司还是分组下的国有、民营上市公司，动态面板系统 GMM 估计下，企业当期的银行短期贷款（Bankloan）与当期企业获得商业信用（Ac-pa）都显著负相关，意味着企业在当期获得银行贷款越多，而其占用供应商提供的商业信用反而越少，这与前面分析企业获得的商业信用是银行贷款的替代性融资来源相符合，意味着如果企业从银行处获得的短期贷款越多，其就越少占用供应商提供的商业信用。而企业滞后一期的银行短期贷款（Bankloan）与当期企业获得商业信用（Acpa）都显著正相关，说明企业前一期银行贷款越多，本期需要偿还的贷款就越多，就越需要占用更多的供应商商业信用作为短期融资来源。

整体和民营样本组当期现金持有（Qmcash）与当期企业获得商业信用（Acpa）显著负相关，说明企业当期持有的现金越多，其就不需要占有更多的供应商提供的信用作为短期融资来源；而它们滞后一期的现金持有（Qmcash）与当期企业获得商业信用（Acpa）显著正相关，可能原因是企业前一期持有的现金越多，意味财务状况较好，供应商也就愿意提供信用。而相比与民营上市公司，国有上市公司样本组无论当期还是滞后一期，其现金持有（Qmcash）与当期企业获得商业信用（Acpa）间都无显著相关性，正如本研究前一章所分析，可能是因为国有上市公司处于“竞争优势”，因此，其获得商业信用不容易受到其他因素的影响。

整体与国有样本组当期对外提供商业信用（Acre）与当期企业获得商业信用（Acpa）间都是显著正相关，而民营企业是虽然正相关但是不显著，说明企业当期对外提供的信用越多，其也会较多地占用供应商的商业信用。而三个样本组的滞后一期与当期企业获得商业信用（Acpa）间都是显著负相关，意味着企业在前一期对外提供的商业信用越多，当期回收回来的资金就会越多，那么企业就不需要再占用较多的供应商提供的信用。

表 4-1　期末现金持有量与其他三个因素和控制变量的分析结果

	期末现金持有量（整体）（$Qmcash_t$）				期末现金持有量（民营）（$Qmcash_t$）				期末现金持有量（国有）（$Qmcash_t$）			
	1	2	3	4	1	2	3	4	1	2	3	4
	GMM 内生	GMM 外生	OLS	FE	GMM 内生	GMM 外生	OLS	FE	GMM 内生	GMM 外生	OLS	FE
$Qmcash_{t-1}$	0.6532***	0.6533***	0.6615***	0.1460***	0.6148***	0.6768***	0.6909***	0.1349***	0.6653***	0.6546***	0.6508***	0.1541***
	(16.41)	(17.48)	(27.30)	(5.62)	(8.71)	(11.11)	(18.16)	(3.29)	(15.59)	(13.08)	(21.10)	(4.68)
$Qmcash_{t-2}$	0.0669***	0.0698***	0.0705***	-0.1216***	0.0496	0.0708**	0.0665**	-0.1345***	0.0734***	0.0755**	0.0761**	-0.1072***
	(3.49)	(3.38)	(3.23)	(-6.57)	(1.50)	(2.23)	(2.27)	(-5.04)	(2.83)	(3.07)	(2.47)	(-4.35)
$Qmcash_{t-3}$	0.0810***	0.0782***	0.0904***	-0.0469***	0.0720***	0.0865***	0.0873***	-0.0553**	0.0770***	0.0557**	0.0913***	-0.0377*
	(4.85)	(4.37)	(5.40)	(-2.98)	(2.65)	(3.11)	(3.74)	(-2.48)	(3.31)	(2.51)	(3.97)	(-1.67)
$Qmcash_{t-4}$	-0.0148	-0.0077	0.0072	-0.0672***	0.0085	0.0142	0.0339*	-0.0466*	-0.0578***	-0.0405*	-0.0161	-0.0852***
	(-0.93)	(-0.45)	(0.57)	(-3.94)	(0.33)	(0.54)	(1.78)	(-1.86)	(-2.64)	(-1.84)	(-0.95)	(-3.58)
$Bankloan_t$	-0.1333***	-0.1263***	-0.1386***	-0.1465***	-0.1803***	-0.1461***	-0.1563***	-0.1643***	-0.1034***	-0.0996***	-0.1207***	-0.1272***
	(-6.94)	(-6.60)	(-8.24)	(-8.02)	(-5.52)	(-5.91)	(-6.76)	(-6.48)	(-5.45)	(-3.59)	(-4.79)	(-5.08)
$Bankloan_{t-1}$	0.1158***	0.0922***	0.0939***	0.0239	0.0871*	0.0757***	0.0726***	-0.0079	0.1228***	0.0852**	0.1154***	0.0515
	(4.16)	(3.57)	(4.96)	(0.84)	(1.86)	(2.58)	(2.76)	(-0.23)	(3.98)	(2.15)	(4.17)	(1.19)
$Acre_t$	-0.2315***	-0.2709***	-0.2219***	-0.2125***	-0.2577***	-0.2838***	-0.2420***	-0.2475***	-0.2035***	-0.2532***	-0.2156***	-0.1869***
	(-7.94)	(-9.26)	(-7.78)	(-5.97)	(-5.48)	(-6.64)	(-5.88)	(-4.74)	(-6.14)	(-7.17)	(-5.78)	(-4.22)
$Acre_{t-1}$	0.1916***	0.2378***	0.2040***	0.0388	0.1917***	0.2530***	0.2313***	0.0467	0.1574***	0.2019***	0.1787***	0.0296
	(6.76)	(8.17)	(6.64)	(1.15)	(4.54)	(6.25)	(5.33)	(0.90)	(4.75)	(5.31)	(4.39)	(0.72)
$Acpa_t$	-0.1200***	-0.1175***	-0.1197***	-0.1512***	-0.1637***	-0.1648***	-0.1651***	-0.2166***	-0.0781**	-0.0597	-0.0838**	-0.0973**
	(-3.85)	(-3.70)	(-4.30)	(-4.74)	(-3.15)	(-3.89)	(-4.39)	(-4.55)	(-2.35)	(-1.47)	(-2.12)	(-2.34)

续表

	期末现金持有量（整体）（$Qmcash_t$）				期末现金持有量（民营）（$Qmcash_t$）				期末现金持有量（国有）（$Qmcash_t$）			
	1	2	3	4	1	2	3	4	1	2	3	4
	GMM 内生	GMM 外生	OLS	FE	GMM 内生	GMM 外生	OLS	FE	GMM 内生	GMM 外生	OLS	FE
$Acpa_{t-1}$	0.1514***	0.1483***	0.1395***	0.0742**	0.1563***	0.1320***	0.1423***	0.0521	0.1552***	0.1358***	0.1386***	0.0996*
	(4.26)	(4.26)	(4.81)	(1.98)	(2.69)	(3.20)	(3.46)	(1.11)	(3.96)	(2.67)	(3.46)	(1.82)
$Grow_{t-1}$	-0.0012	-0.0016	-0.0005	0.0033**	-0.0006	-0.0009	-0.0006	0.0032	-0.0022	-0.0023	-0.0009	0.0029
	(-0.65)	(-0.90)	(-0.33)	(2.00)	(-0.19)	(-0.38)	(-0.23)	(1.38)	(-0.91)	(-1.05)	(-0.50)	(1.31)
$Size_{t-1}$	-0.0077***	-0.0082***	-0.0049***	-0.221***	-0.0114***	-0.0110***	-0.0069***	-0.0191***	-0.0055***	-0.0059***	-0.0031***	-0.0247***
	(-7.20)	(-7.87)	(-5.56)	(-5.44)	(-5.02)	(-5.16)	(-4.30)	(-3.24)	(-4.64)	(-4.72)	(-2.97)	(-4.59)
$Leverage_{t-1}$	0.0313	0.0498***	-0.0004	0.0609***	0.0637	0.0971***	-0.0265	0.0732**	-0.0114	0.0054	-0.0206*	0.0499*
	(1.47)	(3.03)	(-0.04)	(3.09)	(1.62)	(3.19)	(-1.41)	(2.56)	(-0.47)	(0.29)	(-1.86)	(1.92)
$Zbkz_{t-1}$	0.0575***	0.0651***	-0.0094	0.0583***	0.0539**	0.0738***	-0.0189*	0.0529**	0.0605***	0.0570***	0.0118	0.0646**
	(3.96)	(4.72)	(-1.31)	(2.86)	(1.97)	(3.15)	(-1.66)	(1.91)	(3.50)	(3.40)	(1.21)	(2.24)
$Zcyx_{t-1}$	0.0641***	0.0834***	0.0124*	0.0436***	0.1026***	0.1310***	0.0350**	0.0263	0.0417**	0.0463**	0.0119	0.0562**
	(3.83)	(5.29)	(1.88)	(2.36)	(3.14)	(4.81)	(2.33)	(0.85)	(2.17)	(2.54)	(1.58)	(2.56)
常数项	—	0.1542***	0.1271***	0.6499***	—	—	0.1734***	0.6020***	—	0.1463***	0.1734***	0.6899***
		(5.86)	(6.71)	(7.15)			(5.22)	(4.74)		(4.24)	(5.22)	(5.57)
年度	控制	控制	控制	控制	控制	控制	控制	控制	控制	控制	控制	控制
$Adj-R^2$	—	—	0.6349		—	—	0.5804		—	—	0.6863	
F			313.85***	18.92***			107.92***	10.28***			235.90***	10.71***
$R^2-within$				0.1355				0.1502				0.1317

续表

	期末现金持有量（整体）（$Qmcash_t$）				期末现金持有量（民营）（$Qmcash_t$）				期末现金持有量（国有）（$Qmcash_t$）			
	1	2	3	4	1	2	3	4	1	2	3	4
	GMM 内生	GMM 外生	OLS	FE	GMM 内生	GMM 外生	OLS	FE	GMM 内生	GMM 外生	OLS	FE
Wald chi^2	18197.83 ***	1712.77 ***			4685.52 ***	7006.24 ***			12454.14 ***	1480.44 ***		
Corr1 (p-value)	0.000	0.000			0.000	0.000			0.000	0.000		
Corr2 (p-value)	0.804	0.744			0.554	0.524			0.404	0.664		
Sargan (p-value)	0.000	0.000			0.000	0.000			0.000	0.000		
Hansen (p-value)	0.175	0.035			0.134	0.357			0.783	0.154		
N	5580	5580	5580	5580	2275	2275	2275	2275	3305	3305	3305	3305

说明：（1）***、**、*分别表示在1%、5%和10%水平上显著；（2）表中结果均为使用 Stata12.0 中的“xtabond2”程序分析，并且所有参数估计值都为两阶段 GMM 估计量（Robust Twostep）；（3）表中 Corr1 和 Corr2 分别是检验扰动项的差分是否存在一阶与二阶自相关的 p 值，原假设为“模型残差项不存在二阶序列相关”；（4）Sargan 和 Hansen 是过度识别检验的 p 值，在多数情况下 Sargan 检验的原假设都会被拒绝，并且 Sargan 检验不稳健；（5）模型中为了避免控制变量的内生性，本章对控制变量选择滞后一期，三个主要解释变量通过前一章的 AIC、BIC 准则选择滞后阶数为 1 期；（6）Guney 等（2003）估计得到的法国、德国、英国和日本公司的现金持有调整速度分别为 0.558、0.556、0.602 和 0.561，对应的调整半周期分别为 1.24、1.25、1.15、和 1.24；而 Ozkan 和 Ozkan（2004）针对英国公司得到的结果为 0.605，对应的调整半周期为 1.15；连玉君和苏治（2008）对中国上市公司研究的估计结果为 0.489，半周期为 1.42。由上述研究结果可知，被解释变量会受到其滞后 3 期的影响，本章再结合面板动态模型的 Sargan 和 Hansen 检验值，最终选择被解释变量的滞后 4 期（下同）。

表 4-2　银行短期贷款与其他三个因素和控制变量的分析结果

	银行短期贷款（整体）($Bankloan_t$)				银行短期贷款（民营）($Bankloan_t$)				银行短期贷款（国有）($Bankloan_t$)			
	1	2	3	4	1	2	3	4	1	2	3	4
	GMM 内生	GMM 外生	OLS	FE	GMM 内生	GMM 外生	OLS	FE	GMM 内生	GMM 外生	OLS	FE
$Bankloan_{t-1}$	0.7075***	0.7097***	0.7784***	0.1506***	0.6443***	0.6638***	0.6658***	0.1789***	0.7151***	0.7304***	0.7906***	0.1214***
	(23.19)	(22.95)	(30.12)	(4.21)	(14.22)	(13.67)	(18.72)	(3.09)	(18.27)	(18.47)	(24.57)	(3.45)
$Bankloan_{t-2}$	0.0953***	0.0991***	0.1249***	-0.0781***	0.1136***	0.1304***	0.1399***	-0.0638	0.1006***	0.0798***	0.1096***	-0.0901***
	(4.09)	(4.33)	(5.14)	(-2.93)	(3.06)	(3.91)	(3.52)	(-1.46)	(3.73)	(2.98)	(4.07)	(-2.95)
$Bankloan_{t-3}$	0.0222	0.0182	0.0143	-0.0697***	0.00004	-0.0106	-0.0099	-0.0831***	0.0435**	0.0512**	0.0377*	-0.0584**
	(1.24)	(1.05)	(0.84)	(-3.91)	(0.00)	(-0.44)	(-0.37)	(-3.11)	(1.96)	(2.32)	(1.83)	(-2.44)
$Bankloan_{t-4}$	-0.0194	-0.0151	-0.0042	-0.0709***	-0.0154	-0.0187	0.0010	-0.0744***	-0.032*	-0.0367**	-0.0142	-0.0676***
	(-1.23)	(-0.93)	(-0.32)	(-4.28)	(-0.61)	(-0.75)	(0.05)	(-2.93)	(-1.88)	(-2.13)	(-0.85)	(-3.18)
$Qmcash_t$	-0.1380***	-0.1237***	-0.1396***	-0.1730***	-0.1526***	-0.1352***	-0.1474***	-0.1759***	-0.1335***	-0.1143***	-0.1320***	-0.1688***
	(-7.08)	(-5.29)	(-7.97)	(-7.46)	(-5.76)	(-5.82)	(-7.52)	(-5.81)	(-4.93)	(-3.06)	(-4.29)	(-4.86)
$Qmcash_{t-1}$	0.0830***	0.0871***	0.0930***	0.0121	0.0899***	0.0992***	0.1160***	0.0578*	0.0556**	0.0710**	0.0727***	-0.0319
	(3.77)	(4.58)	(5.51)	(0.56)	(2.90)	(4.23)	(5.38)	(1.78)	(2.04)	(2.56)	(2.61)	(-1.15)
$Acre_t$	0.2226	0.0402	0.0037	-0.0309	-0.0015	0.0399	0.0025	-0.0406	0.0094	0.0343	0.0060	-0.0186
	(0.75)	(1.31)	(0.13)	(-0.80)	(-0.04)	(0.97)	(0.06)	(-0.75)	(0.23)	(0.85)	(0.15)	(-0.35)
$Acre_{t-1}$	-0.0150	-0.0642**	0.0054	-0.0236	0.0049	-0.0598	0.0016	-0.0168	-0.0132	-0.0567	0.0073	-0.0351
	(-0.49)	(-2.08)	(0.19)	(-0.85)	(0.12)	(-1.39)	(0.04)	(-0.43)	(-0.30)	(-1.38)	(0.18)	(-0.89)

续表

	银行短期贷款（整体）（$Bankloan_t$）				银行短期贷款（民营）（$Bankloan_t$）				银行短期贷款（国有）（$Bankloan_t$）			
	1	2	3	4	1	2	3	4	1	2	3	4
	GMM 内生	GMM 外生	OLS	FE	GMM 内生	GMM 外生	OLS	FE	GMM 内生	GMM 外生	OLS	FE
$Acpa_t$	-0.1425***	-0.1372***	-0.1049***	-0.1024**	-0.1516***	-0.1043***	-0.0967***	-0.1166**	-0.1403***	-0.1702**	-0.1145**	-0.0915
	(-4.32)	(-3.34)	(-3.45)	(-2.38)	(-3.48)	(-2.82)	(-2.68)	(-2.43)	(-3.04)	(-2.47)	(-2.36)	(-1.34)
$Acpa_{t-1}$	0.1088***	0.1516***	0.0752**	0.0026	0.1127**	0.0654	0.0623*	0.0190	0.1405**	0.1772**	0.0827*	-0.0144
	(3.77)	(3.35)	(2.39)	(0.06)	(2.37)	(1.21)	(1.66)	(0.31)	(2.52)	(2.40)	(1.66)	(-0.29)
$Grow_{t-1}$	0.0035**	0.0028*	0.0028*	0.0014	0.0046*	0.0043*	0.0037*	0.0017	-0.0004	0.0005*	0.0013	0.0007
	(2.33)	(1.69)	(1.81)	(0.78)	(1.99)	(1.75)	(1.66)	(0.64)	(-0.22)	(0.24)	(0.70)	(0.36)
$Size_{t-1}$	0.0036***	0.0029***	0.0037***	0.0147***	0.0062***	0.0036**	0.0061***	0.0099*	0.0024*	0.0022**	0.0030***	0.0202**
	(3.46)	(2.86)	(4.15)	(2.82)	(3.30)	(2.03)	(3.86)	(1.71)	(1.90)	(1.97)	(2.74)	(2.39)
$Leverage_{t-1}$	0.0511***	0.0485***	0.0573***	0.1288***	0.0704***	0.0567**	0.0689***	0.1420***	0.0416	0.0521***	0.0542***	0.1201***
	(2.78)	(2.96)	(5.94)	(4.69)	(2.74)	(2.32)	(3.85)	(3.59)	(1.61)	(2.66)	(5.11)	(3.19)
$Zbkz_{t-1}$	0.0992***	0.1179***	0.0488***	0.0750***	0.0875***	0.1063***	0.0511***	0.0937***	0.0948***	0.1139***	0.0475***	0.0591**
	(7.68)	(10.72)	(6.89)	(3.72)	(4.91)	(6.48)	(4.45)	(3.24)	(6.67)	(8.11)	(5.23)	(2.18)
$Zcyx_{t-1}$	0.0554***	0.0741***	0.0295***	0.0807***	0.0734***	0.0963***	0.0611***	0.1142***	0.0420***	0.0540***	0.0176**	0.0572**
	(4.12)	(8.32)	(4.39)	(3.98)	(3.78)	(5.90)	(4.63)	(3.51)	(2.70)	(4.97)	(2.18)	(2.22)
常数项	-0.0804***	—	-0.0906***	-0.2169*	—	-0.0948***	-0.1274***	-0.1229	—	—	-0.0513**	-0.3295*
	(-3.49)		(-4.93)	(-1.88)		(-2.57)	(-4.01)	(0.98)			(-2.27)	(-1.75)

续表

	银行短期贷款（整体）（$Bankloan_t$）				银行短期贷款（民营）（$Bankloan_t$）				银行短期贷款（国有）（$Bankloan_t$）			
	1	2	3	4	1	2	3	4	1	2	3	4
	GMM 内生	GMM 外生	OLS	FE	GMM 内生	GMM 外生	OLS	FE	GMM 内生	GMM 外生	OLS	FE
年度	控制	控制	控制	控制	控制	控制	控制	控制	控制	控制	控制	控制
Adj - R^2	—	—	0.7174		—	—	0.7013		—	—	0.7321	
F			542.69 ***	11.73 ***			218.92 ***	7.42 ***			373.15 ***	5.91 ***
R^2 - within				0.1248				0.1507				0.1089
Wald chi^2	3696.78 ***	23285.19 ***			8398.74 ***	1888.74 ***			12355.43 ***	13750.64 ***		
Corr1 (p - value)	0.000	0.000			0.000	0.000			0.000	0.000		
Corr2 (p - value)	0.509	0.310			0.879	0.707			0.144	0.273		
Sargan (p - value)	0.000	0.000			0.130	0.509			0.000	0.000		
Hansen (p - value)	0.255	0.241			0.474	0.771			0.226	0.024		
N	5580	5580	5580	5580	2275	2275	2275	2275	3305	3305	3305	3305

表 4－3　　提供商业信用与其他三个因素和控制变量的分析结果

	提供商业信用（整体）（$Acre_t$）				提供商业信用（民营）（$Acre_t$）				提供商业信用（国有）（$Acre_t$）			
	1	2	3	4	1	2	3	4	1	2	3	4
	GMM 内生	GMM 外生	OLS	FE	GMM 内生	GMM 外生	OLS	FE	GMM 内生	GMM 外生	OLS	FE
$Acre_{t-1}$	0.7939 ***	0.7583 ***	0.7969 ***	0.1800 ***	0.7438 ***	0.7329 ***	0.7527 ***	0.1750 ***	0.8158 ***	0.7951 ***	0.8694 ***	0.1859 ***
	(32.20)	(32.01)	(31.01)	(5.96)	(22.58)	(21.81)	(23.41)	(4.42)	(20.57)	(23.45)	(21.05)	(4.33)
$Acre_{t-2}$	0.0754 ***	0.0787 ***	0.1093 ***	-0.0722 ***	0.1090 ***	0.0928 **	0.1056 ***	-0.0970 ***	0.0722 **	0.0457	0.1086 ***	-0.0531 *
	(3.20)	(3.18)	(4.38)	(-3.33)	(3.51)	(2.55)	(3.17)	(-2.81)	(2.20)	(1.42)	(3.00)	(-1.93)
$Acre_{t-3}$	0.0210	0.0062	0.0279	-0.1069 ***	0.0115	0.0032	0.0316	-0.1367 ***	0.0193	0.0167	0.0350	-0.0753 ***
	(0.95)	(0.27)	(1.26)	(-5.50)	(0.37)	(0.09)	(0.98)	(-4.46)	(0.69)	(0.61)	(1.15)	(-3.23)
$Acre_{t-4}$	-0.0228	-0.0479 **	0.0323 *	-0.0777 ***	-0.0319	-0.0446	0.0260	-0.1136 ***	-0.0142	-0.0321	0.0325	-0.0499 **
	(-1.13)	(-2.10)	(1.82)	(-3.82)	(-1.03)	(-1.21)	(0.93)	(-3.56)	(-0.59)	(-1.27)	(1.49)	(-1.99)
$Bankloan_t$	-0.0005	0.0193	0.0084	-0.0197	-0.0096	0.0353	0.0134	-0.0323	0.0184	-0.0027	0.0051	-0.0087
	(-0.03)	(1.22)	(0.54)	(-1.04)	(-0.32)	(1.30)	(0.56)	(-1.10)	(0.92)	(-0.15)	(0.25)	(-0.39)
$Bankloan_{t-1}$	-0.0245	0.0052	0.0055	-0.0068	-0.0284	-0.0165	-0.0043	-0.0624	0.0048	0.0332	0.0167	0.0385
	(-1.24)	(0.28)	(0.31)	(-0.25)	(-1.00)	(-0.54)	(-0.16)	(-1.45)	(0.17)	(1.36)	(0.70)	(1.58)
$Qmcash_t$	-0.1142 ***	-0.1391 ***	-0.1298 ***	-0.1204 ***	-0.1204 ***	-0.1407 ***	-0.1421 ***	-0.1449 ***	-0.1325 ***	-0.1250 ***	-0.1244 ***	-0.0978 ***
	(-6.91)	(-8.32)	(-8.04)	(-6.06)	(-4.63)	(-5.34)	(-5.95)	(-4.94)	(-6.20)	(-6.49)	(-6.08)	(-4.13)
$Qmcash_{t-1}$	0.1093 ***	0.1278 ***	0.1330 ***	0.0797 ***	0.0979 ***	0.1144 ***	0.1352 ***	0.0786 ***	0.1222 ***	0.1189 ***	0.1345 ***	0.0726 ***
	(5.41)	(7.47)	(7.91)	(4.40)	(3.61)	(4.45)	(5.43)	(3.14)	(4.64)	(6.04)	(6.30)	(2.99)

续表

	提供商业信用（整体）（$Acre_t$）				提供商业信用（民营）（$Acre_t$）				提供商业信用（国有）（$Acre_t$）			
	1	2	3	4	1	2	3	4	1	2	3	4
	GMM 内生	GMM 外生	OLS	FE	GMM 内生	GMM 外生	OLS	FE	GMM 内生	GMM 外生	OLS	FE
$Acpa_t$	0.1049 ***	0.1115 ***	0.1137 ***	0.1034 ***	0.0414	0.0540	0.0345	0.0299	0.1372 ***	0.1273 ***	0.1746 ***	0.1648 ***
	(4.07)	(3.90)	(3.91)	(2.74)	(1.19)	(1.38)	(0.91)	(0.58)	(3.59)	(3.49)	(4.26)	(3.29)
$Acpa_{t-1}$	-0.0601 **	-0.0054	-0.0568 *	0.0171	-0.0053	0.0048	-0.0046	0.0394	-0.0831 **	-0.0088	-0.1058 **	-0.0059
	(-2.23)	(-0.21)	(-1.96)	(0.50)	(-0.18)	(0.13)	(-0.13)	(0.93)	(-1.97)	(-0.25)	(-2.47)	(-0.13)
$Grow_{t-1}$	-0.0031 *	-0.0029	-0.0009	-0.0006	-0.0049 **	-0.0035	-0.0035 *	-0.0032	0.0003	0.00009	0.0031 *	0.0028
	(-1.79)	(-1.55)	(-0.63)	(-0.39)	(-1.98)	(-1.30)	(-1.67)	(-1.54)	(0.19)	(0.05)	(1.80)	(1.53)
$Size_{t-1}$	-0.0016 **	-0.0030 ***	-0.0016 **	-0.0110 ***	-0.0032 **	-0.0048 **	-0.0037 ***	-0.0101 **	-0.0011	-0.0017 *	-0.0006	-0.0121 **
	(-2.02)	(-3.16)	(-2.15)	(-2.88)	(-1.98)	(-2.43)	(-2.77)	(-2.23)	(-1.18)	(-1.68)	(-0.69)	(-2.01)
$Leverage_{t-1}$	-0.0089	-0.0280 ***	-0.0154 *	0.0058	-0.0102	-0.0262 *	-0.0084	0.0222	-0.0215	-0.0293 **	-0.0179 *	-0.0137
	(-0.63)	(-3.02)	(-1.85)	(0.29)	(-0.48)	(-1.69)	(-0.64)	(0.79)	(-1.19)	(-2.48)	(-1.71)	(-0.54)
$Zbkz_{t-1}$	-0.0159 *	-0.0045	-0.0026	0.0331 ***	-0.0131	-0.0085	-0.0030	0.0258	-0.0102	0.0043	0.0056	0.0324 *
	(-1.66)	(-0.51)	(-0.45)	(2.02)	(-0.90)	(-0.59)	(-0.35)	(1.09)	(-0.75)	(0.37)	(0.69)	(1.67)
$Zcyx_{t-1}$	0.0022	0.0078	0.0130 **	-0.0018 ***	0.0078	0.0057	0.0205 **	-0.0506 **	0.0017	0.0125 *	0.0131 **	0.0299 **
	(0.22)	(1.26)	(2.55)	(-0.13)	(0.51)	(0.48)	(1.96)	(-2.03)	(0.12)	(1.83)	(2.17)	(1.98)
常数	—	—	0.0303 *	0.3880 ***	—	—	0.0907 ***	0.4110 ***	—	—	0.0158	0.3849 ***
			(1.87)	(4.74)			(3.15)	(4.26)			(0.81)	(2.92)

续表

	提供商业信用（整体）（$Acre_t$）				提供商业信用（民营）（$Acre_t$）				提供商业信用（国有）（$Acre_t$）			
	1	2	3	4	1	2	3	4	1	2	3	4
	GMM 内生	GMM 外生	OLS	FE	GMM 内生	GMM 外生	OLS	FE	GMM 内生	GMM 外生	OLS	FE
年度	控制	控制	控制	控制	控制	控制	控制	控制	控制	控制	控制	控制
Adj - R^2	—	—	0.8255		—	—	0.7746		—	—	0.8637	
F			1369.55 ***	13.72 ***			411.58 ***	8.53 ***			1103.44 ***	9.91 ***
R^2 - within				0.1280				0.1590				0.1324
Wald chi^2	4570.51 ***	37642.27 ***			4570.51 ***	13778.85 ***			25542.60 ***	6235.49 ***		
Corr1 (p - value)	0.000	0.000			0.000	0.000			0.000	0.000		
Corr2 (p - value)	0.524	0.851			0.832	0.812			0.989	0.826		
Sargan (p - value)	0.000	0.000			0.000	0.041			0.000	0.000		
Hansen (p - value)	0.776	0.439			0.857	0.312			0.155	0.185		
N	5580	5580	5580	5580	2275	2275	2275	2275	3305	3305	3305	3305

表 4-4　获得商业信用与其他三个因素和控制变量的分析结果

	获得商业信用（整体）($Acpa_t$)				获得商业信用（民营）($Acpa_t$)				获得商业信用（国有）($Acpa_t$)			
	1	2	3	4	1	2	3	4	1	2	3	4
	GMM 内生	GMM 外生	OLS	FE	GMM 内生	GMM 外生	OLS	FE	GMM 内生	GMM 外生	OLS	FE
$Acpa_{t-1}$	0.8552***	0.8519***	0.8629***	0.2442***	0.8474***	0.8243***	0.8932***	0.2609***	0.7207***	0.8213***	0.7958***	0.2279***
	(23.85)	(24.59)	(32.06)	(6.65)	(16.54)	(15.24)	(23.23)	(5.56)	(3.80)	(18.22)	(22.42)	(4.70)
$Acpa_{t-2}$	-0.0113	-0.0170	0.0015	-0.1337***	-0.0376	-0.0111	-0.0165	-0.1378***	0.0303	0.0098	0.0167	-0.1258***
	(-0.47)	(-0.68)	(0.05)	(-5.88)	(-1.11)	(-0.29)	(-0.44)	(-4.35)	(0.27)	(0.32)	(0.44)	(-3.96)
$Acpa_{t-3}$	0.0685***	0.0582***	0.0647***	-0.0475**	0.0561*	0.0345	0.0502*	-0.0453	0.0725	0.0566**	0.0762**	-0.0472*
	(3.32)	(2.95)	(3.15)	(-2.36)	(1.80)	(1.21)	(1.73)	(-1.53)	(0.89)	(2.26)	(2.67)	(-1.78)
$Acpa_{t-4}$	-0.0107	-0.0056	0.0195	-0.0522***	0.0118	0.0133	0.0222	-0.0315	0.0169	-0.0205	0.0125	-0.0723
	(-0.57)	(-0.29)	(1.30)	(-2.90)	(0.47)	(0.50)	(0.96)	(-1.23)	(0.23)	(-0.88)	(0.65)	(-2.90)
$Bankloan_t$	-0.0641***	-0.0534**	-0.0656***	-0.0592**	-0.0629**	-0.0426*	-0.0592***	-0.0582**	-0.0957***	-0.0735*	-0.0698**	-0.0605
	(-2.89)	(-2.19)	(-3.47)	(-2.37)	(-2.25)	(-1.73)	(-2.64)	(-2.12)	(-3.40)	(-1.86)	(-2.38)	(-1.54)
$Bankloan_{t-1}$	0.0924***	0.0816***	0.0583***	0.0374	0.0638*	0.0587*	0.0399	0.0212	0.1013**	0.0945	0.0733**	0.0418*
	(3.60)	(3.07)	(2.77)	(1.57)	(1.95)	(1.81)	(1.58)	(0.58)	(2.53)	(1.64)	(2.30)	(1.75)
$Qmcash_t$	-0.0885***	-0.0906***	-0.0770***	-0.0874***	-0.1137***	-0.1035***	-0.0925***	-0.1171***	-0.0499	-0.0662***	-0.0620**	-0.0561*
	(-4.77)	(-4.75)	(-4.25)	(-4.09)	(-4.53)	(-4.04)	(-4.14)	(-4.17)	(-1.61)	(-2.65)	(-2.18)	(-1.75)
$Qmcash_{t-1}$	0.0483**	0.0746***	0.0713***	0.0255	0.0529**	0.0763***	0.0886***	0.0325	0.0347	0.0606***	0.0550**	0.0176
	(2.41)	(4.79)	(4.01)	(1.36)	(2.02)	(3.38)	(3.82)	(1.25)	(1.06)	(2.84)	(2.09)	(0.67)

续表

	获得商业信用（整体）（$Acpa_t$）				获得商业信用（民营）（$Acpa_t$）				获得商业信用（国有）（$Acpa_t$）			
	1	2	3	4	1	2	3	4	1	2	3	4
	GMM 内生	GMM 外生	OLS	FE	GMM 内生	GMM 外生	OLS	FE	GMM 内生	GMM 外生	OLS	FE
$Acre_t$	0.1275 ***	0.1096 ***	0.1355 ***	0.1162 ***	0.0549	0.0444	0.0426	0.0203	0.2134 ***	0.1936 ***	0.2286 ***	0.2225 ***
	(4.28)	(3.51)	(4.05)	(2.57)	(1.40)	(1.01)	(1.13)	(0.39)	(3.94)	(4.70)	(4.48)	(3.28)
$Acre_{t-1}$	-0.1095 ***	-0.0887 ***	-0.1076 ***	-0.0727 **	-0.0640 **	-0.0505	-0.0401	-0.0281	-0.1238 **	-0.1361 ***	-0.1850 ***	-0.1203 ***
	(-4.21)	(-2.84)	(-3.28)	(-2.44)	(-2.14)	(-1.21)	(-1.11)	(-0.88)	(-2.08)	(-3.26)	(-3.68)	(-2.70)
$Grow_{t-1}$	-0.0019	-0.0028 **	-0.0007	-0.0014	-0.0020	-0.0029	-0.0009	-0.0034 **	-0.0007	-0.0019	-0.0016	0.0005
	(-1.23)	(-2.01)	(-0.57)	(-1.10)	(-0.93)	(-1.40)	(-0.48)	(-1.99)	(-0.36)	(-1.06)	(-0.91)	(0.26)
$Size_{t-1}$	0.0019 **	0.0018 **	0.0007	-0.0008	0.0017	0.0020	0.0012	-0.0002	0.0006	0.0010	-0.0002	-0.0011
	(2.17)	(2.11)	(0.96)	(-0.23)	(0.98)	(1.22)	(0.93)	(-0.04)	(0.39)	(1.13)	(-0.26)	(-0.22)
$Leverage_{t-1}$	-0.0138	-0.0096	0.0214 **	-0.0612 ***	-0.0080	-0.0086	0.0376 ***	0.0725 ***	0.0138	0.0002	0.0133	0.0471 *
	(-0.82)	(-0.63)	(2.36)	(3.33)	(-0.34)	(-0.36)	(2.79)	(3.13)	(0.27)	(0.01)	(1.14)	(1.88)
$Zbkz_{t-1}$	0.0274 ***	0.0297 ***	0.0125 **	0.0174	0.0212	0.0264 **	0.0225 **	0.0234	0.0125	0.0260 **	0.0067	0.0104
	(2.77)	(3.54)	(1.99)	(1.07)	(1.51)	(2.35)	(2.41)	(1.05)	(0.35)	(2.05)	(0.79)	(0.49)
$Zcyx_{t-1}$	0.0003	0.0042	0.0003	0.0164	-0.0126	-0.0008	0.0067	0.0305	-0.0083	0.0017	-0.0007	-0.0014
	(0.03)	(0.51)	(0.07)	(1.18)	(-0.86)	(-0.07)	(0.65)	(1.22)	(-0.22)	(0.16)	(-0.11)	(-0.09)
常数	—	—	-0.0127	0.1613 **	—	—	-0.0246	0.1332	—	—	0.0097	0.1816
			(-0.82)	(1.99)			(-0.89)	(1.22)			(0.52)	(1.61)

续表

	获得商业信用（整体）（$Acpa_t$）				获得商业信用（民营）（$Acpa_t$）				获得商业信用（国有）（$Acpa_t$）			
	1	2	3	4	1	2	3	4	1	2	3	4
	GMM 内生	GMM 外生	OLS	FE	GMM 内生	GMM 外生	OLS	FE	GMM 内生	GMM 外生	OLS	FE
年度	控制	控制	控制	控制	控制	控制	控制	控制	控制	控制	控制	控制
Adj - R^2	—	—	0.8269		—	—	0.7672		—	—	0.8608	
F			1430.88 ***	17.34 ***			338.77 ***	9.32 ***			1209.02 ***	11.18 ***
R^2 - within				0.1378				0.1608				0.1400
Wald chi^2	48232.80 ***	6235.49 ***			1621.22 ***	1518.61 ***			3390.53 ***	7431.51 ***		
Corr1 (p - value)	0.000	0.000			0.000	0.000			0.002	0.000		
Corr2 (p - value)	0.079	0.072			0.783	0.772			0.270	0.032		
Sargan (p - value)	0.000	0.000			0.000	0.000			0.000	0.000		
Hansen (p - value)	0.002	0.011			0.125	0.055			0.363	0.096		
N	5580	5580	5580	5580	2275	2275	2275	2275	3305	3305	3305	3305

4.4　期末现金增加量动态面板分析结果

为了考察上述研究结果的可靠性，本节以期末现金增加量（Cashzj）替代之前所采用的期末现金持有量（Qmcash），对上述分析进行了稳健性检验。

在对企业现金持有增加量（Cashzj）的影响中，无论是对整体样本上市公司还是分组下的国有、民营上市公司，与之前对期末现金持有量（Qmcash）的影响没有发生实质性改变。具体来说，银行短期贷款（Bankloan）、提供商业信用（Acre）、获得商业信用（Acpa）对企业现金持有增加量（Cashzj）的影响都是滞后一期显著正相关，而当期显著负相关（国有企业银行短期贷款和获得商业信用以及全体样本获得商业信用是负相关但不显著）。

动态面板模型系统 GMM 内生设定下，整体样本组、国有和民营样本组 $Cashzj_{t-1}$ 的系数估计值，分别为 -0.1439、-0.1875、-0.1155，且都在 1% 水平上显著，正如 Opler 等（1999）、连玉君和苏治（2008）所言，这表明公司的现金持有水平具有“回复均值”的特征，也就意味着上市公司会把现金持有水平控制在一个相对稳定的范围内，而不会使其过高或过低。

从表 4-5 中可以得到无论是对整体样本上市公司还是民营上市公司，当期的银行短期贷款（Bankloan）与当期企业现金持有增加量（Cashzj）在 1% 水平上都显著负相关，国有上市公司是负相关但不显著，意味着企业在当期获得银行贷款越多，其现金持有的增加量就越少。三个样本组银行短期贷款（Bankloan）

的滞后一期都与当期企业现金持有增加量（Cashzj）在1%水平上都显著正相关，这与PVAR章节的结论相一致。

整体、国有以及民营三组样本当期对外提供的商业信用（应收项目Acre）与当期企业期末现金持有（Qmcash）在1%水平上都显著负相关，而滞后一期则在1%水平下显著正相关，印证了之前的分析。从现金持有与应收项目间的替代效应可知，当期应收项目额度越大，可以替代的现金就越多，企业现金持有增加量就可以越少；而前一期应收项目额度越大，当期收回来的资金就越多，因此企业现金增加量也就越多。

整体、国有以及民营三组样本当期的获得商业信用（应付合计Acpa）与当期企业期末现金持有增加量（Cashzj）负相关，而滞后一期却显著正相关，说明企业出于融资目的需占用供应商的信用越多，现金可能越缺乏，故其现金持有增加量也就越少；而前一期占用供应商提供的信用越多，本期需要偿还的也就越多，其就需要持有更多现金来应付到期信用债务。

从表4-6中可以得到，无论是对整体样本上市公司还是分组情况下的民营、国有上市公司，企业当期的现金持有增加量（Cashzj）与当期银行短期贷款（Bankloan）都显著负相关，而滞后一期却无显著相关性。这意味着企业在当期持有的现金增加量越多，其需要从银行处获取贷款融资就越少。而前一期现金持有的增加量与当期银行短期贷款（Bankloan）无显著相关性。

从表4-7中可知无论是对整体样本上市公司还是分组下的国有、民营上市公司，动态面板系统GMM内生模型估计下，企业当期的现金持有增加量（Cashzj）与当期企业对外提供商业信用（Acre）在1%水平上都显著负相关，意味着企业在当期持有现金增量越多，其提供给采购商（客户）的商业信用反而越少，也说明企业在当期由于流动性资金需求较多，因此需要增加现金持有，当然也就减少了提供给供应商的商业信用。而企业滞后一期的现金持有增加量（Cashzj）与当期企业对外提供商业信用（Acre）正相关，说明企业在前一期持有的现金增加量越多，在当期对外提供的商业信用也就越多。

表 4 - 8 的结果表明整体和民营样本组当期的现金持有增加量（Cashzj）与当期企业获得商业信用（Acpa）显著负相关，说明企业当期持有现金增加量越多，其就越不需要占有更多的供应商提供的信用作为短期融资来源；而它们滞后一期的现金持有增加量（Cashzj）与当期企业获得商业信用（Acpa）无显著相关性。而相比与民营上市公司，国有上市公司样本组无论当期还是滞后一期，其当期的现金持有增加量（Cashzj）与当期企业获得商业信用（Acpa）间都无显著相关性。

表 4－5　期末现金持有增加量与其他三个因素和控制变量的分析结果

	现金持有增加量（整体）($Cashzj_t$)				现金持有增加量（民营）($Cashzj_t$)				现金持有增加量（国有）($Cashzj_t$)			
	1	2	3	4	1	2	3	4	1	2	3	4
	GMM 内生	GMM 外生	OLS	FE	GMM 内生	GMM 外生	OSL	FE	GMM 内生	GMM 外生	OSL	FE
$Cashzj_{t-1}$	-0.1439***	-0.1434***	-0.1130***	-0.4914***	-0.1875***	-0.1713***	-0.1446***	-0.4628***	-0.1155***	-0.1334***	-0.1084*	-0.5245***
	(-4.93)	(-4.55)	(-3.59)	(-10.89)	(-5.97)	(-3.99)	(-4.59)	(-7.89)	(-3.00)	(-3.46)	(-1.81)	(-8.90)
$Cashzj_{t-2}$	-0.0674***	-0.0357	-0.1063***	-0.4082***	-0.1180***	-0.0694*	-0.1396***	-0.4033***	-0.0144	-0.0217	-0.0670***	-0.4175***
	(-2.93)	(-1.39)	(-5.69)	(-8.03)	(-4.27)	(-1.65)	(-4.73)	(-5.48)	(-0.61)	(-0.97)	(-3.17)	(-8.25)
$Cashzj_{t-3}$	0.0050	0.0107	-0.0057	-0.2186***	-0.0109	0.0124	-0.0173	-0.1776**	0.0315	0.0296	0.0100	-0.2795***
	(0.31)	(0.53)	(-0.54)	(-4.04)	(-1.04)	(0.31)	(-1.26)	(-2.45)	(1.62)	(1.46)	(0.56)	(-6.40)
$Cashzj_{t-4}$	-0.0026	0.0002	-0.0022	-0.1193***	0.0093	0.0357	0.0065	-0.0834***	-0.0098*	-0.0096	-0.0082	-0.1733***
	(-0.38)	(0.02)	(-0.54)	(-4.60)	(0.53)	(1.09)	(0.50)	(-2.66)	(-1.69)	(-1.43)	(-1.41)	(-6.64)
$Bankloan_t$	-0.0927***	-0.1101***	-0.0901***	-0.1044***	-0.1434***	-0.1333***	-0.1185***	-0.1380***	-0.0339	-0.0766***	-0.0631*	-0.0737***
	(-3.89)	(-5.13)	(-4.32)	(-5.49)	(-4.13)	(-4.69)	(-4.83)	(-5.06)	(-0.89)	(-2.66)	(-1.90)	(-2.94)
$Bankloan_{t-1}$	0.1388***	0.0911***	0.1206***	0.1082***	0.1254***	0.0677**	0.0994***	0.0998**	0.1718***	0.1027***	0.1407***	0.1278**
	(3.71)	(3.22)	(3.92)	(3.00)	(2.67)	(2.07)	(2.95)	(2.38)	(3.09)	(2.74)	(2.72)	(2.24)
$Acre_t$	-0.3052***	-0.2854***	-0.2913***	-0.2452***	-0.2620***	-0.2516***	-0.2408***	-0.2024***	-0.3304***	-0.2843***	-0.3705***	-0.3208***
	(-8.40)	(-8.77)	(-5.05)	(-4.70)	(-5.56)	(-5.95)	(-5.53)	(-2.80)	(-6.47)	(-5.74)	(-3.60)	(-5.24)
$Acre_{t-1}$	0.2478***	0.2575***	0.2741***	0.1261***	0.1931***	0.2276***	0.2485***	0.1289**	0.2520***	0.2472***	0.3221***	0.1303***
	(7.33)	(7.90)	(5.27)	(3.24)	(4.31)	(5.52)	(5.60)	(2.03)	(5.76)	(4.76)	(3.59)	(2.62)

续表

	现金持有增加量（整体）($Cashzj_t$)				现金持有增加量（民营）($Cashzj_t$)				现金持有增加量（国有）($Cashzj_t$)			
	1	2	3	4	1	2	3	4	1	2	3	4
	GMM 内生	GMM 外生	OLS	FE	GMM 内生	GMM 外生	OSL	FE	GMM 内生	GMM 外生	OSL	FE
$Acpa_t$	-0.0393	-0.0518	-0.1407 **	-0.1124 ***	-0.0940 *	-0.0818 *	-0.1674 ***	-0.2263 ***	-0.0129	-0.0614	-0.1089	0.0028
	(-1.09)	(-1.58)	(-2.23)	(-2.83)	(-1.75)	(-1.83)	(-2.60)	(-3.79)	(-0.26)	(-1.31)	(-1.19)	(0.06)
$Acpa_{t-1}$	0.1741 ***	0.1072 ***	0.2096 ***	0.2221 **	0.1649 **	0.0727	0.1731 **	0.1980 ***	0.2091 **	0.1587 ***	0.2337 *	0.2367 ***
	(3.45)	(2.75)	(2.66)	(4.17)	(2.57)	(1.59)	(2.37)	(2.63)	(2.37)	(2.71)	(1.87)	(3.29)
$Grow_{t-1}$	-0.0011	0.0011	-0.0006	0.0014	-0.0026	-0.0001	-0.0027	-0.0008	-0.0012	-0.0007	0.0020	0.0037
	(-0.53)	(0.46)	(-0.21)	(0.55)	(-1.15)	(-0.04)	(-0.60)	(-0.23)	(-0.46)	(-0.29)	(0.66)	(1.26)
$Size_{t-1}$	-0.0057 ***	-0.0063 ***	0.0014	-0.021 ***	-0.0087 ***	-0.0101 ***	0.0010	-0.0237 *	-0.0022	-0.0032 *	0.0035	-0.0175
	(-4.26)	(-4.98)	(0.93)	(-2.39)	(-3.67)	(-4.01)	(0.43)	(-1.82)	(-1.13)	(-1.96)	(1.56)	(-1.51)
$Leverage_{t-1}$	0.0083	0.0536 ***	-0.0278	0.0610	0.0488	0.0942 ***	0.0057	0.0981	-0.0382	0.0213	-0.0572	0.0326
	(0.31)	(3.70)	(-1.31)	(1.51)	(1.34)	(4.26)	(0.24)	(1.47)	(-0.80)	(1.24)	(-1.63)	(0.73)
$Zbkz_{t-1}$	0.0901 ***	0.0834 ***	0.0387 ***	0.1358 ***	0.0850 ***	0.0749 ***	0.0159	0.1607 ***	0.1143 ***	0.1044 ***	0.0684 ***	0.1144 ***
	(5.83)	(6.25)	(2.75)	(4.50)	(4.12)	(3.89)	(0.98)	(3.73)	(4.66)	(6.67)	(2.89)	(2.78)
$Zcyx_{t-1}$	0.0946 ***	0.0930 ***	0.0431 *	0.1560 ***	0.1204 ***	0.1129 ***	0.0490 ***	0.1855 ***	0.1018 ***	0.0951 ***	0.0550 ***	0.1382 ***
	(6.44)	(7.58)	(3.85)	(4.66)	(5.65)	(5.37)	(2.96)	(3.29)	(4.32)	(7.07)	(3.12)	(3.93)
常数	—	0.0883 ***	-0.0408 ***	0.4047 **	—	0.1689 ***	-0.0203	0.4563 *	—	—	-0.0773	0.3244
		(3.23)	(-1.28)	(2.09)		(3.34)	(-0.42)	(1.65)			(-1.59)	(1.24)

续表

	现金持有增加量（整体）($Cashzj_t$)				现金持有增加量（民营）($Cashzj_t$)				现金持有增加量（国有）($Cashzj_t$)			
	1	2	3	4	1	2	3	4	1	2	3	4
	GMM 内生	GMM 外生	OLS	FE	GMM 内生	GMM 外生	OSL	FE	GMM 内生	GMM 外生	OSL	FE
年度	控制	控制	控制	控制	控制	控制	控制	控制	控制	控制	控制	控制
Adj - R^2	—	—	0.1060				0.1156				0.1220	
F			7.30 ***	37.54 ***			6.78 ***	31.50 ***			4.65 ***	21.82 ***
R^2 - within				0.3764				0.3719				0.4004
Wald chi^2	299.45 ***	291.60 ***			192.78 ***	190.20 ***			168.09 ***	177.17 ***		
Corr1 (p - value)	0.000	0.000			0.000	0.000			0.000	0.000		
Corr2 (p - value)	0.389	0.118			0.579	0.336			0.765	0.648		
Sargan (p - value)	0.000	0.000			0.000	0.000			0.000	0.000		
Hansen (p - value)	0.081	0.003			0.144	0.185			0.645	0.048		
N	5580	5580	5580	5580	2275	2275	2275	2275	3305	3305	3305	3305

表4-6 银行短期贷款与其他三个因素和控制变量的分析结果

	银行短期贷款（整体）($Bankloan_t$)				银行短期贷款（民营）($Bankloan_t$)				银行短期贷款（国有）($Bankloan_t$)			
	1	2	3	4	1	2	3	4	1	2	3	4
	GMM内生	GMM外生	OLS	FE	GMM内生	GMM外生	OLS	FE	GMM内生	GMM外生	OLS	FE
$Bankloan_{t-1}$	0.7134***	0.7151***	0.6823***	0.1630***	0.6463***	0.6678***	0.6583***	0.1923***	0.7199***	0.7321***	0.6934***	0.1342***
	(25.79)	(23.84)	(29.92)	(4.42)	(14.41)	(13.74)	(18.62)	(3.22)	(16.57)	(16.62)	(24.25)	(3.80)
$Bankloan_{t-2}$	0.1027***	0.1007***	0.1269***	-0.0803***	0.1237***	0.1315***	0.1430***	-0.0660	0.1020***	0.0797***	0.1124***	-0.0904***
	(4.46)	(4.28)	(5.19)	(-2.93)	(3.30)	(3.73)	(3.56)	(-1.45)	(3.74)	(2.94)	(4.18)	(-2.92)
$Bankloan_{t-3}$	0.0259	0.0177	0.0161	-0.0678***	-0.0008	-0.0083	-0.0055	-0.0789***	0.0506**	0.0520**	0.0385*	-0.0585**
	(1.46)	(1.02)	(0.94)	(-3.72)	(-0.03)	(-0.34)	(-0.20)	(-2.91)	(2.22)	(2.32)	(1.86)	(-2.40)
$Bankloan_{t-4}$	-0.0184	-0.0151	-0.0039	-0.0728***	-0.0209	-0.0196	-0.0020	-0.0787***	-0.0442**	-0.0399**	-0.0121	-0.0691***
	(-1.20)	(-0.93)	(-0.29)	(-4.22)	(-0.82)	(-0.77)	(-0.10)	(-2.94)	(-2.36)	(-2.13)	(-0.72)	(-3.17)
$Acre_t$	0.0250	0.0517	0.0216	-0.0089	0.0339	0.0560	0.0236	-0.0074	0.0331	0.0465	0.0232	-0.0048
	(0.85)	(1.61)	(0.73)	(-0.22)	(0.80)	(1.35)	(0.57)	(-0.13)	(0.85)	(1.10)	(0.54)	(-0.09)
$Acre_{t-1}$	-0.0191	-0.0735**	-0.0103	-0.0204	-0.0103	-0.0715	-0.0166	-0.0186	-0.0354	-0.0628	-0.0059	-0.0284
	(-0.66)	(-2.28)	(-0.35)	(-0.70)	(-0.26)	(-1.64)	(-0.40)	(-0.46)	(-0.85)	(-1.44)	(-0.14)	(-0.69)
$Acpa_t$	-0.1232***	-0.1350***	-0.0972***	-0.0876*	-0.1261***	-0.0997***	-0.0876**	-0.0991*	-0.1432***	-0.1832**	-0.1066**	-0.0779
	(-3.53)	(-3.20)	(-3.08)	(-1.91)	(-2.85)	(-2.73)	(-2.37)	(-1.93)	(-3.04)	(-2.54)	(-2.10)	(-1.06)
$Acpa_{t-1}$	0.1178***	0.1506***	0.0659**	0.0069	0.0759	0.1104**	0.0550	0.0227	0.1411**	0.1846**	0.0694	-0.0127
	(2.74)	(3.21)	(2.00)	(0.16)	(1.36)	(2.27)	(1.42)	(0.34)	(2.18)	(2.28)	(1.33)	(-0.24)

续表

	银行短期贷款（整体）（$Bankloan_t$）				银行短期贷款（民营）（$Bankloan_t$）				银行短期贷款（国有）（$Bankloan_t$）			
	1	2	3	4	1	2	3	4	1	2	3	4
	GMM 内生	GMM 外生	OLS	FE	GMM 内生	GMM 外生	OLS	FE	GMM 内生	GMM 外生	OLS	FE
$Cashzj_t$	-0.0641***	-0.0732***	-0.0596***	-0.0607***	-0.0773***	-0.0894***	-0.0836***	-0.0802***	-0.0646*	-0.0319	-0.0379	-0.0423*
	(-4.09)	(-3.61)	(-3.34)	(-3.75)	(-3.97)	(-4.29)	(-4.47)	(-3.47)	(-1.78)	(-1.02)	(-1.36)	(-1.92)
$Cashzj_{t-1}$	-0.0150	-0.0190	-0.0245**	-0.0219*	-0.0141	-0.0200	-0.0255	-0.0137	-0.0023	-0.0243	-0.0245	-0.0282
	(-1.34)	(-1.59)	(-2.14)	(-1.91)	(-0.88)	(-1.23)	(-1.56)	(-0.85)	(-0.10)	(-1.19)	(-1.44)	(-1.61)
$Grow_{t-1}$	0.0036**	0.0031*	0.0029*	0.0009	0.0046**	0.0043*	0.0036	0.0011	0.0002	0.0007	0.0015	0.0004
	(2.40)	(1.76)	(1.85)	(0.48)	(1.97)	(1.65)	(1.60)	(0.39)	(0.09)	(0.38)	(0.81)	(0.19)
$Size_{t-1}$	0.0042***	0.0038***	0.0046***	0.0172***	0.0063***	0.0046***	0.0072***	0.0111*	0.0030**	0.0028**	0.0038***	0.0241**
	(4.41)	(3.63)	(4.96)	(3.02)	(3.55)	(2.67)	(4.56)	(1.86)	(2.37)	(2.22)	(3.24)	(2.57)
$Leverage_{t-1}$	0.0448***	0.0458***	0.0599***	0.1275***	0.0680***	0.0507**	0.0647***	0.1344***	0.0553**	0.0570**	0.0615***	0.1249***
	(2.67)	(2.67)	(6.49)	(4.54)	(2.68)	(1.99)	(3.81)	(3.24)	(2.20)	(2.43)	(6.31)	(3.32)
$Zbkz_{t-1}$	0.1079***	0.1185***	0.0542***	0.0838***	0.0925***	0.1055***	0.0518***	0.0979***	0.1061***	0.1139***	0.0541***	0.0744***
	(10.87)	(12.27)	(8.06)	(4.38)	(7.21)	(7.34)	(4.92)	(3.55)	(7.18)	(8.21)	(6.17)	(2.94)
$Zcyx_{t-1}$	0.0645***	0.0740***	0.0334***	0.0932***	0.0805***	0.0920***	0.0578***	0.1212***	0.0567***	0.0572***	0.0256***	0.0740***
	(6.42)	(9.13)	(5.33)	(4.73)	(5.03)	(5.72)	(4.62)	(4.03)	(4.23)	(5.91)	(3.44)	(2.83)
常数	-0.1084***	-0.0986***	-0.1177***	-0.3032**	—	—	-0.1539***	-0.1728	—	-0.0764***	-0.0816***	-0.4556**
	(-5.32)	(-4.57)	(-6.31)	(-2.39)			(-4.88)	(-1.30)		(-2.86)	(-3.45)	(-2.17)

续表

	银行短期贷款（整体）($Bankloan_t$)				银行短期贷款（民营）($Bankloan_t$)				银行短期贷款（国有）($Bankloan_t$)			
	1	2	3	4	1	2	3	4	1	2	3	4
	GMM 内生	GMM 外生	OLS	FE	GMM 内生	GMM 外生	OLS	FE	GMM 内生	GMM 外生	OLS	FE
年度	控制	控制	控制	控制	控制	控制	控制	控制	控制	控制	控制	控制
$Adj-R^2$			0.7135				0.6971				0.7284	
F			487.24***	10.37***			206.69***	6.36***			324.87***	5.53***
$R^2-within$				0.1061				0.1328				0.0890
Wald chi^2	3629.47***	3949.02***			8898.15***	9695.60***			12391.45***	2704.95***		
Corr1 (p-value)	0.000	0.000			0.000	0.000			0.000	0.000		
Corr2 (p-value)	0.539	0.355			0.994	0.746			0.196	0.326		
Sargan (p-value)	0.000	0.000			0.098	0.558			0.000	0.000		
Hansen (p-value)	0.320	0.280			0.255	0.765			0.175	0.023		
N	5580	5580	5580	5580	2275	2275	2275	2275	3305	3305	3305	3305

表 4-7　　提供商业信用与其他三个因素和控制变量的分析结果

	提供商业信用（整体）($Acre_t$)				提供商业信用（民营）($Acre_t$)				提供商业信用（国有）($Acre_t$)			
	1	2	3	4	1	2	3	4	1	2	3	4
	GMM 内生	GMM 外生	OLS	FE	GMM 内生	GMM 外生	OLS	FE	GMM 内生	GMM 外生	OLS	FE
$Acre_{t-1}$	0.7876 ***	0.7597 ***	0.7736 ***	0.1918 ***	0.7449 ***	0.7393 ***	0.7526 ***	0.1781 ***	0.8307 ***	0.7947 ***	0.7843 ***	0.2073 ***
	(31.86)	(31.54)	(33.47)	(6.90)	(21.73)	(21.27)	(22.70)	(4.38)	(22.59)	(23.83)	(25.53)	(5.85)
$Acre_{t-2}$	0.0841 ***	0.0772 ***	0.1001 ***	-0.0835 ***	0.1183 ***	0.0893 **	0.1059 ***	-0.1085 ***	0.0530 *	0.0436	0.0882 ***	-0.0628 **
	(3.52)	(3.07)	(4.17)	(-3.71)	(3.50)	(2.34)	(3.02)	(-2.96)	(1.78)	(1.37)	(2.82)	(-2.45)
$Acre_{t-3}$	0.0191	0.0063	0.0314	-0.1057 ***	0.0144	0.0072	0.0320	-0.1423 ***	0.0181	0.0189	0.0428	-0.0690 ***
	(0.84)	(0.27)	(1.42)	(-5.46)	(0.43)	(0.21)	(0.99)	(-4.45)	(0.64)	(0.67)	(1.40)	(-3.07)
$Acre_{t-4}$	-0.0251	-0.0512 **	0.0297 *	-0.0806 ***	-0.0187	-0.0391	0.0242	-0.1173 ***	-0.0216	-0.0356	0.0288	-0.0519 **
	(-1.18)	(-2.16)	(1.67)	(-3.84)	(-0.55)	(-1.03)	(0.85)	(-3.51)	(-0.83)	(-1.38)	(1.31)	(-2.07)
$Acpa_t$	0.1078 ***	0.1219 ***	0.1132 ***	0.1070 ***	0.0549	0.0543	0.0445	0.0506	0.1437 ***	0.1470 ***	0.1634 ***	0.1585 ***
	(4.18)	(4.36)	(4.40)	(3.32)	(1.47)	(1.36)	(1.18)	(1.03)	(3.98)	(3.99)	(4.99)	(4.11)
$Acpa_{t-1}$	-0.0683 **	-0.0108	-0.0500 **	0.0287	-0.0101	0.0002	-0.0082	0.0411	-0.0875 **	-0.0213	-0.0870 ***	0.0168
	(-2.50)	(-0.42)	(-2.00)	(0.97)	(-0.30)	(0.01)	(-0.23)	(0.94)	(-2.25)	(-0.61)	(-2.63)	(0.51)
$Cashzj_t$	-0.0971 ***	-0.1021 ***	-0.1083 ***	-0.0776 ***	-0.0860 ***	-0.0961 ***	-0.0960 ***	-0.0604 *	-0.1140 ***	-0.1118 ***	-0.1248 ***	-0.0990 ***
	(-6.92)	(-6.84)	(-6.39)	(-3.41)	(-4.58)	(-4.36)	(-4.79)	(-1.65)	(-6.74)	(-5.50)	(-5.67)	(-4.47)
$Cashzj_{t-1}$	0.0226 **	0.0206	0.0288	0.0258	0.0161	0.0190	0.0138	0.0260	0.0205	0.0128	0.0398	0.0176
	(2.01)	(1.56)	(1.50)	(1.52)	(1.01)	(1.15)	(0.97)	(1.18)	(1.18)	(0.42)	(1.33)	(0.85)

续表

	提供商业信用（整体）（$Acre_t$）				提供商业信用（民营）（$Acre_t$）				提供商业信用（国有）（$Acre_t$）			
	1	2	3	4	1	2	3	4	1	2	3	4
	GMM 内生	GMM 外生	OLS	FE	GMM 内生	GMM 外生	OLS	FE	GMM 内生	GMM 外生	OLS	FE
$Bankloan_t$	0.0028	0.0270	0.0167	-0.0083	0.0033	0.0370	0.0259	-0.0146	0.0246	0.0018	0.0111	-0.0017
	(0.16)	(1.62)	(1.04)	(-0.43)	(0.12)	(1.30)	(1.04)	(-0.47)	(1.24)	(0.10)	(0.54)	(-0.08)
$Bankloan_{t-1}$	-0.0215	0.0026	0.0012	-0.0034	-0.0298	-0.0166	-0.0097	-0.0594	0.0076	0.0337	0.0136	0.0447*
	(-1.09)	(0.14)	(0.07)	(-0.13)	(-1.08)	(-0.57)	(-0.35)	(-1.45)	(0.30)	(1.23)	(0.60)	(1.80)
$Grow_{t-1}$	-0.0029	-0.0033	-0.0012	-0.0010	-0.0049*	-0.0037	-0.0039*	-0.0040*	0.0006	0.0001	0.0032*	0.0031*
	(-1.55)	(-1.62)	(-0.78)	(-0.62)	(-1.84)	(-1.25)	(-1.84)	(-1.70)	(0.38)	(0.07)	(1.81)	(1.77)
$Size_{t-1}$	-0.0014*	-0.0026***	-0.0012	-0.0122***	-0.0023	-0.0041**	-0.0031**	-0.0106**	-0.0010	-0.0012	-0.0002	-0.0141**
	(-1.81)	(-2.78)	(-1.62)	(-2.96)	(-1.45)	(-2.13)	(-2.25)	(-2.00)	(-1.06)	(-1.20)	(-0.30)	(-2.31)
$Leverage_{t-1}$	-0.0120	-0.0342***	-0.0238***	-0.0030	-0.0175	-0.0246	-0.0183	0.0112	-0.0229	-0.0357***	-0.0266***	-0.0214
	(-0.87)	(-3.74)	(-3.16)	(-0.14)	(-0.84)	(-1.60)	(-1.46)	(0.35)	(-1.42)	(-3.05)	(-3.30)	(-0.87)
$Zbkz_{t-1}$	-0.0137*	-0.0047	-0.0032	0.0361**	-0.0118	-0.0048	-0.0052	0.0256	-0.0094	0.0054	0.0064	0.0393*
	(-1.68)	(-0.51)	(-0.55)	(2.17)	(-1.09)	(-0.36)	(-0.63)	(1.12)	(-0.72)	(0.38)	(0.86)	(1.83)
$Zcyx_{t-1}$	0.0003	0.0053	0.0097*	0.0015	0.0068	0.0055	0.0140	-0.0542**	-0.0020	0.0111	0.0112**	0.0410***
	(0.04)	(0.89)	(1.95)	(0.11)	(0.61)	(0.52)	(1.35)	(-2.37)	(-0.18)	(1.42)	(2.01)	(2.77)
常数	—	0.0817***	0.0265*	0.4104***	0.0738**	0.1174**	0.0817***	0.4146***	—	0.0391*	0.0130	0.4201***
		(3.71)	(1.71)	(4.68)	(2.17)	(2.57)	(2.85)	(3.78)		(1.81)	(0.79)	(3.18)

续表

	提供商业信用（整体）($Acre_t$)				提供商业信用（民营）($Acre_t$)				提供商业信用（国有）($Acre_t$)			
	1	2	3	4	1	2	3	4	1	2	3	4
	GMM 内生	GMM 外生	OLS	FE	GMM 内生	GMM 外生	OLS	FE	GMM 内生	GMM 外生	OLS	FE
年度	控制	控制	控制	控制	控制	控制	控制	控制	控制	控制	控制	控制
$Adj-R^2$			0.8259				0.7712				0.8667	
F			1371.52***	14.72***			400.39***	8.21***			1119.06***	9.35***
$R^2-within$				0.1261				0.1374				0.1538
Wald chi^2	40192.98***	6234.51***			1489.06***	1370.62***			26284.62***	6153.36***		
Corr1 (p-value)	0.000	0.000			0.000	0.000			0.000	0.000		
Corr2 (p-value)	0.936	0.889			0.851	0.990			0.862	0.808		
Sargan (p-value)	0.000	0.0000			0.000	0.009			0.000	0.000		
Hansen (p-value)	0.737	0.365			0.545	0.231			0.134	0.082		
N	5580	5580	5580	5580	2275	2275	2275	2275	3305	3305	3305	3305

表4-8 获得商业信用与其他三个因素和控制变量的分析结果

	获得商业信用（整体）（$Acpa_t$）				获得商业信用（民营）（$Acpa_t$）				获得商业信用（国有）（$Acpa_t$）			
	1	2	3	4	1	2	3	4	1	2	3	4
	GMM内生	GMM外生	OLS	FE	GMM内生	GMM外生	OLS	FE	GMM内生	GMM外生	OLS	FE
$Acpa_{t-1}$	0.8474***	0.8510***	0.8073***	0.2562***	0.8530***	0.8259***	0.7900***	0.2695***	0.5158**	0.8292***	0.8057***	0.2395***
	(23.26)	(24.30)	(34.06)	(7.80)	(15.87)	(15.01)	(22.81)	(5.55)	(2.44)	(18.33)	(25.65)	(6.09)
$Acpa_{t-2}$	-0.0180	-0.0141	-0.0015	-0.1408***	-0.0361	-0.0047	-0.0089	-0.1369***	0.0443	0.0102	0.0038	-0.1366***
	(-0.81)	(-0.56)	(-0.06)	(-6.67)	(-1.12)	(-0.13)	(-0.23)	(-4.50)	(0.43)	(0.32)	(0.12)	(-4.83)
$Acpa_{t-3}$	0.0671***	0.0595***	0.0675***	-0.0470**	0.0495	0.0350	0.0517*	-0.0464	0.0790	0.0596**	0.0814***	-0.0461*
	(3.39)	(3.02)	(3.30)	(-2.38)	(1.61)	(1.24)	(1.79)	(-1.54)	(1.01)	(2.37)	(2.89)	(-1.86)
$Acpa_{t-4}$	-0.0126	-0.0073	0.0178	-0.0562***	0.0098	0.0102	0.0193	-0.0379	-0.0154	-0.0171	0.0106	-0.0751***
	(-0.68)	(-0.38)	(1.18)	(-3.13)	(0.39)	(0.38)	(0.84)	(-1.50)	(-0.24)	(-0.73)	(0.55)	(-3.03)
$Cashzj_t$	-0.0450***	-0.0602***	-0.0600***	-0.0501***	-0.0641***	-0.0891***	-0.0728***	-0.0797***	0.0250	-0.0209	-0.0448	-0.0108
	(-2.73)	(-3.57)	(-2.70)	(-3.15)	(-2.96)	(-3.80)	(-3.41)	(-4.59)	(0.73)	(-0.92)	(-1.33)	(-0.54)
$Cashzj_{t-1}$	0.0051	-0.0125	0.0132	0.0119	-0.0095	-0.0257*	-0.0229	-0.0259*	0.0250	0.0019	0.0428	0.0513*
	(0.43)	(-0.93)	(0.57)	(0.63)	(-0.67)	(-1.72)	(-1.43)	(-1.85)	(1.37)	(0.10)	(1.43)	(1.89)
$Bankloan_t$	-0.0539**	-0.0468*	-0.0603***	-0.0503*	-0.0471*	-0.0360	-0.0526**	-0.0484*	-0.0784***	-0.0659	-0.0642**	-0.0519
	(-2.43)	(-1.88)	(-3.12)	(-1.93)	(-1.75)	(-1.44)	(-2.32)	(-1.71)	(-2.73)	(-1.61)	(-2.11)	(-1.26)
$Bankloan_{t-1}$	0.0841***	0.0791***	0.0563***	0.0452*	0.0607*	0.0593*	0.0368	0.0326	0.0176	0.1021**	0.0698**	0.0453*
	(3.28)	(2.97)	(2.70)	(1.90)	(1.82)	(1.85)	(1.47)	(0.89)	(0.26)	(2.50)	(2.19)	(1.87)

续表

	获得商业信用（整体）（$Acpa_t$）				获得商业信用（民营）（$Acpa_t$）				获得商业信用（国有）（$Acpa_t$）			
	1	2	3	4	1	2	3	4	1	2	3	4
	GMM 内生	GMM 外生	OLS	FE	GMM 内生	GMM 外生	OLS	FE	GMM 内生	GMM 外生	OLS	FE
$Acre_t$	0.1284***	0.1216***	0.1346***	0.1194***	0.0411	0.0532	0.0529	0.0381	0.2734***	0.2054***	0.2161***	0.2171***
	(4.46)	(3.96)	(4.52)	(3.04)	(1.01)	(1.18)	(1.42)	(0.79)	(4.75)	(5.07)	(5.23)	(3.96)
$Acre_{t-1}$	-0.1048***	-0.0995***	-0.1066***	-0.0651**	-0.0491	-0.0577	-0.0486	-0.0255	-0.0769	-0.1540***	-0.1708***	-0.1045***
	(-4.29)	(-3.24)	(-3.62)	(-2.57)	(-1.60)	(-1.35)	(-1.35)	(-0.78)	(-1.38)	(-3.82)	(-4.16)	(-3.10)
$Grow_{t-1}$	-0.0022	-0.0028**	-0.0009	-0.0018	-0.0022	-0.0030	-0.0008	-0.0039**	-0.0002	-0.0015	-0.0017	0.0003
	(-1.48)	(-1.98)	(-0.66)	(-1.37)	(-0.95)	(-1.51)	(-0.49)	(-2.27)	(-0.12)	(-0.85)	(-0.96)	(0.20)
$Size_{t-1}$	0.0024***	0.0023***	0.0010	-0.0016	0.0025	0.0024	0.0020	-0.0002	0.0013	0.0015	-0.0002	-0.0028
	(2.72)	(2.68)	(1.37)	(-0.42)	(1.43)	(1.47)	(1.50)	(-0.05)	(0.84)	(1.52)	(-0.23)	(-0.53)
$Leverage_{t-1}$	-0.0088	-0.0143	0.0183**	0.0613***	-0.0118	-0.0122	0.0294**	0.0706***	0.0704	-0.0104	0.0136	0.0486*
	(-0.50)	(-0.98)	(2.38)	(3.27)	(-0.45)	(-0.54)	(2.33)	(3.03)	(1.28)	(-0.54)	(1.57)	(1.95)
$Zbkz_{t-1}$	0.0266***	0.0273***	0.0135**	0.0268	0.0217*	0.0265**	0.0185**	0.0315	-0.0293	0.0234*	0.0093	0.0208
	(3.25)	(3.17)	(2.07)	(1.53)	(1.85)	(2.36)	(2.03)	(1.43)	(-0.79)	(1.74)	(1.19)	(0.90)
$Zcyx_{t-1}$	-0.0005	0.0011	0.0001	0.0271*	-0.0097	-0.0026	0.0007	0.0426**	-0.0536	-0.0008	0.0017	0.0070
	(-0.06)	(0.13)	(0.01)	(1.87)	(-0.83)	(-0.21)	(0.07)	(1.97)	(-1.45)	(-0.07)	(0.28)	(0.39)
常数	-0.0379**	—	-0.0180	0.1635*	—	-0.0312	-0.0358	0.1150	-0.0080	-0.0187	0.0062	0.2098*
	(-2.02)		(-1.21)	(1.94)		(-0.87)	(-1.31)	(1.05)	(-0.24)	(-0.94)	(0.36)	(1.79)

续表

	获得商业信用（整体）($Acpa_t$)				获得商业信用（民营）($Acpa_t$)				获得商业信用（国有）($Acpa_t$)			
	1	2	3	4	1	2	3	4	1	2	3	4
	GMM 内生	GMM 外生	OLS	FE	GMM 内生	GMM 外生	OLS	FE	GMM 内生	GMM 外生	OLS	FE
年度	控制	控制	控制	控制	控制	控制	控制	控制	控制	控制	控制	控制
$Adj-R^2$			0.8269				0.7664				0.8614	
F			1403.47***	13.77***			325.10***	7.97***			1180.24***	10.27***
$R^2-within$				0.1357				0.1566				0.1451
Wald chi^2	4531.51***	53581.03			13622.30	1412.55***			2677.47***	7150.45***		
Corr1 (p - value)	0.000	0.000			0.000	0.000			0.000	0.000		
Corr2 (p - value)	0.061	0.071			0.793	0.814			0.314	0.033		
Sargan (p - value)	0.000	0.000			0.000	0.000			0.000	0.000		
Hansen (p - value)	0.004	0.011			0.029	0.063			0.466	0.059		
N	5580	5580	5580	5580	2275	2275	2275	2275	3305	3305	3305	3305

4.5 小结

在前一章面板 VAR 分析的基础上，本章通过加入四变量的当期项，再引入其他可能影响的控制变量，构建动态面板来进一步分析四变量（Bankloan、Acre、Acpa、Qmcash）间的关系和彼此影响程度，并利用期末现金持有增加量（Cashzj）来替换期末现金持有量（Qmcash）对上述分析做了稳健性检验。分析动态面板所采用的方法是以系统 GMM 内生模型为主，系统 GMM 外生模型以及混合最小二乘（OLS）、面板固定效应（FE）作为比较。本章研究的主要结果为：

（1）对企业期末现金持有量（Qmcash）的影响中，无论是对整体样本上市公司还是分组下的国有、民营上市公司，银行短期贷款（Bankloan）、提供商业信用（Acre）、获得商业信用（Acpa）三者当期与企业当期期末现金持有（Qmcash）间的关系都是显著正相关，而三者滞后一期与企业当期期末现金持有间则是显著负相关。

（2）动态面板模型系统 GMM 内生设定下的估计结果表明，整体样本上市公司现金持有水平从一个均衡态调整为另外一个均衡态所需要的时间为 4 年，民营上市公司需要 3.6 年时间，国有上市公司需要 4.14 年，民营上市公司调整速度稍稍快于国有上市公司。

（3）对企业银行短期贷款（Bankloan）的影响中，整体、国有以及民营三组样本当期的期末现金持有（Qmcash）和获得商业信用（Acpa）与当期银行短期贷款（Bankloan）的关系都是显著负相关，而两者的滞后一期与企业当期银行短期贷款却是显著正相关；而企业对外提供的商业信用（Acre）无论当期还是滞后一期对当期银行短期贷款（Bankloan）都没有显著的影响。

（4）综合企业获得商业信用与银行短期贷款间关系的分析结果，我们认为，企业当期获得商业信用与当期银行短期贷款之间符合“替代关系”；而前一期获得商业信用与当期银行短期贷款间则符合“互补关系”。

（5）对企业对外提供商业信用（Acre）的影响中，整体、国有以及民营三组样本的期末现金持有量（Qmcash）滞后一期与企业当期提供商业信用（Acre）的关系都是显著正相关，而与当期提供商业信用的关系则是显著负相关；银行短期贷款（Bankloan）无论当期还是滞后一期对企业当期提供商业信用（Acre）都没有显著的影响。

（6）对企业获得商业信用（Acpa）的影响中，三个样本组当期和滞后一期的银行短期贷款（Bankloan）对企业当期获得商业信用（Acpa）的影响都是当期显著负相关，滞后一期显著正相关。

（7）利用期末现金持有增加量（Cashzj）来替换期末现金持有量（Qmcash）对上述分析做稳健性检验的结果表明，与之前的分析结果没有发生实质性改变。

（8）动态面板模型系统 GMM 内生设定下，整体样本组、国有和民营样本组 $Cashzj_{t-1}$ 的系数估计值，分别为 -0.1439、-0.1875、-0.1155，且都在 1% 水平上显著，这表明公司的现金持有水平具有“回复均值”的特征，也就意味着上市公司会把现金持有水平控制在一个相对稳定的范围内，而不会使其过高或过低。

第5章 商业信用与现金持有水平的动态面板分析

5.1 引言

从前面两个章节的研究结果可以得到，面板 VAR 估计结果表明企业提供的商业信用（Acre）与获得的商业信用（Acpa）的滞后一期与企业期末现金持有量（Qmcash）间存在显著正相关性；而动态面板系统 GMM 内生设定下的估计结果，在引入因变量当期项和滞后项以及其他可能产生影响的控制变量后，得出企业提供的商业信用（Acre）和获得的商业信用（Acpa）两者的滞后一期和当期分别与企业期末现金持有量（Qmcash）显著正向相关和显著负相关，即印证了面板 VAR 章节的结果，并且更进一步得出两者的当期与企业期末现金持有量（Qmcash）间存在显著负相关性。

本章研究讨论的商业信用主要包括两个方面，一个是企业对外提供的商业信用（Acre），另一个是企业从外部获得的商业信用（Acpa）。这其中企业对外提供的商业信用（Acre）包括应收票据、应收账款以及预付账款，可以被看作是企业的资产，预计在未来某个时间可以收回的资金；而企业从外部获得的商业信用（Acpa）则包括应付票据、应付账款以及预收账款，可以认为是企业获得的一项短期债务融资，在未来某个时候需要支付出去。在之前章节研究发现企业对外提供的商业信用（Acre）和企业从外部获得的商业信用（Acpa）的当期和滞后一期对企业当期现金持有都有显著影响，那么两者进一步细分情况下的应收项目（应收票据、应收账款以及预付账款），应付项目（应付票据、应付账款以及预收账款）分别对企业现金持有量是否有显著影响？影响的方向和程度又如何？

货币政策是各国政府干预和调节宏观经济的重要手段。当货币政策发生变化时（例如由宽松变为紧缩），企业面临的宏观经济环境随之发生改变，因此企业、债权人和股东的行为也可能发生改变（Gertler 和 Gilchrist，1994；王伟，2016）。货币政策的变化必然会影响到企业的财务行为，当然也会影响到企业现金持有策略。那么不同货币政策时期，企业提供和获取的商业信用以及它们的细分项对现金持有将会又有着什么样的影响？

与发达国家相比，我国企业的经营环境比较差，如法律和司法体系还不健全，产权保护比较缺乏，政府官员随意侵害企业产权的现象还时有发生，金融发展水平也比较落后（樊纲等，2010），并且适合企业经营的社会诚信环境也比较落后（张敦力和李四海，2012）。另外，我国不同区域的经营环境也存在着较大的差异。在不同的经营环境中，企业彼此间的信任程度或者交易需要的保障程度也将会有所不同（陈运森和王玉涛，2010）。从整个经济系统而言，商业信用的存在会降低经济循环的交易成本，但就微观个体而言，商业信用模式的差异也反映了交易双方彼此的信任程度或者需要保障的程度（刘凤委等，2009）。譬如，对收款方而言，提前收到款项（预收账款）是一种相对安全的信用方式，对付款方而言则是成本最高的一种信用方式。从融资的角度来看（获得商业信用），在这三种可供企业选择的商业信用筹资方式中，预收账款最优，应付账款次之，应付票据最差（蔡吉甫，2013），而对提供商业信用的企业来说则刚好相反，也就是应收票据最优，应收账款次之，预付账款最差。那么不同经营环境区域内企业现金持有策略有什么不同？商业信用细分项对企业现金持有的影响，是否会受到经营环境的影响？货币政策、经营环境同时作用下又是如何？

针对上述问题，目前还没有与之相关的报道。本章将在之前章节的基础上，将围绕上述几个问题进行讨论，以期获得对上诉问题解答的有益信息。

5.2 研究样本和研究设计

5.2.1 样本选择与数据来源

本章研究以 2007 ~2014 年在沪深两市上市的企业为研究样本。样本的选取原则与之前章节类似，企业特征数据来源于色诺芬和国泰安数据库，地区经营环境水平数据来源于《中国分省企业经营环境指数 2014 年报告》（王小鲁等，2014）。最后，本章的样本包括 2007 ~2014 年 1410 家样本公司，共 11098 个样本观察值（包括缺失值），构成不平衡面板数据。

5.2.2　主要变量的定义

5.2.2.1　现金持有与商业信用

本研究所涉及的变量主要包括：企业的期末现金持有量（Qmcash）、企业的期末现金持有增加量（Cashzj）、企业应收合计（Yshj）、企业应付合计（Yfhj）、应收票据（Yspj）、应收账款（Yszk）、预付账款（Yfkx）、应付票据（Yfpj）、应付账款（Yfzk）、预收款项（Yyzk）。其具体度量方法为：

$$期末现金持有量（Qmcash）=\frac{期末现金及现金等价物}{企业总资产}$$

$$期末现金持有增加量(Cashzj)=\frac{期末现金及现金等价物-期初现金及现金等价物}{企业总资产}$$

$$应收合计（Yshj）=提供商业信用（Acre）=\frac{应收票据+应收账款+预付账款}{企业总资产}$$

$$应付合计（Yfhj）=获得商业信用（Acpa）=\frac{应付票据+应付账款+预收账款}{企业总资产}$$

$$应收票据（Yspj）=\frac{期末应收票据}{企业总资产}$$

$$应收账款（Yszk）=\frac{期末应收账款}{企业总资产}$$

$$预付账款（Yfkx）=\frac{期末预付账款}{企业总资产}$$

$$应付票据（Yfpj）=\frac{期末应付票据}{企业总资产}$$

$$应付账款（Yfzk）=\frac{期末应付账款}{企业总资产}$$

$$预收款项（Yyzk）=\frac{期末预收账款}{企业总资产}$$

5.2.2.2 经营环境

本章选取王小鲁等（2014）编著的《中国分省企业经营环境指数2014年报告》中的经营环境综合指数来度量各省份的经营环境水平。根据王小鲁等人的定义，该指数数值越大，表示地区企业经营环境发展水平越高，当指数值小于样本中全部省份的中位数时，定义 Totale =1，表示经营环境水平相对较低，否则 Totale =0。

本研究之所以从该指数体系中选取经营环境指标，是因为此套指数体系拥有目前国内较新、较完整的经营环境指标；另外，此套指数体系具有较强的科学性和可行性，因为此套指数体系的建立吸取了学者、商界和政府工作者的意见和建议，也借鉴了市场化指数研究中取得的成果（樊纲、王小鲁、朱恒鹏，2010、2011）和一些国内外研究文献资料，例如世界银行对中国23个城市投资环境和120个城市竞争力的调查（杜大伟等，2004；世界银行，2007），世界银行的世界发展报告（世界银行，2005）和世界银行国际金融公司的世界银行营商环境报告（IFC，2011），透明国际的世界清廉指数（透明国际，2011），以及国内与企业经营环境相关的一些研究（如，谢平和陆磊，2003）。

5.2.2.3 货币政策

参照张西征（2010）的方法，本研究以GDP增长率加CPI增长率之和与货币供应量M2增长率的差额（DIF）、银行间7天同业拆借利率（IOR）和银行间7天国债回购利率（RPR）为原始变量进行因子分析，得出能够反映各期货币政策松紧程度的一个综合指标。由KMO和SMC检验结果可知，原始指标变量适合做因子分析，如表5-1所示。因子分析的结果如表5-2、表5-3和图5-1所示。

由于（GDP增长率+CPI增长率－货币供应量M2增长率）的值越大、银行间7天同业拆借利率和7天国债回购利率越大，都意味着货币政策略趋于紧缩。因此，综合指标越大，货币政策略趋于紧缩。本研究定义2011年、2012年、2013年、2014年为货币政策紧缩期（Hbzc=1），其余4个较大的年份为政策宽松期（Hbzc=0）。

表5－1　KMO和SMC检验结果

KMO检测结果		SMC检测结果	
Variable	KMO	Variable	SMC
DIF	0.9292	dif	0.6617
IOR	0.6145	ior	0.9972
RPR	0.6092	rpr	0.9973
Overall	0.6770		

表5－2　因子分析结果

Factor	Eigenvalue	Difference	Proportion	Cumulative
Factor1	2.73929	2.47996	0.9131	0.9131
Factor2	0.25933	0.25795	0.0864	0.9995
Factor3	0.00138	.	0.0005	1.000
LR test: independent vs. saturated: chi^2（3）= 56.68			Prob > chi^2 = 0.0000	

表5－3　因子载荷

Variable	Factor1	Uniqueness
DIF	0.9045	0.1818
IOR	0.9789	0.0417
RPR	0.9812	0.0372

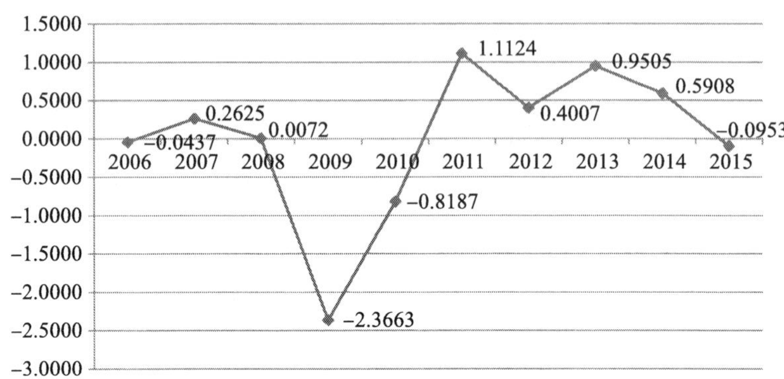

图 5-1 货币政策因子分析趋势图

5.2.3 模型的设定

鉴于上述问题的分析，借鉴前面章节分析结果以及已有相关文献的经验，我们对本章的实证检验方程设计如下：

$$\begin{aligned} cash_{i,t} &= \alpha_0 + \sum_{j=1}^{p} \alpha_j cash_{i,t-j} + \beta_1 TradeCredit_{i,t} \\ &\quad + \beta_2 TradeCredit_{i,t-1} + \beta' Control + \varepsilon \end{aligned} \tag{1}$$

$$\begin{aligned} cash_{i,t} &= \alpha_0 + \sum_{j=1}^{p} \alpha_j cash_{i,t-j} + \beta_1 TradeCredit_{i,t} + \beta_2 TradeCredit_{i,t-1} \\ &\quad + \beta_3 Hbzc + \beta_4 TradeCredit_{i,t} * Hbzc + \beta' Control + \varepsilon \end{aligned} \tag{2}$$

$$\begin{aligned} cash_{i,t} &= \alpha_0 + \sum_{j=1}^{p} \alpha_j cash_{i,t-j} + \beta_1 TradeCredit_{i,t} + \beta_2 TradeCredit_{i,t-1} \\ &\quad + \beta_3 Hbzc + \beta_4 TradeCredit_{i,t} * Hbzc + \beta_5 Totale \\ &\quad + \beta_6 TradeCredit_{i,t} * Hbzc * Totale + \beta' Control + \varepsilon \end{aligned} \tag{3}$$

其中，Cash 表示企业 t 期期末现金持有量；TradeCredit 为一个包含八个变量｛Yshj；Yspj；Yszk；Yfkx；Yfhj；Yfpj；Yfzk；Yyzk｝的向量，分别是企业提供商业信用、获得商业信用以及它们的细分项（应收票据、应收账款、预付账款、应付票据、应付账款、预收账款)；Hbzc 为上文定义的货币政策虚拟变量；$TradeCredit_{i,t}$ * Hbzc 表示企业当期提供和获得商业信用及其细分项与货币政策的交互项；Totale 为上文定义的企业经营环境虚拟变量；$TradeCredit_{i,t}$ * Hbzc * Totale 表示企业当期提供和获得商业信用及其细分项与货币政策以及经营环境的三者交互项；Control 与前面章节相类似，为控制的其他可能影响因素，包括：企业规模 Size、主营业务增长率 Grow、企业财务杠杆 Leverage、资本开支 Zbkz、资产有形性 Zcyx。α_0为常数项，ε 为一个服从正态分布的随机扰动。

5.3　实证结果与分析

本章实证分析的顺序是，首先以控制权性质分组对关键变量进行描述性统计，并用“独立样本 t 检验”比较主要变量的均值在两组之间是否有差异；再通过动态面板的系统 GMM 分析来检验企业提供和获取的商业信用以及它们的细分项对现金持有的影响；最后检验了在不同货币政策和经营环境条件下，企业提供和获取的商业信用以及它们的细分项又会对现金持有产生什么样的影响。

5.3.1　变量的描述性统计

表 5 -4 为主要变量的描述性统计，并用“独立样本 t 检验”比较了各个变量的均值在国有、民营两组之间的差异。结果表明，国有、民营上市公司自身商业信用细分项均值比较具有相类似的地方，两者都呈现出应收账款 > 预付账款 > 应收票据；应付账款 > 预收账款 > 应付票据。这说明虽然不同商业信用细分项对

于提供方或者获得方来说，存在不同保障度和优先级，但是我国上市公司可能是由于经营习惯或者交易方便，仍然较多利用应收或者应付账款商业信用模式。两类公司主要变量间的均值比较结果为，国有上市公司期末现金持有（Qmcash）在1%水平上显著低于民营上市公司，说明民营上市公司相对于国有上市公司将持有相对于总资产的更大比例的现金。而两类公司当期的现金增加量之间则没有显著性差异。国有上市公司应收合计（Yshj）、应收账款（Yszk）、预付账款（Yfkx）都在1%水平上都显著低于民营上市公司；而应收票据（Yspj）则在1%水平上显著高于民营上市公司。应付项目中国有上市公司的应付合计（Yfhj）、应付票据（Yfpj）、应付账款（Yfzk）都在1%水平上都显著高于民营上市公司。我们认为造成国有、民营上市公司应收与应付项目显著差异的原因主要在于：国有、民营上市公司在经营环境中所处的不同竞争地位造成的，国有上市公司处于竞争的“强势地位”，而民营上市公司则处于“劣势地位”。从对外提供商业信用角度，国有上市公司不愿意或者不需要采用积极商业信用策略，不愿意对外提供较多的商业信用，并且就算是对外提供商业信用也是较多地以应收票据这样保障程度更高的商业信用模式。相反民营企业则会积极对外提供商业信用，以促进产品销售、获取竞争优势，并且相对较少采用应收票据商业信用模式。从获得商业信用角度，国有上市公司处于竞争的“强势地位”，相比于民营上市公司，可以占有更多下游企业（供应商）提供的商业信用。

5.3.2 期末现金持有量动态面板分析结果

根据前面章节的分析，在本章中同样也采用系统GMM方法来估计动态面板模型参数。本章同样给出了系统GMM检验相关

表 5－4　　　　主要变量的描述性统计

	国有上市公司			民营上市公司			均值比较
	最小值	均值	最大值	最小值	均值	最大值	t 值
Qmcash	0	0.1449	0.9309	0	0.1521	0.9927	－3.1625 ***
Cashzj	－2.1602	0.0122	0.6640	－2.4891	0.0140	0.9704	－0.9964
Yshj	0	0.1439	0.8718	0	0.1587	0.8693	－6.5733 ***
Yspj	0	0.0294	0.5095	0	0.0244	0.5956	5.2151 ***
Yszk	0	0.0797	0.6265	0	0.0960	0.6837	－9.3975 ***
Yfkx	0	0.0349	0.8595	0	0.0383	0.8546	－3.5296 ***
Yfhj	0	0.1841	0.7931	0	0.1685	1.0299	6.0581 ***
Yfpj	0	0.0335	0.5880	0	0.0314	0.5020	1.9584 *
Yfzk	0	0.0991	0.6009	0	0.0878	0.9093	7.6258 ***
Yyzk	0	0.0515	0.6169	0	0.0493	0.6389	1.4957
Hbzc	0	0.5011	1	0	0.5014	1	－0.0394
Totale	0	0.5654	1	0	0.5661	1	－0.0729

的 Corr1 和 Corr2 统计量以及 Sargan 和 Hansen 统计量。

5.3.2.1　企业对外提供商业信用与现金持有量

①整体样本应收项目及其细分项分析结果。如表 5－5 所示，模型 1 至模型 3 为应收合计、货币政策和经营环境对整体样本上市公司当期期末现金持有的影响。其中模型 1 的结果表明，整体样本上市公司当期的应收合计与当期期末现金持有显著负相关，而应收合计的滞后一期与当期期末现金持有则显著正相关，与之前章节的结果相符。模型 2 在模型 1 的基础上加入了货币政策，结果为货币政策与现金持有显著负相关，说明在货币政策紧缩期，我国上市公司的现金持有的比例要低于货币宽松期。可以认为在货币政策宽松期企业从外部可以获得较多融资，因此可以持有较高比例的现金。当期应收合计与货币政策的交互项（Yshj *

Hbzc）对当期期末现金持有无显著相关性，说明企业当期的应收合计对当期的现金持有的影响，不受货币政策的作用。模型3在模型2的基础上加入经营环境虚拟变量，结果显示经营环境虚拟变量与当期现金持有显著负相关，说明在经营环境越差的区域，企业持有现金的比例越低，而应收合计、货币政策与经营环境三者交互（Yshj * Hbzc * Totale）对当期现金持有无显著性影响。

模型4至模型6为应收票据、货币政策和经营环境对整体样本上市公司当期现金持有的影响。在模型4至模型6中，企业当期和滞后一期的应收票据与企业当期现金持有都分别为显著负相关和显著正相关，与应收合计的影响相类似。说明企业前一期的应收票据越多，当期收回现金就越多，因而现金持有就越多；而当期的应收票据越多，当期现金持有反而越少，其可能的原因正如我们在第3章中所述，企业对外提供的商业信用（应收票据），可以被作为是现金的替代物，也就意味着企业拥有的应收票据越多，企业所需持有的现金的量就可以越少。与应收合计模型相类似，货币政策与企业当期现金持有显著负相关，但是当期应收票据与货币政策的交互项（Yspj * Hbzc）对当期现金持有无显著相关性，说明企业当期的应收票据对当期的现金持有的影响，不受货币政策的影响。模型6中，经营环境虚拟变量与当期现金持有也是显著负相关，并且应收票据、货币政策与经营环境三者交互（Yspj * Hbzc * Totale）对当期现金持有呈现显著正相关，说明在不同经营环境中，当期应收票据与货币政策的交互项（Yspj * Hbzc）对当期现金持有的影响存在显著差异。结合模型6中当期应收票据与货币政策的交互项（Yspj * Hbzc）与当期现金持有显著负相关，我们认为，在货币政策紧缩期，当期应收票据对企业当期现金持有的替代效应更强，但是经营环境将会弱化这种效应，也就是如果在经营环境水平较低的区域，当期应收票据对企业当期现金持有的替代效应反而减弱。

模型 7 至模型 9 为应收账款、货币政策和经营环境对整体样本上市公司当期现金持有的影响。在模型 7 至模型 9 中，企业当期和滞后一期的应收账款与企业当期现金持有也都分别为显著负相关和显著正相关，与应收合计、应收票据的影响相类似。说明企业前一期的应收账款越多，当期收回现金就越多，因而现金持有就越多；而当期的应收账款越多，当期现金持有反而越少，其可能的原因也是应收账款可以被作为是现金的替代物，也就意味着企业拥有的应收账款越多，企业所需持有的现金的量就可以越少。与之前应收合计和应收票据相似，货币政策、经营环境都与企业当期现金持有显著负相关。结合模型 8 和 9，当期应收账款与货币政策的交互项（Yszk * Hbzc）与当期现金持有显著负相关，说明在货币政策紧缩期，当期应收账款对企业当期现金持有的替代效应更强；而应收账款、货币政策与经营环境三者交互（Yszk * Hbzc * Totale）对当期现金持有呈现显著正相关，也就是说经营环境将会弱化紧缩货币政策下应收账款对于现金持有的替代效应，意味着在经营环境水平较低的区域，当期应收账款对企业当期现金持有的替代效应将减弱。

模型 10 至模型 12 为预付账款、货币政策和经营环境对整体样本上市公司当期现金持有的影响。在模型 10 至模型 12 中，企业当期和滞后一期的预付账款与企业当期现金持有间也都分别为显著负相关和显著正相关，与应收合计、应收票据、应收账款的影响相类似，但是预付账款对现金持有的影响机制可能存在不同，企业前一期的预付账款越多，当期需要支付的现金就越少，因而保留的现金就越多；当期企业支付的预付账款越多，从企业流出的资金就越多，故企业现金持有就会减少。与之前估计相似，货币政策、经营环境都与企业当期现金持有显著负相关。当期预付账款与货币政策的交互项（Yfkx * Hbzc），预付账款、货币政策与经营环境三者交互（Yfkx * Hbzc * Totale）与现金持有都没有显著相关性。

综上，整体样本上市公司当期和滞后一期对外提供的商业信用（应收合计）以及应收项目细分项对企业当期现金持有都有显著性影响。具体来说应收合计、应收票据、应收账款和预付账款都是当期与现金持有显著负相关，滞后一期显著正相关。不同货币政策、不同经营环境也会对企业现金持有产生显著影响，紧缩货币政策时期和经营环境水平较低地区，企业都会持有较多的现金。企业当期对外提供商业信用及其细分项对企业当期现金持有的影响，受到货币政策和经营环境的作用会因细分项的不同而有所不同，当期应收合计和预付账款对企业当期现金持有的作用都不会受到货币政策和经营环境的影响；而当期应收票据对现金持有的作用不会受到货币政策的影响，但是会受到经营环境的影响；当期应收账款对现金持有的作用会同时受到货币政策和经营环境的影响。从应收票据、应收账款和预付账款与现金持有间的相关系数（绝对值）来看，都是应收账款的系数最大，应收票据其次，预付账款最小，也就是说，三者对当期现金持有的影响，是应收账款最大、应收票据次之，预付账款最小。

②民营上市公司应收项目及其细分项结果分析。如表 5 - 6 所示，模型 1 至模型 3 为应收合计、货币政策和经营环境对民营上市公司当期现金持有的影响。其中模型 1 的结果表明，民营上市公司当期的应收合计与当期现金持有显著负相关，而应收合计的滞后一期与当期现金持有则显著正相关，与之前章节的结果相符。模型 2 在模型 1 的基础上加入了货币政策，结果显示货币政策与现金持有虽然负相关但不显著，说明货币政策对我国民营上

市公司现金持有没有显著性影响。而当期应收合计与货币政策的交互项（Yshj * Hbzc）对当期现金持有无显著相关性，说明企业当期的应收合计对当期的现金持有的影响，不受货币政策的影响。模型 3 在模型 2 的基础上加入经营环境虚拟变量，结果表明经营环境虚拟变量与当期现金持有显著负相关，说明在经营环境越差的区域，民营上市公司持有现金的比例越低，而应收合计、货币政策与经营环境三者交互（Yshj * Hbzc * Totale）对当期现金持有无显著性影响。

模型 4 至模型 6 为应收票据、货币政策和经营环境对民营上市公司当期现金持有的影响。在模型 4 至模型 6 中，企业当期和滞后一期的应收票据与企业当期现金持有分别为显著负相关和显著正相关，与应收合计的影响相类似。说明企业前一期的应收票据越多，当期收回现金就越多，因而现金持有就越多；而当期的应收票据越多，当期现金持有反而越少，其可能的原因正如我们在第 3 章中所述，企业对外提供的商业信用（应收票据），可以被作为是现金的替代物，也就意味着企业拥有的应收票据越多，企业所需持有的现金的量就可以越少。与应收合计模型相类似，货币政策与企业当期现金持有无显著相关性，当期应收票据与货币政策的交互项（Yspj * Hbzc）对当期现金持有也无显著相关性，说明企业当期的应收票据对当期的现金持有的影响，不受货币政策的影响。模型 6 中，经营环境虚拟变量与当期现金持有显著负相关，并且应收票据、货币政策与经营环境三者交互（Yspj * Hbzc * Totale）对当期现金持有呈现显著正相关，说明在不同经营环境中，当期应收票据与货币政策的交互项（Yspj * Hbzc）对当期现金持有的影响存在显著差异。结合模型 6 中当期应收票据与货币政策的交互项（Yspj * Hbzc）与当期现金持有显著负相关，我们认为，在货币政策紧缩期，当期应收票据对企业当期现金持有的替代效应更强，但是经营环境将会弱化这种效应，也就是如果在经营环境水平较低的区域，当期应收票据对企业当期现金持有的替代效应反而减弱。

模型 7 至模型 9 为应收账款、货币政策和经营环境对民营上市公司当期现金持有的影响。在模型 7 至模型 9 中，当期和滞后一期的应收账款与当期现金持有之间也分别为显著负相关和显著正相关，与应收合计、应收票据的影响相类似。说明企业前一期的应收账款越多，当期收回现金就越多，因而现金持有就越多；而当期的应收账款越多，当期现金持有反而越少，其可能的原因也是应收账款可以被作为是现金的替代物，也就意味着企业拥有的应收账款越多，企业所需持有的现金的量就可以越少。但是货币政策、经营环境都与企业当期现金持有虽负相关但是不显著。结合模型 8 和 9，可以得到，当期应收账款与货币政策的交互项（Yszk * Hbzc）与当期现金持有显著负相关，说在货币政策紧缩期，当期应收账款对企业当期现金持有的替代效应更强；而应收账款、货币政策与经营环境三者交互（Yszk * Hbzc * Totale）对当期现金持有呈现显著正相关，也就是说经营环境将会弱化紧缩货币政策下应收账款对于现金持有的替代效应，也就是如果在经营环境水平较低的区域，当期应收账款对企业当期现金持有的替代效应反而减弱。

模型 10 至模型 12 为预付账款、货币政策和经营环境对民营上市公司当期现金持有的影响。在模型 10 至模型 12 中，当期和滞后一期的预付账款与当期现金持有间也分别为显著负相关和显著正相关，与应收合计、应收票据、应收账款的影响相类似，但是预付账款对现金持有的影响机制可能存在不同，企业前一期的预付账款越多，当期需要支付的现金就越少，因而保留的现金就越多；当期企业支付的预付账款越多，从企业流出的资金就越多，故企业现金持有就会减少。货币政策、经营环境都与企业当期现金持有都无显著相关性。当期预付账款与货币政策的交互项（Yfkx * Hbzc），预付账款、货币政策与经营环境三者交互（Yfkx * Hbzc * Totale）与现金持有也没有显著相关性。

综上，民营上市公司当期和滞后一期对外提供的商业信用（应收合计）以及应收项目细分项对企业当期现金持有都有显著性影响，具体来说应收合计、应收票据、应收账款和预付账款都是当期与现金持有显著负相关，滞后一期显著正相关。货币政策对民营上市公司现金持有无显著性影响，经营环境在有的模型中与当期现金持有显著负相关，在有的模型中虽负相关但是不显著。当期应收合计和预付账款对企业当期现金持有的作用都不会受到货币政策和经营环境的影响；当期应收票据对现金持有的作用不会受到货币政策的影响，但是会受到经营环境的影响；当期应收账款对现金持有的作用会同时受到货币政策和经营环境的影响。从民营上市公司当期的应收票据、应收账款和预付账款与现金持有之间的相关系数（绝对值）来看，都是应收账款的系数最大，应收票据其次，预付账款最小，也就是说三者对当期现金持有的影响，是应收账款最大、应收票据次之，预付账款最小。

③国有上市公司应收项目及其细分项结果分析。如表 5 - 7 所示，模型 1 至模型 3 为应收合计、货币政策和经营环境对国有上市公司当期现金持有的影响。其中模型 1 的结果表明，国有上市公司当期的应收合计与当期现金持有显著负相关，而应收合计的滞后一期与当期现金持有则显著正相关，与之前章节的结果相符。模型 2 在模型 1 的基础上加入了货币政策，结果为货币政策与现金持有显著负相关，说明在货币政策紧缩期，国有上市公司的现金持有的比例要低于货币宽松期。可以认为在货币政策宽松期国有上市公司从外部可以获得较多融资，因此可以持有较高比

例的现金。而当期应收合计与货币政策的交互项（Yshj * Hbzc）对当期现金持有无显著相关性，说明国有上市公司当期的应收合计对当期的现金持有的影响，不受货币政策的影响。模型 3 在模型 2 的基础上加入经营环境虚拟变量，结果与模型 2 的结果相类似，但是经营环境虚拟变量与当期现金持有显著负相关，说明在经营环境越差的区域，国有上市公司持有现金的比例越低，而应收合计、货币政策与经营环境三者交互（Yshj * Hbzc * Totale）对当期现金持有无显著性影响。

模型 4 至模型 6 为应收票据、货币政策和经营环境对国有上市公司当期现金持有的影响。在模型 4 至模型 6 中，企业当期和滞后一期的应收票据与企业当期现金持有之间都分别为显著负相关和显著正相关，与应收合计的影响相类似。说明企业前一期的应收票据越多，当期收回现金就越多，因而现金持有就越多；而当期的应收票据越多，当期现金持有反而越少，其可能的原因是企业对外提供的商业信用（应收票据），可以被作为是现金的替代物，也就意味着企业拥有的应收票据越多，企业所需持有的现金的量就可以越少。与应收合计模型相类似，货币政策与企业当期现金持有显著负相关，而当期应收票据与货币政策的交互项（Yspj * Hbzc）对当期现金持有无显著相关性，说明企业当期的应收票据对当期的现金持有的影响，不受货币政策的影响。模型 4 至模型 6 中，经营环境虚拟变量与当期现金持有显著负相关，并且应收票据、货币政策与经营环境三者交互（Yspj * Hbzc * Totale）对当期现金持有呈现显著正相关，说明在不同经营环境中，当期应收票据与货币政策的交互项（Yspj * Hbzc）对当期现金持有的影响存在显著差异。

模型 7 至模型 9 为应收账款、货币政策和经营环境对国有上市公司当期现金持有的影响。在模型 7 至模型 9 中，企业当期和滞后一期的应收账款与企业当期现金持有之间也都分别为显著负相关和显著正相关，与应收合计、应收票据的影响相类似。说明企业前一期的应收账款越多，当期收回现金就越多，因而现金持有就越多；而当期的应收账款越多，当期现金持有反而越少，其可能的原因也是应收账款可以被作为是现金的替代物，也就意味着企业拥有的应收账款越多，企业所需持有的现金的量就可以越少。与之前应收合计和应收票据相似，货币政策、经营环境都与企业当期现金持有显著负相关。结合模型 8 和模型 9 可以得到，当期应收账款与货币政策的交互项（Yszk * Hbzc）与当期现金持有显著负相关，说明在货币政策紧缩期，当期应收账款对企业当期现金持有的替代效应更强；而应收账款、货币政策与经营环境三者交互（Yszk * Hbzc * Totale）对当期现金持有在接近 10% 水平上（t = 1.63）显著正相关，也就是说经营环境将会弱化紧缩货币政策下应收账款对于现金持有的替代效应，也就是如果在经营环境水平较低的区域，当期应收账款对企业当期现金持有的替代效应将减弱。

模型 10 至模型 12 为预付账款、货币政策和经营环境对国有上市公司当期现金持有的影响。只在模型 11 至模型 12 中，当期的预付账款与当期现金持有显著负相关，而滞后一期则无显著相关性；只有模型 10 中，企业滞后一期的预付账款与企业当期现金持有显著正相关，说明国有上市公司预付账款对现金持有的影响虽然也是当期负相关、滞后一期正相关，但是结果不如整体样本和民营上市公司那么稳健。与之前估计相似，货币政策、经营环境都与企业当期现金持有显著负相关。当期预付账款与货币政策的交互项（Yfkx * Hbzc）与国有上市公司当期现金持有显著正相关，说明在货币政策紧缩期预付账款对现金持有的负向影响将会减小，而预付账款、货币政策与经营环境三者交互（Yfkx *

Hbzc * Totale）与现金持有没有显著相关性。

综上，国有上市公司当期和滞后一期对外提供的商业信用（应收合计），以及应收项目细分项对当期现金持有都有显著性影响，具体来说应收合计、应收票据、应收账款都是当期与现金持有显著负相关，滞后一期显著正相关；而预付账款虽然也是呈现当期负相关，滞后一期正相关，但是结果不如整体样本和民营上市公司那么稳健。不同货币政策、不同经营环境也会对国有上市公司现金持有产生显著影响，紧缩货币政策时期和经营环境水平较低地区，企业都会持有较多的现金。企业当期对外提供商业信用及其细分项对企业当期现金持有的影响，受到货币政策和经营环境的影响会呈现出不同，当期应收合计和预付账款对国有企业当期现金持有的作用都不会受到货币政策和经营环境的影响；当期应收票据对现金持有的作用不会受到货币政策的影响，但是会受到经营环境的影响；当期应收账款对现金持有的作用会受到货币政策的影响，但是不受经营环境的影响。从国有上市公司的应收票据、应收账款和预付账款与现金持有之间的相关系数（绝对值）来看，都是应收账款的系数最大，应收票据次之，预付账款最小，也就是说三者对当期现金持有的影响，是应收账款最大、应收票据次之，预付账款最小。

④三组样本结果比较分析。为了便于比较，本节将上述三组样本的分析结果进行了总结，如表 5 - 8 所示。从表 5 - 8 中可以看出，整体样本组基本上是民营、国有样本组的综合，而民营、国有之间既相类似，又存在不同的地方。

民营、国有上市公司相类似的地方：第一，企业当期的应收合计、应收票据和应收账款都与企业当期现金持有显著负相关，而滞后一期又都显著正向相关。第二，两类公司当期应收合计对于当期现金持有的影响，都不受货币政策和经营环境的调整；而

表 5-5　全部样本提供商业信用（应收项目）与期末现金持有量

	期末现金持有量（$Qmcash_t$）											
	Yshj	Yshj * Hbzc	Yshj * Hbzc * Totale	Yspj	Yspj * Hbzc	Yspj * Hbzc * Totale	Yszk	Yszk * Hbzc	Yszk * Hbzc * Totale	Yfkx	Yfkx * Hbzc	Yfkx * Hbzc * Totale
	1	2	3	4	5	6	7	8	9	10	11	12
L. qmcash	0.6451 ***	0.6658 ***	0.6699 ***	0.6375 ***	0.6417 ***	0.6503 ***	0.6562 ***	0.6441 ***	0.6490 ***	0.6555 ***	0.6460 ***	0.6427 ***
	(16.06)	(20.09)	(20.87)	(14.89)	(18.40)	(19.26)	(15.42)	(19.46)	(19.37)	(15.50)	(18.03)	(17.47)
L2. qmcash	0.0621 ***	0.0577 ***	0.0621 ***	0.0688 ***	0.0639 ***	0.0664 ***	0.0747 ***	0.0709 ***	0.0758 ***	0.0803 ***	0.0712 ***	0.0742 ***
	(2.71)	(2.76)	(2.97)	(3.04)	(3.05)	(3.18)	(3.19)	(3.34)	(3.51)	(3.49)	(3.39)	(3.46)
L3. qmcash	0.0674 ***	0.0417 **	0.0421 **	0.0693 ***	0.0330	0.0315	0.0741 ***	0.0410 **	0.0348 *	0.0799 ***	0.0387 **	0.0373 *
	(3.08)	(2.27)	(2.31)	(2.98)	(1.60)	(1.52)	(3.40)	(2.19)	(1.89)	(3.43)	(1.97)	(1.86)
L4. qmcash	-0.0223			-0.0309			-0.0200			-0.0142		
	(-1.18)			(-1.58)			(-1.02)			(-0.72)		
L. grow	0.0000 ***	0.0000 **	0.0000 **	0.0000 **	0.0000 **	0.0000 **	0.0000 ***	0.0000 ***	0.0000 ***	0.0000 **	0.0000 **	0.0000 *
	(2.66)	(2.29)	(2.40)	(2.57)	(2.48)	(2.48)	(2.60)	(3.05)	(3.03)	(2.15)	(2.02)	(1.94)
L. size	-0.0072 ***	-0.0064 ***	-0.0061 ***	-0.0078 ***	-0.0069 ***	-0.0070 ***	-0.0069 ***	-0.0060 ***	-0.0056 ***	-0.0075 ***	-0.0064 ***	-0.0062 ***
	(-7.07)	(-7.12)	(-6.83)	(-7.28)	(-7.55)	(-7.68)	(-6.56)	(-6.62)	(-5.83)	(-7.15)	(-6.97)	(-6.85)
L. leverage	0.0225	0.0005	0.0009	0.0270 *	0.0012	0.0023	0.0335 **	0.0015	0.0014	0.0379 **	0.0017	0.0018
	(1.62)	(0.09)	(0.14)	(1.81)	(0.19)	(0.30)	(2.23)	(0.20)	(0.19)	(2.43)	(0.29)	(0.26)
L. zbkz	0.0236 *	0.0047	0.0057	0.0293 **	0.0099	0.0129	0.0291 **	0.0078	0.0093	0.0423 ***	0.0111	0.0098
	(1.76)	(0.51)	(0.58)	(2.18)	(0.96)	(1.19)	(2.09)	(0.73)	(0.97)	(3.05)	(1.14)	(0.96)

续表

	期末现金持有量（$Qmcash_t$）											
	Yshj	Yshj * Hbzc	Yshj * Hbzc * Totale	Yspj	Yspj * Hbzc	Yspj * Hbzc * Totale	Yszk	Yszk * Hbzc	Yszk * Hbzc * Totale	Yfkx	Yfkx * Hbzc	Yfkx * Hbzc * Totale
	1	2	3	4	5	6	7	8	9	10	11	12
L. zcyx	0.0414 ***	0.0304 ***	0.0333 ***	0.0461 ***	0.0277 **	0.0322 ***	0.0527 ***	0.0267 **	0.0332 ***	0.0617 ***	0.0311 ***	0.0316 ***
	(2.61)	(2.88)	(3.17)	(2.76)	(2.45)	(2.80)	(3.15)	(2.37)	(3.04)	(3.70)	(2.83)	(2.82)
Hbzc		-0.0074 *	-0.0076 *		-0.0053 *	-0.0054 *		-0.0066 **	-0.0045 *		-0.0088 ***	-0.0092 ***
		(-1.85)	(-1.89)		(-1.90)	(-1.92)		(-2.05)	(-1.86)		(-2.92)	(-3.03)
Yshj	-0.2293 ***	-0.2252 ***	-0.2205 ***									
	(-8.31)	(-7.78)	(-7.78)									
L. yshj	0.2155 ***	0.2173 ***	0.2124 ***									
	(7.28)	(8.33)	(8.46)									
Yspj				-0.2227 ***	-0.1765 ***	-0.1930 ***						
				(-5.17)	(-3.38)	(-3.72)						
L. yspj				0.1579 ***	0.1830 ***	0.1888 ***						
				(3.69)	(4.33)	(4.41)						
Yszk							-0.3682 ***	-0.3463 ***	-0.3133 ***			
							(-7.79)	(-7.36)	(-7.13)			
L. yszk							0.3939 ***	0.3397 ***	0.3513 ***			
							(7.40)	(7.97)	(7.02)			

续表

	期末现金持有量（$Qmcash_t$）											
	Yshj	Yshj * Hbzc	Yshj * Hbzc * Totale	Yspj	Yspj * Hbzc	Yspj * Hbzc * Totale	Yszk	Yszk * Hbzc	Yszk * Hbzc * Totale	Yfkx	Yfkx * Hbzc	Yfkx * Hbzc * Totale
	1	2	3	4	5	6	7	8	9	10	11	12
Yfkx										−0.1117 **	−0.1629 ***	−0.1617 ***
										(−2.29)	(−3.84)	(−3.86)
L. yfkx										0.0934 **	0.0790 **	0.0696 **
										(2.30)	(2.37)	(2.11)
Yshj * Hbzc		−0.0036	−0.0193	Yspj * Hbzc	−0.0326	−0.0903 *	Yszk * Hbzc	−0.0595 ***	−0.1189 ***	Yfkx * Hbzc	0.0461	0.0248
		(−0.18)	(−0.90)		(−0.76)	(−1.90)		(−2.76)	(−3.76)		(1.00)	(0.44)
Totale			−0.0080 **	Totale		−0.0063 **	Totale		−0.0058 **	Totale		−0.0053 **
			(−2.41)			(−2.42)			(−2.29)			(−2.03)
Yshj * Hbzc * Totale			0.0251	Yspj * Hbzc * Totale		0.1045 ***	Yszk * Hbzc * Totale		0.1027 ***	Yfkx * Hbzc * Totale		0.0459
			(1.56)			(2.80)			(2.60)			(1.02)
常数	—	0.1681 ***	0.1660 ***	0.1761 ***	0.1822 ***	0.1855 ***	—	0.1595 ***	0.1475 ***	—	0.1688 ***	0.1700 ***
		(6.86)	(6.73)	(6.55)	(7.33)	(7.43)		(6.56)	(5.56)		(6.76)	(6.74)
年度	控制	不控制	不控制	控制	不控制	不控制	控制	不控制	不控制	控制	不控制	不控制
Wald chi^2	18440.55 ***	1428.24 ***	1557.06 ***	1029.25 ***	1277.35 ***	1396.34 ***	18436.14 ***	1357.98 ***	1427.05 ***	18394.79 ***	1204.24 ***	1207.25 ***

续表

	期末现金持有量（$Qmcash_t$）											
	Yshj	Yshj * Hbzc	Yshj * Hbzc * Totale	Yspj	Yspj * Hbzc	Yspj * Hbzc * Totale	Yszk	Yszk * Hbzc	Yszk * Hbzc * Totale	Yfkx	Yfkx * Hbzc	Yfkx * Hbzc * Totale
	1	2	3	4	5	6	7	8	9	10	11	12
Corr1(p－value)	0.000	0.000	0.000	0.000	0.000	0.000	0.000	0.000	0.000	0.000	0.000	0.000
Corr2(p－value)	0.327	0.419	0.452	0.183	0.424	0.470	0.203	0.552	0.560	0.275	0.545	0.599
Sargan(p－value)	0.000	0.000	0.000	0.000	0.000	0.000	0.000	0.000	0.000	0.000	0.000	0.000
Hansen(p－value)	0.347	0.133	0.090	0.343	0.017	0.026	0.151	0.017	0.012	0.360	0.058	0.011
N	5161	6568	6568	5161	6568	6568	5161	6568	6568	5161	6568	6568

说明：(1) ***、**、*分别表示在1%、5%和10%水平上显著；(2) 表中结果均为使用Stata12.0中的“xtabond2”程序分析，并且所有参数估计值都为两阶段GMM估计量（Robust twostep)；(3) 表中Corr1和Corr2分别是检验扰动项的差分是否存在一阶与二阶自相关的p值，原假设为“模型残差项不存在二阶序列相关”；(4) Sargan和Hansen是过度识别检验的p值，在多数情况下Sargan检验的原假设都会被拒绝，并且Sargan检验不稳健；(5) 模型中为了避免控制变量的内生性，本章对控制变量选择滞后一期，三个主要解释变量通过之前章节的AIC、BIC准则选择滞后阶数为一期；(6) 作为比较，本章同样采用混合普通最小二乘法（OLS)、固定效应（FE）等方法对动态面板进行了分析，两者结果与系统GMM分析结果没有实质性改变，故为节省篇幅，结果没有在表中呈现。

表 5 – 6　民营上市公司提供商业信用（应收项目）与期末现金持有量

	期末现金持有量（$Qmcash_t$）											
	Yshj	Yshj * Hbzc	Yshj * Hbzc * Totale	Yspj	Yspj * Hbzc	Yspj * Hbzc * Totale	Yszk	Yszk * Hbzc	Yszk * Hbzc * Totale	Yfkx	Yfkx * Hbzc	Yfkx * Hbzc * Totale
	1	2	3	4	5	6	7	8	9	10	11	12
L. qmcash	0. 6039 ***	0. 5849 ***	0. 5914 ***	0. 5891 ***	0. 5633 ***	0. 5732 ***	0. 6483 ***	0. 5663 ***	0. 5651 ***	0. 6150 ***	0. 5785 ***	0. 5569 ***
	(11. 22)	(13. 01)	(13. 34)	(9. 88)	(12. 39)	(12. 77)	(10. 52)	(13. 42)	(13. 62)	(13. 67)	(12. 87)	(11. 49)
L2. qmcash	0. 0356	0. 0214	0. 0220	0. 0487	0. 0355	0. 0340	0. 0640 *	0. 0457	0. 0424	0. 0619	0. 0248	0. 0144
	(1. 04)	(0. 69)	(0. 72)	(1. 37)	(1. 19)	(1. 14)	(1. 68)	(1. 41)	(1. 32)	(1. 61)	(0. 85)	(0. 50)
L3. qmcash	0. 0650 **	0. 0327	0. 0325	0. 0740 **	0. 0224	0. 0235	0. 0678 **	0. 0176	0. 0184	0. 0565	0. 0215	0. 0249
	(2. 02)	(1. 39)	(1. 39)	(2. 01)	(0. 79)	(0. 85)	(2. 02)	(0. 79)	(0. 84)	(1. 42)	(0. 90)	(1. 02)
L4. qmcash	-0. 0030			-0. 0202			0. 0009			0. 0307		
	(-0. 11)			(-0. 71)			(0. 03)			(1. 09)		
L. grow	0. 0000 **	0. 0000	0. 0000	0. 0000	0. 0000	0. 0000	0. 0000	0. 0000	0. 0000	0. 0000	0. 0000 *	0. 0000 ***
	(2. 33)	(1. 48)	(1. 57)	(0. 61)	(1. 40)	(1. 27)	(0. 93)	(0. 96)	(1. 16)	(0. 97)	(1. 91)	(2. 80)
L. size	-0. 0100 ***	-0. 0099 ***	-0. 0098 ***	-0. 0099 ***	-0. 0087 ***	-0. 0085 ***	-0. 0084 ***	-0. 0087 ***	-0. 0087 ***	-0. 0067 ***	-0. 0086 ***	-0. 0083 ***
	(-4. 89)	(-4. 56)	(-4. 56)	(-4. 62)	(-3. 90)	(-3. 94)	(-4. 14)	(-4. 10)	(-4. 10)	(-3. 14)	(-4. 05)	(-4. 10)
L. leverage	0. 0163	-0. 0034 **	-0. 0032 **	0. 0297	-0. 0037 ***	-0. 0034 **	0. 0313	-0. 0035 **	-0. 0037 **	-0. 0141	-0. 0027 *	-0. 0026 *
	(0. 73)	(-2. 18)	(-1. 99)	(1. 07)	(-2. 91)	(-2. 49)	(1. 10)	(-2. 01)	(-2. 03)	(-0. 61)	(-1. 81)	(-1. 73)
L. zbkz	0. 0158	-0. 0037	-0. 0015	0. 0311	-0. 0062	-0. 0049	0. 0277	-0. 0032	-0. 0053	-0. 0229	-0. 0014	-0. 0016
	(0. 69)	(-0. 45)	(-0. 19)	(1. 25)	(-1. 33)	(-1. 04)	(1. 00)	(-0. 39)	(-0. 65)	(-1. 27)	(-0. 20)	(-0. 21)
L. zcyx	0. 0691 **	0. 0394 **	0. 0406 ***	0. 0894 ***	0. 0473 ***	0. 0526 ***	0. 0852 **	0. 0344 **	0. 0364 **	0. 0248	0. 0435 ***	0. 0399 **
	(2. 36)	(2. 44)	(2. 59)	(2. 66)	(2. 80)	(3. 12)	(2. 42)	(2. 11)	(2. 26)	(1. 38)	(2. 75)	(2. 42)

续表

	期末现金持有量（$Qmcash_t$）											
	Yshj	Yshj * Hbzc	Yshj * Hbzc * Totale	Yspj	Yspj * Hbzc	Yspj * Hbzc * Totale	Yszk	Yszk * Hbzc	Yszk * Hbzc * Totale	Yfkx	Yfkx * Hbzc	Yfkx * Hbzc * Totale
	1	2	3	4	5	6	7	8	9	10	11	12
Hbzc		-0.0043 (-0.57)	-0.0068 (-0.90)		-0.0044 (-0.91)	-0.0047 (-0.98)		-0.0010 (-0.24)	-0.0002 (-0.05)		-0.0029 (-0.55)	-0.0042 (-0.79)
Yshj	-0.2700 *** (-6.30)	-0.2580 *** (-5.70)	-0.2788 *** (-5.94)									
L. yshj	0.2166 *** (4.47)	0.2139 *** (5.36)	0.2270 *** (5.58)									
Yspj				-0.2815 *** (-3.40)	-0.2551 *** (-2.64)	-0.2818 *** (-2.86)						
L. yspj				0.1862 ** (2.56)	0.1548 ** (2.08)	0.1602 ** (2.10)						
Yszk							-0.3715 *** (-4.48)	-0.3415 *** (-5.11)	-0.3266 *** (-4.97)			
L. yszk							0.4009 *** (4.40)	0.3609 *** (4.85)	0.3559 *** (4.83)			
Yfkx										-0.1470 ** (-2.39)	-0.1377 ** (-2.48)	-0.1431 ** (-2.39)
L. yfkx										0.1233 * (1.91)	0.1103 ** (2.13)	0.1058 ** (2.01)

续表

	期末现金持有量（$Qmcash_t$）											
	Yshj	Yshj * Hbzc	Yshj * Hbzc * Totale	Yspj	Yspj * Hbzc	Yspj * Hbzc * Totale	Yszk	Yszk * Hbzc	Yszk * Hbzc * Totale	Yfkx	Yfkx * Hbzc	Yfkx * Hbzc * Totale
	1	2	3	4	5	6	7	8	9	10	11	12
Yshj * hbzc		-0.0031	-0.0108	Yspj * Hbzc	0.0179	-0.0447	Yszk * Hbzc	-0.0822 **	-0.1720 ***	Yfkx * Hbzc	-0.0668	-0.1384
		(-0.08)	(-0.27)		(0.21)	(-0.50)		(-2.08)	(-3.13)		(-0.89)	(-1.03)
Totale			-0.0115 *	Totale		-0.0118 **	Totale		-0.0072	Totale		-0.0048
			(-1.77)			(-2.30)			(-1.55)			(-0.84)
Yshj * Hbzc *			0.0248	Yspj * Hbzc *		0.1329 *	Yszk * Hbzc *		0.1239 *	Yfkx * Hbzc *		0.0938
Totale			(0.75)	Totale		(1.70)	Totale		(1.88)	Totale		(0.74)
常数	—	0.2640 ***	0.2677 ***	0.2210 ***	0.2327 ***	0.2311 ***	—	0.2313 ***	0.2339 ***	—	0.2301 ***	0.2324 ***
		(4.91)	(4.93)	(4.59)	(4.31)	(4.35)		(4.34)	(4.35)		(4.54)	(4.63)
年度	控制	不控制	不控制	控制	不控制	不控制	控制	不控制	不控制	不控制	不控制	不控制
Wald chi^2	6363.31 ***	331.02 ***	365.96 ***	334.43 ***	306.28 ***	328.25 ***	6505.13 ***	325.41 ***	349.95 ***	6685.87 ***	286.57 ***	263.61 ***
Corr1(p-value)	0.000	0.000	0.000	0.000	0.000	0.000	0.000	0.000	0.000	0.000	0.000	0.000
Corr2(p-value)	0.446	0.512	0.514	0.358	0.548	0.522	0.384	0.602	0.582	0.522	0.595	0.511
Sargan(p-value)	0.000	0.000	0.000	0.031	0.000	0.000	0.002	0.000	0.000	0.004	0.000	0.000
Hansen(p-value)	0.148	0.273	0.264	0.278	0.181	0.161	0.162	0.294	0.218	0.439	0.565	0.331
N	2039	2612	2612	2039	2612	2612	2039	2612	2162	2039	2162	2162

表 5-7 国有上市公司提供商业信用（应收项目）与期末现金持有量

	期末现金持有量（$Qmcash_t$）											
	Yshj	Yshj * Hbzc	Yshj * Hbzc * Totale	Yspj	Yspj * Hbzc	Yspj * Hbzc * Totale	Yszk	Yszk * Hbzc	Yszk * Hbzc * Totale	Yfkx	Yfkx * Hbzc	Yfkx * Hbzc * Totale
	1	2	3	4	5	6	7	8	9	10	11	12
L. qmcash	0.6093 ***	0.6914 ***	0.7061 ***	0.6007 ***	0.6685 ***	0.6921 ***	0.6422 ***	0.6843 ***	0.6816 ***	0.6222 ***	0.6978 ***	0.7084 ***
	(10.60)	(15.50)	(15.53)	(10.04)	(13.82)	(14.99)	(11.01)	(15.36)	(14.73)	(10.87)	(15.40)	(16.25)
L2. qmcash	0.0800 ***	0.0857 ***	0.0861 ***	0.1006 ***	0.1125 ***	0.1103 ***	0.0806 ***	0.0959 ***	0.0972 ***	0.0971 ***	0.1040 ***	0.1113 ***
	(2.90)	(3.52)	(3.41)	(4.04)	(4.81)	(4.61)	(2.92)	(4.09)	(3.96)	(3.54)	(3.96)	(4.12)
L3. qmcash	0.0670 ***	0.0423 *	0.0434 *	0.0607 **	0.0335	0.0335	0.0553 **	0.0387	0.0391	0.0749 ***	0.0436 *	0.0478 *
	(2.73)	(1.73)	(1.74)	(2.29)	(1.36)	(1.34)	(2.07)	(1.58)	(1.63)	(2.92)	(1.79)	(1.94)
L4. qmcash	-0.0517 **			-0.0552 **			-0.0461 *			-0.0466 *		
	(-1.99)			(-2.19)			(-1.70)			(-1.75)		
L. grow	0.0000 *	0.0000 ***	0.0000 **	0.0000 **	0.0000 ***	0.0000 ***	0.0000 **	0.0000 ***	0.0000 ***	0.0000 **	0.0000 **	0.0000 ***
	(1.87)	(2.58)	(2.37)	(2.12)	(3.18)	(2.81)	(2.03)	(3.63)	(3.18)	(2.33)	(2.45)	(2.70)
L. size	-0.0063 ***	-0.0068 ***	-0.0064 ***	-0.0067 ***	-0.0067 ***	-0.0068 ***	-0.0059 ***	-0.0064 ***	-0.0063 ***	-0.0066 ***	-0.0072 ***	-0.0069 ***
	(-5.43)	(-7.01)	(-6.57)	(-6.12)	(-7.19)	(-7.09)	(-5.25)	(-7.16)	(-6.39)	(-6.06)	(-7.38)	(-7.10)
L. leverage	0.0123	0.0299 **	0.0301 **	0.0139	0.0314 **	0.0348 **	0.0148	0.0308 **	0.0269 **	0.0226	0.0422 ***	0.0458 ***
	(0.71)	(2.19)	(2.15)	(0.76)	(2.19)	(2.42)	(0.86)	(2.46)	(2.14)	(1.28)	(2.73)	(3.01)
L. zbkz	0.0219	0.0393 ***	0.0419 ***	0.0271 *	0.0468 ***	0.0528 ***	0.0294 **	0.0504 ***	0.0493 ***	0.0323 **	0.0565 ***	0.0586 ***
	(1.48)	(2.99)	(3.18)	(1.79)	(3.38)	(3.75)	(2.04)	(4.48)	(4.21)	(2.11)	(4.11)	(4.38)
L. zcyx	0.0117	0.0361 **	0.0433 ***	0.0132	0.0376 **	0.0461 ***	0.0138	0.0405 ***	0.0403 ***	0.0276	0.0485 ***	0.0566 ***
	(0.65)	(2.39)	(2.84)	(0.67)	(2.31)	(2.90)	(0.75)	(2.87)	(2.86)	(1.55)	(3.02)	(3.70)

续表

	期末现金持有量（$Qmcash_t$）											
	Yshj	Yshj * Hbzc	Yshj * Hbzc * Totale	Yspj	Yspj * Hbzc	Yspj * Hbzc * Totale	Yszk	Yszk * Hbzc	Yszk * Hbzc * Totale	Yfkx	Yfkx * Hbzc	Yfkx * Hbzc * Totale
	1	2	3	4	5	6	7	8	9	10	11	12
Hbzc		-0.0067 *	-0.0069 *		-0.0082 **	-0.0080 **		-0.0065 *	-0.0068 **		-0.1560 ***	-0.0113 ***
		(-1.66)	(-1.72)		(-2.54)	(-2.44)		(-1.94)	(-2.54)		(-3.41)	(-3.10)
Yshj	-0.1913 ***	-0.1854 ***	-0.1990 ***									
	(-5.82)	(-5.64)	(-5.65)									
L. yshj	0.1896 ***	0.1882 ***	0.2022 ***									
	(5.55)	(6.49)	(6.38)									
Yspj				-0.1947 ***	-0.1930 ***	-0.1999 ***						
				(-3.92)	(-3.04)	(-3.18)						
L. yspj				0.2024 ***	0.1973 ***	0.2007 ***						
				(3.91)	(3.70)	(3.68)						
Yszk							-0.2937 ***	-0.3123 ***	-0.3020 ***			
							(-5.50)	(-5.80)	(-6.70)			
L. yszk							0.2677 ***	0.3253 ***	0.2848 ***			
							(4.69)	(6.72)	(5.44)			
Yfkx										0.0098	-0.1560 ***	-0.1566 ***
										(0.13)	(-3.41)	(-3.01)
L. yfkx										0.0806 *	0.0325	0.0273
										(1.77)	(0.93)	(0.72)

续表

	期末现金持有量（$Qmcash_t$）											
	Yshj	Yshj * Hbzc	Yshj * Hbzc * Totale	Yspj	Yspj * Hbzc	Yspj * Hbzc * Totale	Yszk	Yszk * Hbzc	Yszk * Hbzc * Totale	Yfkx	Yfkx * Hbzc	Yfkx * Hbzc * Totale
	1	2	3	4	5	6	7	8	9	10	11	12
Yshj * Hbzc		-0.0174	-0.0287	Yspj * Hbzc	-0.0219	-0.0784	Yszk * Hbzc	-0.0229	-0.0860 ***	Yfkx * Hbzc	0.0939 *	0.0501
		(-0.79)	(-1.13)		(-0.47)	(-1.55)		(-0.75)	(-2.78)		(1.77)	(0.78)
Totale			-0.0088 **	Totale		-0.0073 ***	Totale		-0.0069 **	Totale		-0.0087 ***
			(-2.37)			(-2.63)			(-2.47)			(-2.82)
Yshj * Hbzc * Totale			0.0192	Yspj * Hbzc * Totale		0.0841 **	Yszk * Hbzc * Totale		0.0699	Yfkx * Hbzc * Totale		0.0721
			(1.06)			(2.27)			(1.63)			(1.33)
常数	0.1627 ***	0.1547 ***	0.1474 ***	0.1747 ***	0.1530 ***	0.1526 ***	0.1554 ***	0.1450 ***	0.1500 ***	—	0.1535 ***	0.1457 ***
	(5.29)	(6.25)	(5.93)	(5.78)	(6.28)	(6.23)	(4.96)	(5.82)	(5.65)		(5.87)	(5.78)
年度	控制	不控制	不控制	控制	不控制	不控制	控制	不控制	不控制	不控制	不控制	不控制
Wald chi^2	849.42 ***	1505.19 ***	1445.42 ***	836.24 ***	1555.70 ***	1553.94	863.54	1914.33 ***	1642.32 ***	11854.91 ***	1495.66 ***	1593.28 ***
Corr1(p-value)	0.000	0.000	0.000	0.000	0.000	0.000	0.000	0.000	0.000	0.000	0.000	0.000
Corr2(p-value)	0.420	0.802	0.763	0.399	0.866	0.826	0.346	0.957	0.968	0.244	0.963	0.970
Sargan(p-value)	0.000	0.000	0.000	0.000	0.000	0.000	0.000	0.000	0.000	0.000	0.000	0.000
Hansen(p-value)	0.893	0.406	0.199	0.816	0.439	0.601	0.436	0.743	0.360	0.550	0.293	0.104
N	3122	3956	3956	3122	3956	3965	3122	3956	3965	3122	3956	3965

表 5-8　　　　三组样本结果的比较

	期末现金持有量（Qmcash）		
	整体样本	民营上市公司	国有上市公司
货币政策	-	无	-
经营环境	-	-/无	-
当期应收合计	-	-	-
整体样本	民营上市公司国有上市公司		
滞后一期应收合计	+	+	+
货币政策 * 当期应收合计	无	无	无
货币政策 * 当期应收合计 * 经营环境	无	无	无
应收票据	-	-	-
滞后一期应收票据	+	+	+
货币政策 * 当期应收票据	无	无	无
货币政策 * 当期应收票据 * 经营环境	+	+	+
应收账款	-	-	-
滞后一期应收账款	+	+	+
货币政策 * 当期应收账款	-	-	无
货币政策 * 当期应收账款 * 经营环境	+	+	无
预付账款	-	-	-/无
滞后一期预付账款	+	+	+/无
货币政策 * 当期预付账款	无	无	+
货币政策 * 当期预付账款 * 经营环境	无	无	无
三组样本相关系数绝对值的比较，都是应收账款 > 应收票据 > 预付账款			

说明：表中“-、+、无”分别表示“显著负相关、显著正相关以及无显著相关性”，下表同。

它们当期应收票据对当期现金持有的影响，虽不受货币政策的调整，但是紧缩货币政策下当期应收票据对现金持有的影响都会受到经营环境的调整；两者当期预付账款与当期现金持有的影响，也都不会受到经营环境的影响。第三，两类公司相关系数（绝对值）都是应收账款的系数最大，应收票据次之，预付账款最小，也就是说三者对当期现金持有的影响，是应收账款最大、应收票据次之，预付账款最小。

两类公司不同的地方：第一，货币政策、经营环境会显著影响国有上市公司的现金持有，而民营上市公司现金持有虽然会受到经营环境的影响，但是不够稳健，并且货币政策不会影响民营上市公司现金持有。第二，民营上市公司当期应收账款对现金持有的影响会受到货币政策的调整，并且这种调整还会受到经营环境的作用；而国有上市公司当期应收账款对现金持有的影响虽然会受到货币政策的调整，但是不够稳健，并且这种调整不会受到经营环境的作用。第三，民营上市公司预付账款的当期和滞后一期对当期现金持有的影响，分别为显著负相关和显著正相关，但是当期预付账款对当期现金持有的影响不受货币政策的作用；国有上市公司预付账款的当期和滞后一期对当期现金持有的影响，虽然分别也为显著负相关和显著正相关，但是不够稳健，可当期预付账款对当期现金持有的影响会显著受到货币政策的作用。

5.3.2.2 企业获得商业信用与期末现金持有量

①整体样本公司应付项目及其细分项结果分析。如表 5-9 所示，模型 1 至模型 3 为应付合计、货币政策和经营环境对整体样本上市公司当期现金持有的影响。其中模型 1 的结果表明，整体样本上市公司当期的应付合计与当期现金持有显著负相关，而应付合计的滞后一期与当期现金持有则显著正相关，与之前章节的结果相符。模型 2 在模型 1 的基础上加入了货币政策，结果为

货币政策与现金持有显著负相关，说明在货币政策紧缩期，我国上市公司的现金持有的比例要低于货币宽松期。当期应付合计与货币政策的交互项（Yfhj * Hbzc）对当期现金持有显著负相关，说明在货币政策紧缩期企业占有供应商提供的商业信用与现金持有之间的负相关性更强，也就是说在货币政策紧缩期企业占有供应商提供的商业信用越多，自身持有的现金也越少。模型 3 在模型 2 的基础上加入经营环境虚拟变量，结果显示经营环境虚拟变量与当期现金持有间无显著相关性，应付合计、货币政策与经营环境三者交互（Yfhj * Hbzc * Totale）对当期现金持有也无显著性影响。

模型 4 至模型 6 为应付票据、货币政策和经营环境对整体样本上市公司当期现金持有的影响。在模型 4 至模型 6 中，除了模型 4 中应付票据的当期与当期现金持有显著负相关以外，其他都无显著相关性。可以认为企业的应付票据对现金持有无显著影响。货币政策与企业当期现金持有显著负相关，但是当期应付票据与货币政策的交互项（Yfpj * Hbzc）对当期现金持有无显著相关性，说明企业当期的应付票据对当期的现金持有的影响，不受货币政策的影响。模型 4 至模型 6 中，经营环境虚拟变量与当期现金持有也是显著负相关，并且应付票据、货币政策与经营环境三者交互（Yfpj * Hbzc * Totale）对当期现金持有呈现显著正相关，意味着虽然企业希望通过更多占有供应商提供商业信用和减少自身现金持有来融资，但是如果企业处于经营环境水平较低区域，并且在货币政策紧缩期，企业占有更多供应商提供商业信用的同时，就需要提高现金持有水平。

模型 7 至模型 9 为应付账款、货币政策和经营环境对整体样本上市公司当期现金持有的影响。在模型 7 至模型 9 中，企业当期和滞后一期的应付账款与企业当期现金持有也都分别为显著负相关和显著正相关。货币政策、经营环境都与企业当期现金持有显著负相关。结合模型 8 和模型 9，可以得到，当期应付账款与货币政策的交互项（Yfzk * Hbzc）与当期现金持有显著负相关，说明在货币政策紧缩期，基于融资需要，企业占有更多商业信用时也需要降低自身现金持有水平，存在协同效应；而应付账款、货币政策与经营环境三者交互（Yfzk * Hbzc * Totale）对当期现金持有呈现显著正相关，也就是说经营环境将会弱化紧缩货币政策下应付账款对于现金持有的协同效应，意味着在货币政策紧缩期，处于经营环境水平较低区域的企业，在占有更多商业信用的时候，需要适当提高现金持有水平。

模型 10 至模型 12 为预收账款、货币政策和经营环境对整体样本上市公司当期现金持有的影响。在模型 10 至模型 12 中，企业当期的预收账款与企业当期现金持有显著正相关，说明企业当期从客户处收取的预收账款越多，企业当期现金持有也就越多；而滞后一期的预收账款对当期现金持有没有显著影响。货币政策与企业当期现金持有显著负相关，但经营环境与企业当期现金持有无显著相关性。当期预收账款与货币政策的交互项（Yyzk * Hbzc），预收账款、货币政策与经营环境三者交互（Yyzk * Hbzc * Totale）与现金持有都没有显著相关性。

综上，整体样本上市公司当期和滞后一期获得的商业信用（应付合计）以及应付项目细分项对企业当期现金持有存在不同的影响，具体来说应付合计和应付账款都是当期与现金持有显著负相关，滞后一期显著正相关。应付票据无论当期还是滞后一期对当期现金持有却无显著相关性；当期预收账款越多，企业当期现金持有也就越多；而滞后一期预收账款与当期现金持有间无显著相关性。不同货币政策、不同经营环境也会对企业现金持有产生显著影响，紧缩货币政策时期和经营环境水平较低地区，企业多数情况下都会持有较多的现金。企业当期获得商业信用及其细分项对企业当期现金持有的影响，受到货币政策和经营环境的影响会呈现出不同，当期应付合计和预收账款对企业当期现金持有的作用都不会受到货币政策和经营环境的影响；而当期应付票据对现金持有的作用不会受到货币政策的影响，但是会受到经营环境的影响；当期应付账款对现金持有的作用会同时受到货币政策和经营环境的影响。

②民营上市公司应付项目及其细分项结果分析。如表5－10所示，模型1至模型3为应付合计、货币政策和经营环境对民营上市公司当期现金持有的影响。其中模型1的结果表明，民营上市公司当期的应付合计与当期现金持有显著负相关，而应付合计的滞后一期与当期现金持有则显著正相关，与之前章节的结果相符。模型2在模型1的基础上加入了货币政策，结果显示货币政策与现金持有无显著相关性。当期应付合计与货币政策的交互项（Yfhj * Hbzc）对当期现金持有显著负相关，说明企业当期的应付合计对当期的现金持有的影响，在货币政策紧缩期影响更大。模型3在模型2的基础上加入经营环境虚拟变量，结果表明经营环境虚拟变量与当期现金持有无显著相关性，应付合计、货币政策与经营环境三者交互（Yfhj * Hbzc * Totale）对当期现金持有也无显著性影响。

模型4至模型6为应付票据、货币政策和经营环境对民营上市公司当期现金持有的影响。在模型4至模型6中，企业当期和滞后一期的应付票据与企业当期现金持有间都无显著相关性。货币政策、经营环境与企业当期现金持有也都无显著相关性，当期应收票据与货币政策的交互项（Yfpj * Hbzc），应付票据、货币政策与经营环境三者交互（Yfpj * Hbzc * Totale）与当期现金持有也无显著相关性。

模型 7 至模型 9 为应付账款、货币政策和经营环境对民营上市公司当期现金持有的影响。在模型 7 至模型 9 中，当期和滞后一期的应付账款与当期现金持有间也都分别为显著负相关和显著正相关，但是货币政策、经营环境都与企业当期现金持有虽负相关但是不显著。结合模型 8 和模型 9，可以得到，当期应付账款与货币政策的交互项（Yfzk * Hbzc）与当期现金持有显著负相关，说明在货币政策紧缩期，基于融资需要，企业占有更多商业信用时也需要降低自身现金持有水平，存在协同效应；而应收账款、货币政策与经营环境三者交互（Yfzk * Hbzc * Totale）对当期现金持有无显著相关性。

模型 10 至模型 12 为预收账款、货币政策和经营环境对民营上市公司当期现金持有的影响。在模型 10 至模型 12 中，当期和滞后一期的预收账款与当期现金持有都无显著相关性。货币政策、经营环境也都与企业当期现金持有无显著相关性。当期预收账款与货币政策的交互项（Yyzk * Hbzc）与企业当期现金持有显著负相关，说明预收账款与现金持有间的关系会受到货币政策的影响。预收账款、货币政策与经营环境三者交互（Yyzk * Hbzc * Totale）与现金持有也没有显著相关性。

综上，民营上市公司当期和滞后一期获得的商业信用（应付合计）以及应付项目细分项对企业当期现金持有也存在不同的影响，具体来说应付合计、应付账款都是当期与现金持有显著负相关，滞后一期显著正相关。货币政策、经营环境对民营上市公司现金持有也都无显著性影响。当期应付合计、应付账款和预收账款对企业当期现金持有的作用都会受到货币政策影响，而应付合计及其细分项、货币政策与经营环境三者交互项与现金持有都没有显著相关性。

③国有上市公司应付项目及其细分项结果分析。如表 5 - 11 所

示，模型1至模型3为应付合计、货币政策和经营环境对国有上市公司当期现金持有的影响。其中模型1的结果表明，国有上市公司当期的应付合计与当期现金持有显著负相关，而应付合计的滞后一期与当期现金持有则显著正相关，与之前章节的结果相符。模型2在模型1的基础上加入了货币政策，结果为货币政策与现金持有显著负相关，说明在货币政策紧缩期，国有上市公司的现金持有的比例要低于货币宽松期。当期应付合计与货币政策的交互项（Yfhj * Hbzc）对当期现金持有无显著性影响。模型3在模型2的基础上加入经营环境虚拟变量，结果表明经营环境虚拟变量与当期现金持有显著负相关，说明处于经营环境发展水平较差地区的国有上市公司持有的现金比例相对更高。应付合计、货币政策与经营环境三者交互（Yfhj * Hbzc * Totale）对当期现金持有无显著性影响。

模型4至模型6为应付票据、货币政策和经营环境对国有上市公司当期现金持有的影响。在模型4至模型6中，除模型4中滞后一期外，企业当期和滞后一期的应付票据与企业当期现金持有间都无显著相关性。货币政策、经营环境与企业当期现金持有都显著负相关。当期应付票据与货币政策的交互项（Yfpj * Hbzc）与企业当期现金持有间都无显著相关性，但是应付票据、货币政策与经营环境三者交互（Yfpj * Hbzc * Totale）与当期现金持有显著正相关，说明虽然国有上市公司希望通过更多占有供应商提供商业信用和减少自身现金持有来融资，但是如果企业处于经营环境水平较低区域，并且在货币政策紧缩期，国有上市公司占有更多供应商提供商业信用的同时，就需要提高现金持有水平。

模型7至模型9为应付账款、货币政策和经营环境对国有上市公司当期现金持有的影响。在模型7至模型9中，当期和滞后一期的应付账款与当期现金持有分别为显著负相关和显著正相关，货币政策、经营环境与企业当期现金持有都显著负相关。结合模型 8 和 9，可以得到，当期应付账款与货币政策的交互项（Yfzk * Hbzc）与当期现金持有无显著相关性，而应付账款、货币政策与经营环境三者交互（Yfzk * Hbzc * Totale）与当期现金持有显著正相关，其原因与之前应付票据分析结果相类似。

模型 10 至模型 12 为预收账款、货币政策和经营环境对国有上市公司当期现金持有的影响。在模型 10 至模型 12 中，企业当期的预收账款与企业当期现金持有显著正相关，说明企业当期从客户处收取的预收账款越多，企业当期现金持有也就越多；而滞后一期的预收账款对当期现金持有没有显著影响。货币政策、经营环境与企业当期现金持有都显著负相关。当期预收账款与货币政策的交互项（Yyzk * Hbzc），预收账款、货币政策与经营环境三者交互（Yyzk * Hbzc * Totale）与现金持有都没有显著相关性。

综上，国有上市公司当期和滞后一期获得的商业信用（应付合计）以及应付项目细分项对企业当期现金持有存在不同的影响，具体来说应付合计、应付账款都是当期与现金持有显著负相关，滞后一期显著正相关。货币政策、经营环境对国有上市公司现金持有也都显著负相关。紧缩货币政策下，当期应付票据、应付账款对企业当期现金持有的作用都会受到经营环境的作用。

④三组样本结果比较分析。为了便于比较，本节同样将上述三组样本的分析结果进行了总结，如表 5 - 12 所示。从表 5 - 12 中可以得到，整体样本组基本上是民营、国有样本组的综合，而民营、国有之间既相类似，又存在不同的地方。

民营、国有上市公司相类似的地方：第一，企业当期的应付合计和应付账款都与企业当期现金持有显著负相关，而滞后一期又都显著正向相关；而当期和滞后一期的应付票据与当期现金持有都无显著相关性；两类公司滞后一期预收账款都不会影响当期

表 5-9　全部样本获得商业信用（应付项目）与期末现金持有量

	期末现金持有量（$Qmcash_t$）											
	Yfhj	Yfhj * Hbzc	Yfhj * Hbzc * Totale	Yfpj	Yfpj * Hbzc	Yfpj * Hbzc * Totale	Yfzk	Yfzk * Hbzc	Yfzk * Hbzc * Totale	Yyzk	Yyzk * Hbzc	Yyzk * Hbzc * Totale
	1	2	3	4	5	6	7	8	9	10	11	12
L. qmcash	0.6388***	0.6381***	0.6488***	0.6444***	0.6329***	0.6322***	0.6481***	0.6413***	0.6420***	0.6559***	0.6188***	0.6295***
	(15.67)	(19.13)	(20.03)	(15.30)	(17.56)	(17.44)	(17.15)	(20.56)	(20.72)	(15.67)	(17.09)	(17.56)
L2. qmcash	0.0717***	0.0661***	0.0745***	0.0824***	0.0646***	0.0669***	0.0719***	0.0695***	0.0706***	0.0739***	0.0680***	0.0796***
	(3.25)	(3.22)	(3.65)	(3.56)	(3.06)	(3.14)	(3.41)	(3.48)	(3.51)	(3.19)	(3.09)	(3.62)
L3. qmcash	0.0690***	0.0478**	0.0589***	0.0690***	0.0352*	0.0360*	0.0714***	0.0386**	0.0396**	0.0661***	0.0417**	0.0546***
	(2.86)	(2.48)	(3.12)	(2.90)	(1.67)	(1.71)	(3.17)	(1.99)	(2.03)	(2.81)	(2.04)	(2.69)
L4. qmcash	-0.0246			-0.0129			-0.0246			-0.0221		
	(-1.23)			(-0.64)			(-1.28)			(-1.12)		
L. grow	0.0000*	0.0000**	0.0000*	0.0000***	0.0000**	0.0000***	0.0000*	0.0000	0.0000*	0.0000**	0.0000**	0.0000
	(1.88)	(2.07)	(1.80)	(2.89)	(2.40)	(2.68)	(1.69)	(1.54)	(1.74)	(2.39)	(2.06)	(1.44)
L. size	-0.0079***	-0.0069***	-0.0067***	-0.0075***	-0.0065***	-0.0066***	-0.0071***	-0.0059***	-0.0060***	-0.0074***	-0.0071***	-0.0067***
	(-7.86)	(-8.18)	(-7.83)	(-6.86)	(-6.83)	(-6.83)	(-7.38)	(-6.99)	(-7.02)	(-7.15)	(-7.43)	(-7.28)
L. leverage	0.0216	0.0003	0.0012	0.0371**	0.0010	0.0015	0.0296*	-0.0002	0.0001	0.0303*	-0.0005	0.0005
	(1.24)	(0.08)	(0.23)	(2.43)	(0.17)	(0.21)	(1.82)	(-0.07)	(0.03)	(1.96)	(-0.12)	(0.09)
L. zbkz	0.0297**	0.0109	0.0137*	0.0357***	0.0078	0.0080	0.0374***	0.0135*	0.0137	0.0373***	0.0053	0.0091
	(2.06)	(1.45)	(1.68)	(2.61)	(0.79)	(0.76)	(2.73)	(1.71)	(1.62)	(2.66)	(0.48)	(0.79)
L. zcyx	0.0555***	0.0405***	0.0460***	0.0558***	0.0268**	0.0295**	0.0466***	0.0311***	0.0325***	0.0529***	0.0366***	0.0434***
	(3.24)	(3.70)	(4.15)	(3.24)	(2.35)	(2.49)	(2.85)	(2.89)	(3.00)	(3.27)	(3.12)	(3.66)

续表

	期末现金持有量（$Qmcash_t$）											
	Yfhj	Yfhj * Hbzc	Yfhj * Hbzc * Totale	Yfpj	Yfpj * Hbzc	Yfpj * Hbzc * Totale	Yfzk	Yfzk * Hbzc	Yfzk * Hbzc * Totale	Yyzk	Yyzk * Hbzc	Yyzk * Hbzc * Totale
	1	2	3	4	5	6	7	8	9	10	11	12
Hbzc		-0.0069 *	-0.0070 *		-0.0051 *	-0.0051 *		-0.0059 **	-0.0061 ***		-0.0083 ***	-0.0083 ***
		(-1.66)	(-1.67)		(-1.86)	(-1.86)		(-2.56)	(-2.66)		(-2.88)	(-2.85)
Yfhj	-0.0924 ***	-0.0707 ***	-0.0705 ***									
	(-2.74)	(-2.86)	(-2.70)									
L. yfhj	0.1389 ***	0.1431 ***	0.1440 ***									
	(5.06)	(6.84)	(6.51)									
Yfpj				-0.0865 *	-0.0163	-0.0130						
				(-1.92)	(-0.37)	(-0.29)						
L. yfpj				0.0591	0.0311	0.0288						
				(1.47)	(1.00)	(0.96)						
Yfzk							-0.3502 ***	-0.3094 ***	-0.3128 ***			
							(-4.79)	(-6.48)	(-6.47)			
L. yy							0.3315 ***	0.3714 ***	0.3708 ***			
							(5.91)	(7.12)	(6.96)			
Yyzk										0.0683 *	0.0697 *	0.0939 **
										(1.85)	(1.93)	(2.30)
L. yyzk										0.0042	0.0259	0.0293
										(0.12)	(0.84)	(0.92)

续表

	期末现金持有量（$Qmcash_t$）											
	Yfhj	Yfhj * Hbzc	Yfhj * Hbzc * Totale	Yfpj	Yfpj * Hbzc	Yfpj * Hbzc * Totale	Yfzk	Yfzk * Hbzc	Yfzk * Hbzc * Totale	Yyzk	Yyzk * Hbzc	Yyzk * Hbzc * Totale
	1	2	3	4	5	6	7	8	9	10	11	12
Yfhj * Hbzc		-0.0381 **	-0.0482 **	Yfpj * Hbzc	-0.0522	-0.1083 **	Yfzk * Hbzc	-0.0742 ***	-0.1390 ***	Yfkx * Hbzc	-0.0333	-0.0385
		(-2.14)	(-2.21)		(-1.36)	(-2.41)		(-2.61)	(-4.03)		(-1.05)	(-0.88)
Totale			-0.0048	Totale		-0.0067 **	Totale		-0.0060 **	Totale		-0.0029
			(-1.46)			(-2.54)			(-2.45)			(-1.13)
Yfhj * Hbzc * Totale			0.0098	Yfpj * Hbzc * Totale		0.0839 **	Yfzk * Hbzc * Totale		0.0860 **	Yfkx * Hbzc * Totale		-0.0018
			(0.55)			(2.49)			(2.31)			(-0.04)
常数	0.1675 ***	0.1634 ***	0.1551 ***	—	0.1730 ***	0.1788 ***	0.1579 ***	0.1530 ***	0.1582 ***	0.1743 ***	0.1783 ***	0.1642 ***
	(6.30)	(6.88)	(6.40)		(6.65)	(6.66)	(5.94)	(6.30)	(6.39)	(6.14)	(6.72)	(6.41)
年度	控制	不控制	不控制	不控制	不控制	不控制	控制	不控制	不控制	控制	不控制	不控制
Wald chi^2	1059.15 ***	1362.96 ***	1457.29 ***	17152.34 ***	1221.70 ***	1252.84 ***	1139.53 ***	1417.14 ***	1455.88 ***	958.27 ***	1226.15 ***	1231.11 ***
Corr1(p-value)	0.000	0.000	0.000	0.000	0.000	0.000	0.000	0.000	0.000	0.000	0.000	0.000
Corr2(p-value)	0.258	0.344	0.322	0.286	0.43	0.462	0.369	0.445	0.453	0.261	0.431	0.435
Sargan(p-value)	0.000	0.000	0.000	0.000	0.000	0.000	0.000	0.000	0.000	0.000	0.000	0.000
Hansen(p-value)	0.060	0.022	0.001	0.071	0.007	0.002	0.585	0.159	0.096	0.021	0.003	0.001
N	5161	6568	6568	5161	6568	6568	5161	6568	6568	5161	6568	6568

表 5－10　民营上市公司获得商业信用（应付项目）与期末现金持有量

	期末现金持有量（$Qmcash_t$）											
	Yfhj	Yfhj＊hbzc	Yfhj＊Hbzc＊Totale	Yfpj	Yfpj＊Hbzc	Yfpj＊Hbzc＊Totale	Yfzk	Yfzk＊Hbzc	Yfzk＊Hbzc＊Totale	Yyzk	Yyzk＊Hbzc	Yyzk＊Hbzc＊Totale
	1	2	3	4	5	6	7	8	9	10	11	12
L. qmcash	0.5906***	0.5561***	0.5594***	0.5732***	0.5321***	0.5415***	0.6238***	0.5709***	0.5797***	0.5934***	0.5436***	0.5334***
	(10.10)	(11.54)	(12.25)	(10.61)	(11.67)	(11.86)	(10.51)	(13.42)	(14.05)	(10.19)	(11.90)	(11.80)
L2. qmcash	0.0471	0.0375	0.0430	0.0518	0.0211	0.0316	0.0541	0.0244	0.0282	0.0460	0.0324	0.0434
	(1.28)	(1.16)	(1.40)	(1.41)	(0.68)	(1.00)	(1.51)	(0.85)	(0.96)	(1.26)	(1.02)	(1.40)
L3. qmcash	0.0435	0.0324	0.0361	0.0519	0.0152	0.0174	0.0456	0.0262	0.0290	0.0376	0.0187	0.0282
	(1.19)	(1.32)	(1.49)	(1.44)	(0.52)	(0.59)	(1.25)	(1.07)	(1.15)	(1.02)	(0.78)	(1.18)
L4. qmcash	－0.0109			－0.0083			－0.0050			－0.0040		
	(－0.37)			(－0.29)			(－0.17)			(－0.14)		
L. grow	0.0000	0.0000	0.0000	0.0000	0.0000	0.0000	0.0000	0.0000	0.0000	0.0000	0.0000	－0.0000
	(1.13)	(0.99)	(0.21)	(1.22)	(1.45)	(1.07)	(0.66)	(1.38)	(1.14)	(1.19)	(0.24)	(－0.43)
L. size	－0.0100***	－0.0083***	－0.0081***	－0.0093***	－0.0087***	－0.0081***	－0.0084***	－0.0072***	－0.0064***	－0.0104***	－0.0099***	－0.0093***
	(－5.11)	(－4.22)	(－4.13)	(－4.29)	(－3.87)	(－3.56)	(－4.08)	(－3.33)	(－3.00)	(－4.98)	(－4.44)	(－4.30)
L. leverage	0.0164	－0.0025	－0.0025	0.0267	－0.0034***	－0.0032**	0.0247	－0.0028**	－0.0026**	0.0240	－0.0036***	－0.0032**
	(0.55)	(－1.49)	(－1.27)	(1.01)	(－2.58)	(－2.33)	(0.74)	(－2.10)	(－1.96)	(0.94)	(－2.70)	(－2.10)
L. zbkz	0.0204	0.0016	0.0010	0.0162	－0.0046	－0.0033	0.0311	0.0025	0.0023	0.0213	－0.0041	－0.0022
	(0.74)	(0.19)	(0.11)	(0.67)	(－0.60)	(－0.44)	(1.11)	(0.30)	(0.27)	(0.76)	(－0.54)	(－0.29)
L. zcyx	0.0847***	0.0475**	0.0444**	0.0760**	0.0361**	0.0385**	0.0839***	0.0435**	0.0440***	0.0868***	0.0538***	0.0496***
	(2.69)	(2.50)	(2.36)	(2.41)	(2.14)	(2.32)	(2.60)	(2.47)	(2.62)	(2.91)	(2.98)	(2.66)

续表

	期末现金持有量（$Qmcash_t$）											
	Yfhj	Yfhj * hbzc	Yfhj * Hbzc * Totale	Yfpj	Yfpj * Hbzc	Yfpj * Hbzc * Totale	Yfzk	Yfzk * Hbzc	Yfzk * Hbzc * Totale	Yyzk	Yyzk * Hbzc	Yyzk * Hbzc * Totale
	1	2	3	4	5	6	7	8	9	10	11	12
Hbzc		0. 0068	0. 0057		-0. 0021	-0. 0029		-0. 0018	-0. 0032		0. 0014	0. 0017
		(0. 85)	(0. 77)		(-0. 45)	(-0. 64)		(-0. 45)	(-0. 81)		(0. 29)	(0. 34)
Yfhj	-0. 1238 **	-0. 0059	-0. 0791 *									
	(-2. 54)	(-0. 83)	(-1. 84)									
L. yfhj	0. 1734 ***	0. 0560 *	0. 1470 ***									
	(4. 14)	(1. 73)	(3. 67)									
Yfpj				-0. 1052	-0. 0285	-0. 0460						
				(-1. 27)	(-0. 39)	(-0. 62)						
L. yfpj				0. 0666	0. 0411	0. 0532						
				(1. 10)	(0. 84)	(1. 09)						
Yfzk							-0. 3623 ***	-0. 3177 ***	-0. 2904 ***			
							(-2. 68)	(-3. 72)	(-3. 37)			
L. yy							0. 3591 ***	0. 3700 ***	0. 3530 ***			
							(4. 03)	(3. 88)	(3. 60)			
Yyzk										-0. 0190	0. 0764	0. 0721
										(-0. 33)	(1. 49)	(1. 26)
L. yyzk										0. 0828	0. 0632	0. 0686
										(1. 60)	(1. 55)	(1. 61)

续表

	期末现金持有量（$Qmcash_t$）											
	Yfhj	Yfhj * hbzc	Yfhj * Hbzc * Totale	Yfpj	Yfpj * Hbzc	Yfpj * Hbzc * Totale	Yfzk	Yfzk * Hbzc	Yfzk * Hbzc * Totale	Yyzk	Yyzk * Hbzc	Yyzk * Hbzc * Totale
	1	2	3	4	5	6	7	8	9	10	11	12
Yfhj * Hbzc		−0.0560 *	−0.0551	Yfpj * Hbzc	−0.0972	−0.1196	Yfzk * Hbzc	−0.1383 ***	−0.1292 **	Yfkx * Hbzc	−0.0821 *	−0.0938 *
		(−1.73)	(−1.47)		(−1.50)	(−1.44)		(−3.48)	(−2.03)		(−1.84)	(−1.70)
Totale			−0.0029	Totale		−0.0074	Totale		−0.0036	Totale		−0.0047
			(−0.45)			(−1.36)			(−0.73)			(−1.03)
Yfhj * Hbzc * Totale			−0.0014	Yfpj * Hbzc * Totale		0.0514	Yfzk * Hbzc * Totale		0.0170	Yfkx * Hbzc * Totale		0.0038
			(−0.04)			(0.57)			(0.23)			(0.08)
常数	—	0.2072 ***	0.2041 ***	0.2138 ***	0.2411 ***	0.2289 ***	—	0.1955 ***	0.1774 ***	0.2303 ***	0.2514 ***	0.2401 ***
		(4.13)	(4.09)	(4.52)	(4.32)	(4.00)		(3.47)	(3.18)	(4.47)	(4.65)	(4.57)
年度	控制	不控制	不控制	不控制	不控制	不控制	控制	不控制	不控制	控制	不控制	不控制
Wald chi^2	5011.20 ***	284.26 ***	304.39 ***	365.31 ***	282.98 ***	301.95 ***	5273.62 ***	376.88 ***	366.55 ***	332.10 ***	306.50 ***	300.96 ***
Corr1(p−value)	0.000	0.000	0.000	0.000	0.000	0.000	0.000	0.000	0.000	0.000	0.000	0.000
Corr2(p−value)	0.578	0.535	0.557	0.560	0.526	0.586	0.637	0.445	0.447	0.547	0.568	0.630
Sargan(p−value)	0.000	0.000	0.000	0.000	0.000	0.000	0.000	0.000	0.000	0.000	0.000	0.000
Hansen(p−value)	0.159	0.277	0.068	0.386	0.694	0.496	0.511	0.897	0.751	0.093	0.383	0.126
N	2039	2612	2612	2039	2612	2612	2039	2612	2612	2039	2612	2612

表 5－11　国有上市公司获得商业信用（应付项目）与期末现金持有量

	期末现金持有量（Qmcasht）											
	Yfhj	Yfhj * hbzc	Yfhj * Hbzc * Totale	Yfpj	Yfpj * Hbzc	Yfpj * Hbzc * Totale	Yfzk	Yfzk * Hbzc	Yfzk * Hbzc * Totale	Yyzk	Yyzk * Hbzc	Yyzk * Hbzc * Totale
	1	2	3	4	5	6	7	8	9	10	11	12
L. qmcash	0.6268 ***	0.6583 ***	0.6744 ***	0.6069 ***	0.6827 ***	0.6875 ***	0.6331 ***	0.6780 ***	0.6818 ***	0.5790 ***	0.6661 ***	0.6740 ***
	(12.41)	(14.10)	(15.06)	(11.01)	(14.80)	(14.84)	(12.87)	(15.73)	(15.81)	(10.11)	(14.47)	(14.98)
L2. qmcash	0.0945 ***	0.1043 ***	0.1052 ***	0.1111 ***	0.1125 ***	0.1219 ***	0.0763 ***	0.1057 ***	0.1121 ***	0.1142 ***	0.1151 ***	0.1197 ***
	(3.59)	(4.25)	(4.19)	(4.38)	(4.59)	(4.86)	(2.91)	(4.29)	(4.45)	(4.17)	(4.85)	(4.86)
L3. qmcash	0.0760 ***	0.0414	0.0477 *	0.0763 ***	0.0548 **	0.0567 **	0.0643 ***	0.0473 *	0.0561 **	0.0769 ***	0.0437 *	0.0426 *
	(2.65)	(1.64)	(1.88)	(3.07)	(2.20)	(2.29)	(2.60)	(1.81)	(2.17)	(3.01)	(1.83)	(1.81)
L4. qmcash	-0.0615 **			-0.0374			-0.0576 **			-0.0518 *		
	(-2.37)			(-1.40)			(-2.24)			(-1.94)		
L. grow	0.0000	0.0000 ***	0.0000 ***	0.0000 ***	0.0000 ***	0.0000 ***	0.0000	0.0000 ***	0.0000 ***	0.0000 **	0.0000 ***	0.0000 ***
	(0.99)	(3.25)	(3.15)	(2.74)	(4.09)	(4.85)	(0.76)	(2.99)	(3.36)	(2.47)	(3.29)	(2.97)
L. size	-0.0066 ***	-0.0068 ***	-0.0071 ***	-0.0065 ***	-0.0067 ***	-0.0071 ***	-0.0063 ***	-0.0062 ***	-0.0064 ***	-0.0065 ***	-0.0067 ***	-0.0069 ***
	(-5.61)	(-7.51)	(-7.51)	(-6.11)	(-6.93)	(-7.41)	(-5.23)	(-6.80)	(-6.87)	(-5.72)	(-7.17)	(-7.06)
L. leverage	0.0041	0.0232	0.0315 **	0.0269	0.0419 ***	0.0488 ***	0.0081	0.0254 *	0.0324 **	0.0145	0.0358 **	0.0405 ***
	(0.20)	(1.58)	(2.07)	(1.51)	(2.99)	(3.39)	(0.49)	(1.78)	(2.16)	(0.72)	(2.49)	(2.77)
L. zbkz	0.0296 *	0.0477 ***	0.0543 ***	0.0366 **	0.0537 ***	0.0600 ***	0.0382 ***	0.0493 ***	0.0548 ***	0.0238	0.0491 ***	0.0524 ***
	(1.93)	(4.11)	(4.51)	(2.53)	(4.14)	(4.60)	(2.63)	(4.66)	(4.95)	(1.46)	(3.84)	(3.93)
L. zcyx	0.0344	0.0485 ***	0.0578 ***	0.0310	0.0514 ***	0.0615 ***	0.0172	0.0460 ***	0.0545 ***	0.0288	0.0506 ***	0.0559 ***
	(1.62)	(3.34)	(4.05)	(1.58)	(3.22)	(3.74)	(0.89)	(3.14)	(3.58)	(1.39)	(3.52)	(3.95)

续表

	期末现金持有量（Qmcasht）											
	Yfhj	Yfhj * hbzc	Yfhj * Hbzc * Totale	Yfpj	Yfpj * Hbzc	Yfpj * Hbzc * Totale	Yfzk	Yfzk * Hbzc	Yfzk * Hbzc * Totale	Yyzk	Yyzk * Hbzc	Yyzk * Hbzc * Totale
	1	2	3	4	5	6	7	8	9	10	11	12
Hbzc		-0.0065 *	-0.0055 *		-0.0095 ***	-0.0101 ***		-0.0093 ***	-0.0103 ***		-0.0077 **	-0.0073 **
		(-1.66)	(-1.76)		(-2.99)	(-3.17)		(-3.48)	(-3.83)		(-2.33)	(-2.19)
Yfhj	-0.0902 **	-0.0623 *	-0.0604 *									
	(-2.22)	(-1.94)	(-1.79)									
L. yfhj	0.1262 ***	0.1123 ***	0.1098 ***									
	(3.98)	(4.26)	(3.99)									
Yfpj				-0.0471	-0.0001	0.0096						
				(-1.15)	(-0.00)	(0.19)						
L. yfpj				0.0825 *	0.0088	-0.0026						
				(1.78)	(0.24)	(-0.07)						
Yfzk							-0.3525 ***	-0.3396 ***	-0.3408 ***			
							(-5.93)	(-6.21)	(-6.21)			
L. yy							0.3879 ***	0.3914 ***	0.3891 ***			
							(5.66)	(6.17)	(6.29)			
Yyzk										0.1308 **	0.1051 **	0.1166 **
										(2.18)	(2.16)	(2.53)
L. yyzk										-0.0375	-0.0325	-0.0422
										(-0.70)	(-0.70)	(-0.99)

续表

	期末现金持有量（Qmcasht）											
	Yfhj	Yfhj * hbzc	Yfhj * Hbzc * Totale	Yfpj	Yfpj * Hbzc	Yfpj * Hbzc * Totale	Yfzk	Yfzk * Hbzc	Yfzk * Hbzc * Totale	Yyzk	Yyzk * Hbzc	Yyzk * Hbzc * Totale
	1	2	3	4	5	6	7	8	9	10	11	12
Yfhj * Hbzc		-0.0200	-0.0322	Yfpj * Hbzc	-0.0211	-0.0788	Yfzk * Hbzc	-0.0437	-0.1179 ***	Yfkx * Hbzc	0.0006	-0.0098
		(-0.93)	(-1.20)		(-0.47)	(-1.49)		(-1.24)	(-3.18)		(0.02)	(-0.22)
Totale			-0.0096 **	Totale		-0.0105 ***	Totale		-0.0087 ***	Totale		-0.0051 *
			(-2.44)			(-3.69)			(-3.12)			(-1.74)
Yfhj * Hbzc * Totale			0.0167	Yfpj * Hbzc * Totale		0.1090 ***	Yfzk * Hbzc * Totale		0.1179 ***	Yfkx * Hbzc * Totale		0.0226
			(0.85)			(3.19)			(2.99)			(0.50)
常数	—	0.1495 ***	0.1514 ***	—	0.1373 ***	0.1450 ***	—	0.1357 ***	0.1391 ***	0.1551 ***	0.1408 ***	0.1412 ***
		(6.09)	(6.15)		(5.11)	(5.39)		(5.42)	(5.47)	(5.10)	(5.80)	(5.83)
年度	控制	不控制	不控制	不控制	不控制	不控制	控制	不控制	不控制	控制	不控制	不控制
Wald chi^2	11475.53 ***	1644.04 ***	1601.07 ***	11595.87 ***	1552.74 ***	1512.78	11779.95 ***	1937.04 ***	1911.41 ***	1032.41 ***	1483.66 ***	1478.26 ***
Corr1(p-value)	0.000	0.000	0.000	0.000	0.000	0.000	0.000	0.000	0.000	0.000	0.000	0.000
Corr2(p-value)	0.266	0.998	0.893	0.327	0.905	0.947	0.462	0.855	0.862	0.407	0.889	0.817
Sargan(p-value)	0.000	0.000	0.000	0.000	0.000	0.000	0.000	0.000	0.000	0.000	0.000	0.000
Hansen(p-value)	0.483	0.267	0.158	0.443	0.161	0.192	0.518	0.182	0.187	0.170	0.256	0.189
N	3122	3956	3956	3122	3956	3956	3122	3956	3956	3122	3956	3956

表 5 - 12　　三组样本结果的比较

	期末现金持有量（Qmcash）		
	整体样本	民营上市公司	国有上市公司
货币政策	-	无	-
经营环境	-/无	无	-
当期应付合计	-	-	-
滞后一期应付合计	+	+	+
货币政策 * 当期应付合计	-	-	无
货币政策 * 当期应付合计 * 经营环境	无	无	无
应付票据	无	无	无
滞后一期应付票据	无	无	无
货币政策 * 当期应付票据	无	无	无
货币政策 * 当期应付票据 * 经营环境	+	无	+
应付账款	-	-	-
滞后一期应付账款	+	+	+
货币政策 * 当期应付账款	-	-	-
货币政策 * 当期应付账款 * 经营环境	+	无	+
预收账款	+	无	+
滞后一期预收账款	无	无	无
货币政策 * 当期预收账款	无	-	无
货币政策 * 当期预收账款 * 经营环境	无	无	无

现金持有。第二，两类公司当期应付票据与现金持有的关系不受货币政策的影响；两者当期应付账款与现金持有的关系都会受到货币政策的影响；紧缩货币政策下，两类公司当期应付合计和预收账款与现金持有的关系，都不受经营环境的影响。

两类公司不同的地方：第一，货币政策、经营环境会显著影响国有上市公司的现金持有，而民营上市公司现金持有却不受到这两者的影响。第二，民营上市公司当期应付合计对现金持有的影响会受到货币政策的调整，而国有上市公司则不受影响。第三，货币政策紧缩下，国有上市公司当期应付票据、应付账款与当期现金持有的关系都会受到经营环境的影响，而民营上市公司则都不受影响。第四，国有上市公司当期预收账款越多，其现金持有就越多，而民营上市公司无此关系；紧缩货币政策将会影响民营上市公司当期预收账款与现金持有的关系，国有上市公司则不受影响。

5.3.3　期末现金增加量动态面板分析结果

同样，为了考察上述研究结果的可靠性，以期末现金持有增加量（Cashzj）替代之前所采用的期末现金持有量（Qmcash），对上述分析进行了稳健性检验。

5.3.3.1　企业对外提供商业信用与期末现金增加量

表 5 - 14 至表 5 - 16 分别为全体样本、民营和国有上市公司对外提供商业信用（应收合计）及其细分项与企业当期现金增加量之间的分析结果，与之前期末现金持有量的结果相比较，没有发生实质性改变。

同样将表 5 - 14 至表 5 - 16 三组样本的分析结果进行了总结，如表 5 - 13 所示。从表 5 - 13 中可以得到，整体样本组基本上是民营、国有样本组的综合，而民营、国有之间既有相类似，

表 5－13　　　　　　三组样本结果的比较

	现金持有增加量（Cashzj）		
	整体样本	民营上市公司	国有上市公司
货币政策	－	无	－
经营环境	－/无	无	－
当期应收合计	－	－	－
滞后一期应收合计	＋	＋	＋
货币政策＊当期应收合计	无	无	无
货币政策＊当期应收合计＊经营环境	无	无	无
应收票据	－	－	－
滞后一期应收票据	＋	＋	＋
货币政策＊当期应收票据	－	无	无
货币政策＊当期应收票据＊经营环境	＋	＋	＋
应收账款	－	－	－
滞后一期应收账款	＋	＋	＋
货币政策＊当期应收账款	－	－	无
货币政策＊当期应收账款＊经营环境	＋	无	无
预付账款	－	－/无	－/无
滞后一期预付账款	＋	＋	＋
货币政策＊当期预付账款	无	无	无
货币政策＊当期预付账款＊经营环境	无	无	无

三组样本相关系数绝对值的比较，都是应收账款＞应收票据＞预付账款。

但也存在不同的地方。

民营、国有上市公司相类似的地方：①企业当期的应收合计、应收票据、应收账款和预付账款都与企业当期现金持有增加量显著负相关，而滞后一期又都显著正向相关。②两类公司当期应收合计对于当期现金持有增加量的影响，都不受货币政策和经

表 5 – 14　全部样本提供商业信用（应收项目）与现金持有增加量

	现金持有增加量（$Cashzj_t$）											
	Yshj	Yshj * Hbzc	Yshj * Hbzc * Totale	Yspj	Yspj * Hbzc	Yspj * Hbzc * Totale	Yszk	Yszk * Hbzc	Yszk * Hbzc * Totale	Yfkx	Yfkx * Hbzc	Yfkx * Hbzc * Totale
	1	2	3	4	5	6	7	8	9	10	11	12
L. cashzj	-0.1670 ***	-0.1236 ***	-0.1253 ***	-0.1567 ***	-0.1348 ***	-0.1326 ***	-0.1589 ***	-0.1423 ***	-0.1387 ***	-0.1686 ***	-0.1448 ***	-0.1480 ***
	(-5.96)	(-4.37)	(-4.28)	(-5.58)	(-5.79)	(-5.75)	(-5.47)	(-5.57)	(-5.47)	(-6.03)	(-5.83)	(-5.95)
L2. cashzj	-0.0406	-0.0559	-0.0536	-0.0347	-0.0503 **	-0.0485 **	-0.0249	-0.0409 *	-0.0399 *	-0.0371	-0.0373 *	-0.0397 *
	(-1.39)	(-1.51)	(-1.36)	(-1.14)	(-2.22)	(-2.22)	(-0.83)	(-1.79)	(-1.75)	(-1.23)	(-1.76)	(-1.85)
L3. cashzj	0.0385	-0.0005	0.0012	0.0413	0.0037	0.0038	0.0384	-0.0012	-0.0017	0.0426	0.0101	0.0073
	(1.49)	(-0.03)	(0.06)	(1.54)	(0.20)	(0.20)	(1.53)	(-0.07)	(-0.10)	(1.62)	(0.52)	(0.37)
L4. cashzj	0.0276			0.0173			0.0239			0.0233		
	(1.47)			(0.87)			(1.25)			(1.24)		
L. grow	0.0000 *	0.0000	0.0000	0.0000	0.0000	0.0000	0.0000 ***	0.0000 *	0.0000 *	0.0000	0.0000 **	0.0000 **
	(1.67)	(0.70)	(0.71)	(1.54)	(0.90)	(0.91)	(2.80)	(1.82)	(1.86)	(1.36)	(2.27)	(2.18)
L. size	-0.0068 ***	-0.0042 ***	-0.0042 ***	-0.0077 ***	-0.0044 ***	-0.0045 ***	-0.0060 ***	-0.0030 **	-0.0031 **	-0.0071 ***	-0.0040 ***	-0.0040 ***
	(-5.93)	(-3.19)	(-3.13)	(-6.11)	(-3.14)	(-3.23)	(-5.13)	(-1.99)	(-2.04)	(-5.78)	(-2.78)	(-2.80)
L. leverage	0.0644 ***	0.0163	0.0161	0.0734 ***	0.0213	0.0214	0.0675 ***	0.0193	0.0195	0.0756 ***	0.0232	0.0231
	(5.97)	(0.72)	(0.72)	(5.80)	(0.90)	(0.91)	(6.00)	(0.80)	(0.79)	(6.03)	(0.83)	(0.82)
L. zbkz	0.0676 ***	0.0284	0.0291	0.0764 ***	0.0406 *	0.0419 **	0.0708 ***	0.0382	0.0373	0.0803 ***	0.0454 *	0.0460 *
	(5.92)	(1.29)	(1.32)	(6.60)	(1.93)	(2.03)	(6.39)	(1.64)	(1.58)	(6.82)	(1.78)	(1.80)
L. zcyx	0.0786 ***	0.0560 ***	0.0565 ***	0.0796 ***	0.0558 ***	0.0567 ***	0.0811 ***	0.0600 ***	0.0605 ***	0.0861 ***	0.0661 ***	0.0644 ***
	(7.88)	(3.86)	(3.78)	(7.39)	(3.81)	(3.84)	(8.05)	(4.14)	(4.04)	(8.12)	(3.78)	(3.59)

续表

	现金持有增加量（$Cashzj_t$）											
	Yshj	Yshj * Hbzc	Yshj * Hbzc * Totale	Yspj	Yspj * Hbzc	Yspj * Hbzc * Totale	Yszk	Yszk * Hbzc	Yszk * Hbzc * Totale	Yfkx	Yfkx * Hbzc	Yfkx * Hbzc * Totale
	1	2	3	4	5	6	7	8	9	10	11	12
Hbzc		-0.0071 *	-0.0074 *		-0.0085 **	-0.0084 **		-0.0094 **	-0.0091 ***		-0.0114 ***	-0.0115 ***
		(-1.67)	(-1.73)		(-2.56)	(-2.57)		(-2.41)	(-3.22)		(-3.39)	(-3.40)
yshj	-0.2793 ***	-0.2470 ***	-0.2413 ***									
	(-8.18)	(-6.06)	(-5.97)									
L. yshj	0.2717 ***	0.2844 ***	0.2785 ***									
	(7.42)	(7.15)	(7.09)									
Yspj				-0.2717 ***	-0.1482 **	-0.1585 ***						
				(-4.85)	(-2.49)	(-2.74)						
L. yspj				0.1958 ***	0.2018 ***	0.2085 ***						
				(3.72)	(3.79)	(4.12)						
Yszk							-0.4437 ***	-0.4475 ***	-0.4530 ***			
							(-8.20)	(-7.62)	(-8.00)			
L. yszk							0.4924 ***	0.4751 ***	0.4938 ***			
							(8.52)	(8.69)	(7.99)			
Yfkx										-0.0993	-0.0926 **	-0.0942 **
										(-1.63)	(-2.23)	(-2.31)
L. yfkx										0.1172 **	0.1233 ***	0.1084 ***
										(2.52)	(3.39)	(3.08)

续表

	现金持有增加量（$Cashzj_t$）											
	Yshj	Yshj * Hbzc	Yshj * Hbzc * Totale	Yspj	Yspj * Hbzc	Yspj * Hbzc * Totale	Yszk	Yszk * Hbzc	Yszk * Hbzc * Totale	Yfkx	Yfkx * Hbzc	Yfkx * Hbzc * Totale
	1	2	3	4	5	6	7	8	9	10	11	12
Yshj * Hbzc		-0.0375	-0.0537 **	Yspj * Hbzc	-0.1007 **	-0.1439 ***	Yszk * Hbzc	-0.0639 **	-0.1023 ***	Yfkx * Hbzc	-0.0218	-0.0619
		(-1.60)	(-2.12)		(-2.09)	(-2.87)		(-2.47)	(-3.59)		(-0.41)	(-1.01)
Totale			-0.0064 *	Totale		-0.0030	Totale		-0.0028	Totale		-0.0041
			(-1.71)			(-1.15)			(-1.01)			(-1.34)
Yshj * Hbzc * Totale			0.0267	Yspj * Hbzc * Totale		0.0697 *	Yszk * Hbzc * Totale		0.0647 *	Yfkx * Hbzc * Totale		0.0636
			(1.49)			(1.86)			(1.66)			(1.21)
常数	—	0.0861 ***	0.0897 ***	—	0.0901 ***	0.0953 ***	0.0800 ***	0.0564 **	0.0612 **	0.1009 ***	0.0774 ***	0.0818 ***
		(4.02)	(3.98)		(4.34)	(4.44)	(3.25)	(2.32)	(2.42)	(4.27)	(3.81)	(3.99)
年度	控制	不控制	不控制	控制	不控制	不控制	控制	不控制	不控制	控制	不控制	不控制
Wald chi^2	308.38 ***	199.34 ***	198.30 ***	233.58 ***	158.36 ***	166.98 ***	305.02 ***	247.65 ***	248.11 ***	206.56 ***	172.07 ***	168.81 ***
Corr1(p-value)	0.000	0.000	0.000	0.000	0.000	0.000	0.000	0.000	0.000	0.000	0.000	0.000
Corr2(p-value)	0.654	0.648	0.647	0.315	0.619	0.598	0.739	0.266	0.279	0.464	0.266	0.264
Sargan(p-value)	0.000	0.000	0.000	0.000	0.000	0.000	0.000	0.000	0.000	0.000	0.000	0.000
Hansen(p-value)	0.058	0.000	0.000	0.035	0.001	0.002	0.128	0.001	0.004	0.225	0.019	0.011
N	5161	6586	6586	5161	6586	6586	5161	6586	6586	5161	6586	6586

表 5－15　　民营上市公司提供商业信用（应收项目）与现金持有增加量

	现金持有增加量（$Cashzj_t$）											
	Yshj	Yshj * Hbzc	Yshj * Hbzc * Totale	Yspj	Yspj * Hbzc	Yspj * Hbzc * Totale	Yszk	Yszk * Hbzc	Yszk * Hbzc * Totale	Yfkx	Yfkx * Hbzc	Yfkx * Hbzc * Totale
	1	2	3	4	5	6	7	8	9	10	11	12
L. cashzj	-0.2321 ***	-0.2033 ***	-0.2099 ***	-0.2357 ***	-0.2195 ***	-0.2194 ***	-0.2280 ***	-0.2275 ***	-0.2273 ***	-0.2499 ***	-0.2314 ***	-0.2363 ***
	(-5.46)	(-4.69)	(-4.90)	(-5.26)	(-6.74)	(-6.69)	(-5.35)	(-7.03)	(-6.97)	(-6.01)	(-7.20)	(-6.95)
L2. cashzj	-0.1076 **	-0.1539 **	-0.1572 **	-0.1162 **	-0.1331 ***	-0.1307 ***	-0.1004 **	-0.1343 ***	-0.1364 ***	-0.1184 **	-0.1309 ***	-0.1315 ***
	(-2.11)	(-2.45)	(-2.55)	(-2.32)	(-4.49)	(-4.71)	(-1.97)	(-3.92)	(-3.79)	(-2.40)	(-3.89)	(-3.66)
L3. cashzj	-0.0015	-0.0814 ***	-0.0800 ***	-0.0258	-0.0482 *	-0.0457 *	-0.0027	-0.0521 **	-0.0504 *	-0.0256	-0.0506 *	-0.0459
	(-0.04)	(-3.01)	(-3.15)	(-0.58)	(-1.77)	(-1.68)	(-0.06)	(-2.00)	(-1.95)	(-0.58)	(-1.76)	(-1.54)
L4. cashzj	0.0234			0.0009			0.0130			0.0075		
	(0.80)			(0.03)			(0.44)			(0.25)		
L. grow	0.0000 ***	0.0000 ***	0.0000 ***	0.0000 ***	0.0000 ***	0.0000 ***	0.0000 ***	0.0000 ***	0.0000 ***	0.0000 ***	0.0000 ***	0.0000 ***
	(5.00)	(5.29)	(5.57)	(4.37)	(2.67)	(2.63)	(4.08)	(3.58)	(3.33)	(4.69)	(3.45)	(3.76)
L. size	-0.0081 ***	-0.0039 *	-0.0036 *	-0.0074 ***	-0.0034 *	-0.0036 *	-0.0061 **	-0.0026	-0.0024	-0.0073 ***	-0.0037 *	-0.0035 *
	(-2.80)	(-1.78)	(-1.67)	(-2.59)	(-1.80)	(-1.92)	(-2.34)	(-1.36)	(-1.26)	(-2.62)	(-1.93)	(-1.89)
L. leverage	0.0552 ***	-0.0056	-0.0062	0.0601 ***	-0.0021	-0.0022	0.0524 ***	-0.0038	-0.0044	0.0567 ***	-0.0019	-0.0024
	(2.86)	(-0.49)	(-0.59)	(2.85)	(-0.12)	(-0.13)	(2.85)	(-0.27)	(-0.34)	(2.99)	(-0.11)	(-0.14)
L. zbkz	0.0581 ***	-0.0087	-0.0086	0.0622 ***	0.0023	0.0029	0.0512 ***	0.0018	0.0004	0.0571 ***	0.0018	0.0028
	(3.10)	(-0.43)	(-0.41)	(3.28)	(0.13)	(0.16)	(2.84)	(0.11)	(0.02)	(3.24)	(0.10)	(0.15)
L. zcyx	0.1072 ***	0.0581 ***	0.0549 ***	0.1109 ***	0.0544 ***	0.0579 ***	0.0950 ***	0.0557 ***	0.0561 ***	0.1125 ***	0.0637 ***	0.0591 ***
	(5.10)	(3.01)	(2.83)	(4.74)	(2.69)	(2.93)	(4.64)	(3.00)	(3.12)	(5.29)	(3.01)	(2.88)

续表

	现金持有增加量 ($Cashzj_t$)											
	Yshj	Yshj * Hbzc	Yshj * Hbzc * Totale	Yspj	Yspj * Hbzc	Yspj * Hbzc * Totale	Yszk	Yszk * Hbzc	Yszk * Hbzc * Totale	Yfkx	Yfkx * Hbzc	Yfkx * Hbzc * Totale
	1	2	3	4	5	6	7	8	9	10	11	12
Hbzc		-0.0003	-0.0016		-0.0043	-0.0045		-0.0035	-0.0028		-0.0003	-0.0006
		(-0.03)	(-0.16)		(-0.70)	(-0.72)		(-0.68)	(-0.54)		(-0.05)	(-0.09)
Yshj	-0.2763 ***	-0.2711 ***	-0.2833 ***									
	(-5.79)	(-4.69)	(-4.76)									
L. yshj	0.2508 ***	0.3096 ***	0.3172 ***									
	(4.79)	(7.22)	(7.50)									
Yspj				-0.3495 ***	-0.1669	-0.1842 *						
				(-3.47)	(-1.49)	(-1.70)						
L. yspj				0.1883 **	0.1678 *	0.1688 *						
				(2.10)	(1.87)	(1.93)						
Yszk							-0.3686 ***	-0.3703 ***	-0.3709 ***			
							(-4.43)	(-4.92)	(-4.93)			
L. yszk							0.4497 ***	0.4608 ***	0.4707 ***			
							(5.16)	(5.91)	(6.01)			
Yfkx										-0.1317 **	-0.0231	-0.0355
										(-2.31)	(-0.36)	(-0.50)
L. yfkx										0.1431 **	0.1618 **	0.1560 **
										(2.00)	(2.47)	(2.18)

续表

	现金持有增加量（$Cashzj_t$）											
	Yshj	Yshj * Hbzc	Yshj * Hbzc * Totale	Yspj	Yspj * Hbzc	Yspj * Hbzc * Totale	Yszk	Yszk * Hbzc	Yszk * Hbzc * Totale	Yfkx	Yfkx * Hbzc	Yfkx * Hbzc * Totale
	1	2	3	4	5	6	7	8	9	10	11	12
Yshj * Hbzc		-0.0482	-0.0542	Yspj * Hbzc	-0.1178	-0.1360	Yszk * Hbzc	-0.1431 ***	-0.1849 ***	Yfkx * Hbzc	-0.1320	-0.2789 *
		(-1.02)	(-1.03)		(-1.09)	(-1.32)		(-2.85)	(-3.18)		(-1.55)	(-1.88)
Totale			-0.0017	Totale		0.0000	Totale		0.0002	Totale		-0.0021
			(-0.27)			(0.01)			(0.04)			(-0.42)
Yshj * Hbzc * Totale			0.0175	Yspj * Hbzc * Totale		0.0700	Yszk * Hbzc * Totale		0.0563	Yfkx * Hbzc * Totale		0.1659
			(0.50)			(0.90)			(0.71)			(1.32)
常数	—	0.0889 **	0.0855 *	—	0.0828 **	0.0858 **	—	0.0567	0.0512	0.1153 **	0.0802 **	0.0782 **
		(1.97)	(1.94)		(2.23)	(2.31)		(1.40)	(1.24)	(2.13)	(2.17)	(2.22)
年度	控制	不控制	不控制	控制	不控制	不控制	控制	不控制	不控制	控制	不控制	不控制
Wald chi^2	483.41 ***	179.34 ***	272.16 ***	711.33 ***	178.65 ***	301.83 ***	301.54 ***	127.91 ***	133.86 ***	240.06 ***	111.62 ***	117.19 ***
Corr1(p-value)	0.001	0.000	0.000	0.000	0.000	0.000	0.001	0.000	0.000	0.001	0.000	0.000
Corr2(p-value)	0.520	0.616	0.613	0.387	0.542	0.524	0.497	0.379	0.415	0.570	0.346	0.357
Sargan(p-value)	0.000	0.000	0.000	0.000	0.000	0.000	0.000	0.000	0.000	0.000	0.000	0.000
Hansen(p-value)	0.133	0.001	0.001	0.231	0.016	0.017	0.401	0.061	0.063	0.568	0.078	0.028
N	2047	2620	2620	2047	2620	2620	2047	2620	2620	2047	2620	0.0284

表 5-16　国有上市公司提供商业信用（应收项目）与现金持有增加量

	现金持有增加量（$Cashzj_t$）											
	Yshj	Yshj * Hbzc	Yshj * Hbzc * Totale	Yspj	Yspj * Hbzc	Yspj * Hbzc * Totale	Yszk	Yszk * Hbzc	Yszk * Hbzc * Totale	Yfkx	Yfkx * Hbzc	Yfkx * Hbzc * Totale
	1	2	3	4	5	6	7	8	9	10	11	12
L. cashzj	-0.1376 ***	-0.1191 ***	-0.1190 ***	-0.1422 ***	-0.1200 ***	-0.1085 ***	-0.1270 ***	-0.0993 ***	-0.1019 ***	-0.1525 ***	-0.1091 ***	-0.1112 ***
	(-3.94)	(-3.68)	(-3.57)	(-4.13)	(-3.82)	(-3.56)	(-3.05)	(-3.14)	(-3.16)	(-4.28)	(-3.72)	(-3.68)
L2. cashzj	-0.0260	-0.0210	-0.0174	-0.0199	-0.0107	-0.0054	-0.0140	-0.0016	-0.0005	-0.0145	-0.0068	-0.0080
	(-0.87)	(-0.83)	(-0.67)	(-0.68)	(-0.45)	(-0.23)	(-0.44)	(-0.07)	(-0.02)	(-0.49)	(-0.27)	(-0.31)
L3. cashzj	0.0333	0.0180	0.0184	0.0397	0.0198	0.0188	0.0306	0.0235	0.0234	0.0374	0.0237	0.0249
	(1.06)	(0.87)	(0.91)	(1.24)	(0.91)	(0.85)	(0.92)	(0.99)	(1.02)	(1.19)	(0.96)	(1.02)
L4. cashzj	-0.0064			0.0012			-0.0063			0.0020		
	(-0.26)			(0.05)			(-0.23)			(0.08)		
L. grow	0.0000	0.0000 *	0.0000 *	0.0000 *	0.0000 ***	0.0000 **	0.0000	0.0000 **	0.0000 ***	0.0000 **	0.0000 **	0.0000 **
	(1.62)	(1.87)	(1.83)	(1.83)	(2.61)	(2.31)	(1.62)	(2.50)	(2.58)	(2.55)	(2.38)	(2.40)
L. size	-0.0038 ***	-0.0038 ***	-0.0039 ***	-0.0046 ***	-0.0049 ***	-0.0053 ***	-0.0032 **	-0.0033 ***	-0.0036 ***	-0.0040 ***	-0.0042 ***	-0.0041 ***
	(-3.17)	(-3.70)	(-3.79)	(-3.29)	(-4.55)	(-4.66)	(-2.48)	(-3.22)	(-3.33)	(-3.02)	(-4.09)	(-3.98)
L. leverage	0.0438 ***	0.0451 ***	0.0426 ***	0.0485 ***	0.0545 ***	0.0542 ***	0.0450 ***	0.0501 ***	0.0496 ***	0.0510 ***	0.0530 ***	0.0520 ***
	(3.83)	(4.67)	(4.33)	(3.85)	(5.11)	(5.01)	(3.64)	(5.07)	(4.71)	(4.40)	(5.00)	(4.85)
L. zbkz	0.0697 ***	0.0660 ***	0.0681 ***	0.0791 ***	0.0816 ***	0.0848 ***	0.0810 ***	0.0772 ***	0.0793 ***	0.0738 ***	0.0779 ***	0.0782 ***
	(4.11)	(6.10)	(5.40)	(4.57)	(5.93)	(5.64)	(4.60)	(6.79)	(6.59)	(5.36)	(5.39)	(5.05)
L. zcyx	0.0653 ***	0.0665 ***	0.0681 ***	0.0648 ***	0.0670 ***	0.0705 ***	0.0644 ***	0.0661 ***	0.0673 ***	0.0733 ***	0.0672 ***	0.0670 ***
	(5.04)	(6.65)	(6.08)	(5.00)	(5.66)	(5.53)	(4.60)	(6.76)	(6.76)	(5.76)	(5.78)	(5.67)

续表

	现金持有增加量（$Cashzj_t$）											
	Yshj	Yshj * Hbzc	Yshj * Hbzc * Totale	Yspj	Yspj * Hbzc	Yspj * Hbzc * Totale	Yszk	Yszk * Hbzc	Yszk * Hbzc * Totale	Yfkx	Yfkx * Hbzc	Yfkx * Hbzc * Totale
	1	2	3	4	5	6	7	8	9	10	11	12
Hbzc		-0.0126 **	-0.0121 **		-0.0141 ***	-0.0133 ***		-0.0109 ***	-0.0119 ***		-0.0157 ***	-0.0157 ***
		(-2.54)	(-2.51)		(-3.78)	(-3.55)		(-2.86)	(-4.08)		(-4.30)	(-4.16)
Yshj	-0.2975 ***	-0.2418 ***	-0.2458 ***									
	(-6.06)	(-4.98)	(-4.63)									
L. yshj	0.3094 ***	0.2724 ***	0.2812 ***									
	(6.03)	(6.40)	(5.74)									
Yspj				-0.2350 ***	-0.2149 ***	-0.2102 ***						
				(-4.23)	(-3.33)	(-3.25)						
L. yspj				0.2277 ***	0.2537 ***	0.2583 ***						
				(4.42)	(4.87)	(5.00)						
Yszk							-0.5161 ***	-0.4752 ***	-0.4926 ***			
							(-5.87)	(-6.38)	(-7.76)			
L. yszk							0.5183 ***	0.5093 ***	0.4883 ***			
							(5.54)	(7.26)	(7.02)			
Yfkx										0.0176	-0.1058 **	-0.1123 *
										(0.21)	(-2.03)	(-1.96)
L. yfkx										0.1513 ***	0.0898 **	0.0841 **
										(3.21)	(2.24)	(2.10)

续表

	现金持有增加量（$Cashzj_t$）											
	Yshj	Yshj * Hbzc	Yshj * Hbzc * Totale	Yspj	Yspj * Hbzc	Yspj * Hbzc * Totale	Yszk	Yszk * Hbzc	Yszk * Hbzc * Totale	Yfkx	Yfkx * Hbzc	Yfkx * Hbzc * Totale
	1	2	3	4	5	6	7	8	9	10	11	12
Yshj * Hbzc		-0.0281	-0.0517 *	Yspj * Hbzc	-0.0552	-0.1259 **	Yszk * Hbzc	-0.0316	-0.0838 ***	Yfkx * Hbzc	0.0081	-0.0485
		(-1.09)	(-1.81)		(-1.15)	(-2.37)		(-0.93)	(-2.91)		(0.14)	(-0.75)
Totale			-0.0095 **	Totale		-0.0065 **	Totale		-0.0067 **	Totale		-0.0083 **
			(-2.23)			(-2.16)			(-2.28)			(-2.49)
Yshj * Hbzc * Totale			0.0274	Yspj * Hbzc * Totale		0.0848 **	Yszk * Hbzc * Totale		0.0945 **	Yfkx * Hbzc * Totale		0.1027
			(1.25)			(2.08)			(2.34)			(1.53)
常数	—	0.0633 ***	0.0726 ***	0.0642 **	0.0851 ***	0.0963 ***	0.0359	0.0505 **	0.0631 ***	—	0.0712 ***	0.0747 ***
		(2.83)	(3.20)	(2.22)	(3.80)	(4.05)	(1.26)	(2.31)	(2.68)		(3.33)	(3.47)
年度	控制	不控制	不控制	控制	不控制	不控制	控制	不控制	不控制	控制	不控制	不控制
Wald chi^2	183.39 ***	248.01 ***	180.09 ***	123.82 ***	123.49 ***	130.61	159.88 ***	173.58 ***	171.63 ***	134.88 ***	98.73 ***	96.45 ***
Corr1(p-value)	0.000	0.000	0.000	0.000	0.001	0.000	0.000	0.000	0.000	0.000	0.000	0.000
Corr2(p-value)	0.784	0.770	0.803	0.595	0.861	0.811	0.801	0.833	0.895	0.808	0.840	0.778
Sargan(p-value)	0.000	0.000	0.000	0.000	0.000	0.000	0.000	0.000	0.000	0.000	0.000	0.000
Hansen(p-value)	0.508	0.502	0.143	0.496	0.622	0.591	0.107	0.534	0.385	0.378	0.255	0.132
N	3131	3966	3966	3131	3966	3966	3131	3966	3966	3131	3966	3966

营环境的调整；而它们当期应收票据对当期现金持有增加量的影响，虽不受货币政策的调整，但是紧缩货币政策下，当期应收票据对现金持有增加量的影响都会受到经营环境的调整；两者当期预付账款与当期现金持有增加量的关系，也都不会受到货币政策和经营环境的影响。③两类公司相关系数（绝对值）都是应收账款的系数最大，应收票据次之，预付账款最小，也就是说三者对当期现金持有增加量的影响，是应收账款最大、应收票据次之，预付账款最小。

两类公司不同的地方：①货币政策、经营环境会显著影响国有上市公司的现金持有增加量，而民营上市公司现金持有增加量不受两者的影响。②民营上市公司当期应收账款对现金持有增加量的影响会受到货币政策的调整，但是不受经营环境的影响；而国有上市公司当期应收账款对现金持有增加量的影响即不会受到货币政策的调整，也不会受到经营环境的调整。

5.3.3.2 企业获得商业信用与现金持有增加量

表5－18至表5－20为全体样本、民营和国有上市公司获得商业信用（应付合计）及其细分项与企业当期现金增加量间的分析结果，与之前期末现金持有量的结果相比较，没有发生实质性改变。

同样将表5－18至表5－20三组样本的分析结果进行了总结，如表5－17所示。从表5－17中可以得到，整体样本组基本上是民营、国有样本组的综合，而民营、国有之间既相类似，也存在不同的地方。

民营、国有上市公司相类似的地方：①两类公司当期的应付账款与现金增加量间都显著负相关，而滞后一期又都显著正相关；两者应付票据的当期和滞后一期与现金增加量间都无显著相关性；两者预收账款的当期与现金增加量显著正相关，而滞后一

表 5－17　　　　三组样本结果的比较

	现金持有增加量（$Cashzj_t$）		
	整体样本	民营上市公司	国有上市公司
货币政策	－	无	－
经营环境	无	无	－/无
当期应付合计	－	－	无
滞后一期应付合计	+	+	+/无
货币政策 * 当期应付合计	－	无	－
货币政策 * 当期应付合计 * 经营环境	无	无	+
应付票据	无	无	无
滞后一期应付票据	无	无	无
货币政策 * 当期应付票据	无	无	无
货币政策 * 当期应付票据 * 经营环境	+	无	+
应付账款	－	－	－
滞后一期应付账款	+	+	+
货币政策 * 当期应付账款	－	－	无
货币政策 * 当期应付账款 * 经营环境	+	无	+
预收账款	+	+	+
滞后一期预收账款	无	无	无
货币政策 * 当期预收账款	无	－	－
货币政策 * 当期预收账款 * 经营环境	无	无	无

期则无显著相关性。②两者应付票据与现金增加量间的关系都不受货币政策的影响；两者预收账款与现金增加量的关系会受到货

表 5－18　　全部样本获得商业信用（应付项目）与现金持有增加量

	现金持有增加量（$Cashzj_t$）											
	Yfhj	Yfhj * hbzc	Yfhj * Hbzc * Totale	Yfpj	Yfpj * Hbzc	Yfpj * Hbzc * Totale	Yfzk	Yfzk * Hbzc	Yfzk * Hbzc * Totale	Yyzk	Yyzk * Hbzc	Yyzk * Hbzc * Totale
	1	2	3	4	5	6	7	8	9	10	11	12
L. cashzj	-0.1544 ***	-0.1428 ***	-0.1487 ***	-0.1496 ***	-0.1408 ***	-0.1416 ***	-0.1393 ***	-0.1323 ***	-0.1292 ***	-0.1542 ***	-0.1474 ***	-0.1495 ***
	(-5.18)	(-5.88)	(-6.15)	(-5.27)	(-5.77)	(-5.84)	(-4.59)	(-5.39)	(-5.23)	(-5.37)	(-6.28)	(-6.44)
L2. cashzj	-0.0496	-0.0566 **	-0.0569 **	-0.0209	-0.0397 *	-0.0376 *	-0.0447	-0.0492 **	-0.0412 *	-0.0430	-0.0516 **	-0.0523 ***
	(-1.62)	(-2.52)	(-2.56)	(-0.65)	(-1.67)	(-1.65)	(-1.55)	(-2.22)	(-1.90)	(-1.41)	(-2.52)	(-2.60)
L3. cashzj	0.0309	-0.0102	-0.0092	0.0482 *	0.0039	0.0054	0.0340	0.0001	0.0025	0.0236	-0.0030	-0.0018
	(1.09)	(-0.54)	(-0.49)	(1.77)	(0.21)	(0.29)	(1.27)	(0.00)	(0.14)	(0.90)	(-0.17)	(-0.10)
L4. cashzj	0.0131			0.0294			0.0141			0.0100		
	(0.66)			(1.50)			(0.76)			(0.51)		
L. grow	0.0000	0.0000	0.0000	0.0000 **	0.0000 *	0.0000 *	0.0000	0.0000	0.0000	0.0000	0.0000	0.0000
	(0.26)	(0.80)	(0.79)	(2.08)	(1.67)	(1.91)	(0.55)	(0.57)	(0.71)	(1.63)	(1.28)	(1.10)
L. size	-0.0075 ***	-0.0051 ***	-0.0049 ***	-0.0072 ***	-0.0039 ***	-0.0040 ***	-0.0072 ***	-0.0044 ***	-0.0041 ***	-0.0072 ***	-0.0046 ***	-0.0046 ***
	(-5.67)	(-4.80)	(-4.66)	(-5.68)	(-2.84)	(-2.83)	(-5.45)	(-4.60)	(-3.87)	(-5.41)	(-3.88)	(-4.00)
L. leverage	0.0481 ***	0.0139	0.0132	0.0772 ***	0.0237	0.0244	0.0640 ***	0.0092	0.0132	0.0703 ***	0.0188	0.0172
	(3.23)	(0.65)	(0.63)	(5.84)	(0.83)	(0.83)	(4.63)	(0.54)	(0.64)	(5.29)	(0.73)	(0.72)
L. zbkz	0.0706 ***	0.0381 *	0.0378 *	0.0787 ***	0.0451 *	0.0464 *	0.0780 ***	0.0441 **	0.0478 **	0.0700 ***	0.0393 *	0.0381 *
	(5.24)	(1.80)	(1.79)	(6.46)	(1.75)	(1.79)	(5.79)	(2.48)	(2.47)	(5.82)	(1.68)	(1.74)
L. zcyx	0.0989 ***	0.0684 ***	0.0665 ***	0.0866 ***	0.0648 ***	0.0670 ***	0.0802 ***	0.0744 ***	0.0660 ***	0.0856 ***	0.0700 ***	0.0689 ***
	(6.90)	(4.89)	(4.71)	(7.87)	(3.49)	(3.47)	(6.75)	(6.30)	(5.26)	(7.23)	(4.30)	(4.37)

续表

	现金持有增加量（$Cashzj_t$）											
	Yfhj	Yfhj * hbzc	Yfhj * Hbzc * Totale	Yfpj	Yfpj * Hbzc	Yfpj * Hbzc * Totale	Yfzk	Yfzk * Hbzc	Yfzk * Hbzc * Totale	Yyzk	Yyzk * Hbzc	Yyzk * Hbzc * Totale
	1	2	3	4	5	6	7	8	9	10	11	12
Hbzc		-0.0036 *	-0.0042 *		-0.0111 ***	-0.0117 ***		-0.0184 ***	-0.0120 ***		-0.0070 **	-0.0068 **
		(-1.73)	(-1.86)		(-3.48)	(-3.63)		(-6.86)	(-4.11)		(-2.12)	(-2.08)
Yfhj	-0.1492 ***	-0.0665	-0.0698									
	(-3.01)	(-1.55)	(-1.50)									
L. yfhj	0.1657 ***	0.1585 ***	0.1580 ***									
	(3.25)	(3.44)	(3.28)									
Yfpj				0.0097	0.0467	0.0473						
				(0.22)	(0.94)	(0.98)						
L. yfpj				0.0364	0.0159	0.0107						
				(0.77)	(0.44)	(0.32)						
Yfzk							-0.3804 ***	-0.4008 ***	-0.3625 ***			
							(-3.98)	(-5.30)	(-4.48)			
L. yy							0.4310 ***	0.5072 ***	0.5134 ***			
							(4.96)	(7.50)	(6.90)			
Yyzk										0.1558 **	0.1509 ***	0.1572 ***
										(2.42)	(3.67)	(3.85)
L. yyzk										-0.0491	-0.0086	-0.0102
										(-1.23)	(-0.24)	(-0.30)

续表

	现金持有增加量 ($Cashzj_t$)											
	Yfhj	Yfhj * hbzc	Yfhj * Hbzc * Totale	Yfpj	Yfpj * Hbzc	Yfpj * Hbzc * Totale	Yfzk	Yfzk * Hbzc	Yfzk * Hbzc * Totale	Yyzk	Yyzk * Hbzc	Yyzk * Hbzc * Totale
	1	2	3	4	5	6	7	8	9	10	11	12
Yfhj * Hbzc		-0.0454 **	-0.0504 **	Yfpj * Hbzc	-0.0666	-0.1051 **	Yfzk * Hbzc	-0.1183 ***	-0.1117 ***	Yfkx * Hbzc	-0.0387	-0.0435
		(-2.01)	(-2.04)		(-1.58)	(-2.28)		(-5.13)	(-3.02)		(-1.12)	(-1.08)
Totale			-0.0035	Totale		-0.0047	Totale		-0.0035	Totale		-0.0007
			(-0.85)			(-1.56)			(-1.32)			(-0.23)
Yfhj * Hbzc *			0.0108	Yfpj * Hbzc *		0.0687 **	Yfzk * Hbzc *		0.0768 **	Yfkx * Hbzc *		0.0007
Totale			(0.50)	Totale		(2.02)	Totale		(2.04)	Totale		(0.02)
常数	0.1015 ***	0.0917 ***	0.0924 ***	—	0.0773 ***	0.0817 ***	—	0.0859 ***	0.0765 ***	—	0.0862 ***	0.0862 ***
	(4.06)	(4.90)	(4.83)		(3.88)	(3.97)		(4.59)	(3.96)		(4.60)	(4.69)
年度	控制	不控制	不控制	控制	不控制	不控制	控制	不控制	不控制	控制	不控制	不控制
Wald chi^2	167.41 ***	177.75 ***	169.09 ***	189.51 ***	138.50 ***	144.22 ***	252.45 ***	226.34 ***	212.95 ***	191.91 ***	168.75 ***	174.52 ***
Corr1(p-value)	0.000	0.000	0.000	0.000	0.000	0.000	0.000	0.000	0.000	0.000	0.000	0.000
Corr2(p-value)	0.378	0.488	0.438	0.402	0.368	0.338	0.357	0.780	0.627	0.308	0.444	0.441
Sargan(p-value)	0.000	0.000	0.000	0.000	0.000	0.000	0.000	0.000	0.000	0.000	0.000	0.000
Hansen(p-value)	0.004	0.001	0.000	0.015	0.004	0.004	0.354	0.067	0.084	0.001	0.001	0.003
N	5178	6586	6586	5178	6586	6586	5178	6586	6586	5178	6586	6586

表 5－19　　民营上市公司获得商业信用（应付项目）与现金持有增加量

	现金持有增加量（$Cashzj_t$）											
	Yfhj	Yfhj * hbzc	Yfhj * Hbzc * Totale	Yfpj	Yfpj * Hbzc	Yfpj * Hbzc * Totale	Yfzk	Yfzk * Hbzc	Yfzk * Hbzc * Totale	Yyzk	Yyzk * Hbzc	Yyzk * Hbzc * Totale
	1	2	3	4	5	6	7	8	9	10	11	12
L. cashzj	－0.2290 ***	－0.2166 ***	－0.2190 ***	－0.2143 ***	－0.2163 ***	－0.2128 ***	－0.2205 ***	－0.1911 ***	－0.1919 ***	－0.2258 ***	－0.2224 ***	－0.2256 ***
	(－5.61)	(－7.39)	(－6.98)	(－5.18)	(－6.64)	(－6.52)	(－5.53)	(－6.99)	(－6.89)	(－5.22)	(－7.28)	(－7.35)
L2. cashzj	－0.1144 **	－0.1236 ***	－0.1243 ***	－0.0988 **	－0.1204 ***	－0.1144 ***	－0.1028 **	－0.1201 ***	－0.1175 ***	－0.1187 **	－0.1238 ***	－0.1240 ***
	(－2.23)	(－4.41)	(－3.84)	(－2.00)	(－3.35)	(－3.16)	(－2.24)	(－4.76)	(－4.54)	(－2.41)	(－3.77)	(－3.76)
L3. cashzj	－0.0289	－0.0529 **	－0.0493 **	－0.0195	－0.0486 *	－0.0407	－0.0241	－0.0463 *	－0.0368	－0.0381	－0.0497 **	－0.0496 **
	(－0.64)	(－2.19)	(－2.09)	(－0.43)	(－1.80)	(－1.51)	(－0.58)	(－1.84)	(－1.44)	(－0.86)	(－2.01)	(－1.99)
L4. cashzj	－0.0041			0.0127			0.0023			－0.0073		
	(－0.13)			(0.43)			(0.08)			(－0.24)		
L. grow	0.0000	0.0000 **	0.0000 *	0.0000 ***	0.0000 ***	0.0000 ***	0.0000 ***	0.0000 ***	0.0000 ***	0.0000	0.0000 ***	0.0000
	(1.31)	(2.04)	(1.87)	(3.85)	(3.18)	(2.90)	(2.82)	(3.29)	(3.17)	(1.38)	(2.79)	(1.09)
L. size	－0.0076 **	－0.0044 **	－0.0043 **	－0.0077 ***	－0.0035 *	－0.0034 *	－0.0073 ***	－0.0024	－0.0024	－0.0076 ***	－0.0050 ***	－0.0051 ***
	(－2.55)	(－2.50)	(－2.37)	(－2.80)	(－1.85)	(－1.79)	(－3.00)	(－1.38)	(－1.41)	(－2.63)	(－2.81)	(－2.78)
L. leverage	0.0493 ***	－0.0037	－0.0048	0.0664 ***	－0.0009	－0.0018	0.0591 ***	－0.0025	－0.0034	0.0535 ***	－0.0031	－0.0035
	(2.67)	(－0.27)	(－0.39)	(3.28)	(－0.05)	(－0.10)	(3.75)	(－0.20)	(－0.30)	(2.68)	(－0.20)	(－0.23)
L. zbkz	0.0525 ***	0.0010	－0.0017	0.0610 ***	0.0018	0.0004	0.0598 ***	0.0056	0.0048	0.0503 ***	0.0019	0.0007
	(2.91)	(0.07)	(－0.12)	(3.44)	(0.10)	(0.02)	(3.80)	(0.41)	(0.38)	(2.68)	(0.11)	(0.04)
L. zcyx	0.1089 ***	0.0652 ***	0.0596 ***	0.1139 ***	0.0578 ***	0.0565 ***	0.0953 ***	0.0566 ***	0.0539 ***	0.1072 ***	0.0660 ***	0.0674 ***
	(4.58)	(3.57)	(3.32)	(4.97)	(2.62)	(2.70)	(4.50)	(3.07)	(2.94)	(4.50)	(3.34)	(3.43)

续表

	现金持有增加量（$Cashzj_t$）											
	Yfhj	Yfhj * hbzc	Yfhj * Hbzc * Totale	Yfpj	Yfpj * Hbzc	Yfpj * Hbzc * Totale	Yfzk	Yfzk * Hbzc	Yfzk * Hbzc * Totale	Yyzk	Yyzk * Hbzc	Yyzk * Hbzc * Totale
	1	2	3	4	5	6	7	8	9	10	11	12
Hbzc		0.0015	0.0024		-0.0057	-0.0071		-0.0055	-0.0056		0.0003	0.0009
		(0.18)	(0.26)		(-1.01)	(-1.24)		(-1.20)	(-1.19)		(0.05)	(0.15)
Yfhj	-0.2129 ***	-0.1019 **	-0.0857 *									
	(-2.98)	(-2.24)	(-1.66)									
L. yfhj	0.1767 ***	0.1937 ***	0.1720 ***									
	(3.23)	(6.20)	(4.70)									
Yfpj				-0.0290	0.0256	0.0120						
				(-0.35)	(0.30)	(0.14)						
L. yfpj				0.0281	0.0030	-0.0109						
				(0.38)	(0.05)	(-0.20)						
Yfzk							-0.5203 ***	-0.4147 ***	-0.4197 ***			
							(-2.73)	(-3.67)	(-3.61)			
L. yy							0.4852 ***	0.5587 ***	0.5609 ***			
							(4.17)	(5.82)	(5.96)			
Yyzk										0.0772 *	0.1565 ***	0.1579 **
										(1.76)	(2.62)	(2.45)
L. yyzk										0.0477	0.0400	0.0417
										(0.75)	(0.94)	(0.92)

续表

	现金持有增加量（$Cashzj_t$）											
	Yfhj	Yfhj * hbzc	Yfhj * Hbzc * Totale	Yfpj	Yfpj * Hbzc	Yfpj * Hbzc * Totale	Yfzk	Yfzk * Hbzc	Yfzk * Hbzc * Totale	Yyzk	Yyzk * Hbzc	Yyzk * Hbzc * Totale
	1	2	3	4	5	6	7	8	9	10	11	12
Yfhj * Hbzc		-0.0504	-0.0405	Yfpj * Hbzc	-0.0741	-0.0842	Yfzk * Hbzc	-0.0936 ***	-0.1414 **	Yfkx * Hbzc	-0.1030 **	-0.1395 **
		(-1.27)	(-0.87)		(-0.98)	(-1.08)		(-2.64)	(-2.46)		(-1.96)	(-2.30)
Totale			0.0044	Totale		-0.0010	Totale		0.0027	Totale		-0.0010
			(0.69)			(-0.23)			(0.63)			(-0.24)
Yfhj * Hbzc * Totale			-0.0260	Yfpj * Hbzc * Totale		0.0397	Yfzk * Hbzc * Totale		0.0507	Yfkx * Hbzc * Totale		0.0366
			(-0.76)			(0.57)			(0.77)			(0.91)
常数	—	0.0874 **	0.0835 **	—	0.0827 **	0.0824 **	—	0.0482	0.0489	0.1202 **	-0.1030 **	0.1060 ***
		(2.47)	(2.31)		(2.32)	(2.28)		(1.35)	(1.35)	(2.16)	(-1.96)	(2.95)
年度	控制	不控制	不控制	控制	不控制	不控制	控制	不控制	不控制	控制	不控制	不控制
Wald chi^2	146.40 ***	232.45 ***	143.76 ***	220.15 ***	92.64 ***	90.64 ***	209.18 ***	146.70 ***	150.38 ***	106.61 ***	104.12 ***	106.15 ***
Corr1(p-value)	0.000	0.000	0.000	0.000	0.000	0.000	0.000	0.000	0.000	0.000	0.000	0.000
Corr2(p-value)	0.437	0.473	0.504	0.429	0.425	0.433	0.452	0.854	0.900	0.422	0.422	0.412
Sargan(p-value)	0.000	0.000	0.000	0.000	0.000	0.000	0.000	0.000	0.000	0.000	0.000	0.000
Hansen(p-value)	0.099	0.072	0.022	0.559	0.104	0.081	0.411	0.470	0.318	0.036	0.080	0.054
N	2047	2620	2620	2047	2620	2620	2047	2620	2620	2047	2620	2620

表 5-20　　国有上市公司获得商业信用（应付项目）与现金持有增加量

	现金持有增加量（$Cashzj_t$）											
	Yfhj	Yfhj * hbzc	Yfhj * Hbzc * Totale	Yfpj	Yfpj * Hbzc	Yfpj * Hbzc * Totale	Yfzk	Yfzk * Hbzc	Yfzk * Hbzc * Totale	Yyzk	Yyzk * Hbzc	Yyzk * Hbzc * Totale
	1	2	3	4	5	6	7	8	9	10	11	12
L. cashzj	-0.1849 ***	-0.1594 ***	-0.1187 ***	-0.1510 ***	-0.1191 ***	-0.1187 ***	-0.1826 ***	-0.1503 ***	-0.1578 ***	-0.1647 ***	-0.1108 ***	-0.1087 ***
	(-2.68)	(-3.65)	(-3.81)	(-4.15)	(-3.78)	(-3.81)	(-4.09)	(-3.80)	(-4.33)	(-3.31)	(-3.53)	(-3.54)
L2. cashzj	-0.0213	-0.0319	-0.0013	-0.0099	-0.0074	-0.0013	-0.0107	-0.0029	-0.0015	-0.0148	-0.0064	-0.0015
	(-0.59)	(-1.17)	(-0.05)	(-0.35)	(-0.30)	(-0.05)	(-0.37)	(-0.11)	(-0.06)	(-0.45)	(-0.26)	(-0.06)
L3. cashzj	0.0529 *	0.0073	0.0395 *	0.0500	0.0384	0.0395 *	0.0481 *	0.0239	0.0312	0.0465	0.0267	0.0292
	(1.80)	(0.33)	(1.66)	(1.62)	(1.62)	(1.66)	(1.75)	(1.14)	(1.50)	(1.48)	(1.10)	(1.20)
L4. cashzj	0.0058			0.0152			0.0087			0.0101		
	(0.26)			(0.64)			(0.39)			(0.44)		
L. grow	0.0000 *	0.0000 **	0.0000 ***	0.0000 **	0.0000 ***	0.0000 ***	0.0000 **	0.0000 **	0.0000 *	0.0000 **	0.0000 **	0.0000 **
	(1.91)	(2.56)	(2.86)	(2.29)	(2.64)	(2.86)	(2.03)	(2.00)	(1.76)	(2.24)	(2.26)	(2.28)
L. size	-0.0052 ***	-0.0041 ***	-0.0040 ***	-0.0037 ***	-0.0035 ***	-0.0040 ***	-0.0045 **	-0.0037 ***	-0.0037 ***	-0.0047 ***	-0.0046 ***	-0.0045 ***
	(-2.61)	(-3.83)	(-3.69)	(-2.76)	(-3.30)	(-3.69)	(-2.46)	(-3.77)	(-3.49)	(-3.24)	(-4.24)	(-4.17)
L. leverage	0.0441 *	0.0465 ***	0.0586 ***	0.0505 ***	0.0562 ***	0.0586 ***	0.0622 **	0.0560 ***	0.0594 ***	0.0366 **	0.0504 ***	0.0498 ***
	(1.70)	(3.47)	(5.42)	(3.93)	(5.25)	(5.42)	(2.43)	(3.23)	(3.59)	(2.31)	(4.40)	(4.28)
L. zbkz	0.0589 ***	0.0853 ***	0.0870 ***	0.0849 ***	0.0827 ***	0.0870 ***	0.0713 ***	0.0829 ***	0.0824 ***	0.0749 ***	0.0787 ***	0.0785 ***
	(3.03)	(8.38)	(6.95)	(5.46)	(6.58)	(6.95)	(3.05)	(6.75)	(7.27)	(5.60)	(5.45)	(5.14)
L. zcyx	0.0885 ***	0.0780 ***	0.0767 ***	0.0751 ***	0.0716 ***	0.0767 ***	0.0686 ***	0.0702 ***	0.0706 ***	0.1030 ***	0.0725 ***	0.0732 ***
	(3.78)	(8.40)	(6.77)	(6.01)	(6.42)	(6.77)	(3.80)	(7.71)	(7.14)	(4.72)	(6.14)	(6.01)

续表

	现金持有增加量（$Cashzj_t$）											
	Yfhj	Yfhj * hbzc	Yfhj * Hbzc * Totale	Yfpj	Yfpj * Hbzc	Yfpj * Hbzc * Totale	Yfzk	Yfzk * Hbzc	Yfzk * Hbzc * Totale	Yyzk	Yyzk * Hbzc	Yyzk * Hbzc * Totale
	1	2	3	4	5	6	7	8	9	10	11	12
Hbzc		-0.0083 *	-0.0168 ***		-0.0162 ***	-0.0168 ***		-0.0107 **	-0.0195 ***		-0.0112 ***	-0.0111 ***
		(-1.88)	(-4.73)		(-4.56)	(-4.73)		(-1.99)	(-5.96)		(-3.14)	(-3.11)
Yfhj	-0.0031	-0.0558	0.0808									
	(-0.04)	(-1.15)	(1.55)									
L. yfhj	0.1481 ***	0.1303 ***	-0.0112									
	(2.90)	(2.98)	(-0.31)									
Yfpj				0.0233	0.0736	0.0808						
				(0.57)	(1.34)	(1.55)						
L. yfpj				0.0707	0.0026	-0.0112						
				(1.34)	(0.07)	(-0.31)						
Yfzk							-0.3619 ***	-0.3705 ***	-0.4067 ***			
							(-3.41)	(-3.77)	(-3.95)			
L. yy							0.4713 ***	0.4534 ***	0.4172 ***			
							(2.96)	(4.60)	(3.87)			
Yyzk										0.3833 **	0.1556 ***	0.1584 ***
										(2.26)	(2.77)	(2.96)
L. yyzk										-0.0104	-0.0511	-0.0545
										(-0.15)	(-0.94)	(-1.08)

续表

	现金持有增加量（$Cashzj_t$）											
	Yfhj	Yfhj * hbzc	Yfhj * Hbzc * Totale	Yfpj	Yfpj * Hbzc	Yfpj * Hbzc * Totale	Yfzk	Yfzk * Hbzc	Yfzk * Hbzc * Totale	Yyzk	Yyzk * Hbzc	Yyzk * Hbzc * Totale
	1	2	3	4	5	6	7	8	9	10	11	12
Yfhj * Hbzc		-0.0453 **	-0.0976 *	Yfpj * Hbzc	-0.0512	-0.0976 *	Yfzk * Hbzc	-0.0700	-0.0855 **	Yfkx * Hbzc	-0.1030 **	-0.0343
		(-2.07)	(-1.92)		(-1.14)	(-1.92)		(-1.61)	(-2.05)		(-1.96)	(-0.72)
Totale			-0.0082 ***	Totale		-0.0082 ***	Totale		-0.0081 **	Totale		-0.0035
			(-2.58)			(-2.58)			(-2.57)			(-1.05)
Yfhj * Hbzc * Totale			0.0938 **	Yfpj * Hbzc * Totale		0.0938 **	Yfzk * Hbzc * Totale		0.1176 ***	Yfkx * Hbzc * Totale		0.0199
			(2.52)			(2.52)			(2.64)			(0.39)
常数	0.0468	0.0571 **	0.0637 ***	—	0.0510 **	0.0637 ***	0.0419	0.0508 ***	0.0632 ***	—	0.0731 ***	0.0733 ***
	(1.15)	(2.54)	(2.86)		(2.33)	(2.86)	(1.15)	(2.65)	(2.99)		(3.34)	(3.37)
年度	控制	不控制	不控制	控制	不控制	不控制	控制	不控制	不控制	控制	不控制	不控制
Wald chi^2	92.83 ***	209.21 ***	114.81 ***	111.86 ***	106.37 ***	114.81 ***	125.88 ***	184.74 ***	161.70 ***	117.34 ***	121.97 ***	120.99 ***
Corr1(p-value)	0.000	0.001	0.000	0.000	0.001	0.000	0.000	0.000	0.001	0.000	0.000	0.000
Corr2(p-value)	0.923	0.851	0.841	0.748	0.700	0.841	0.642	0.522	0.399	0.753	0.626	0.674
Sargan(p-value)	0.000	0.000	0.000	0.000	0.000	0.000	0.000	0.000	0.000	0.000	0.000	0.000
Hansen(p-value)	0.276	0.114	0.263	0.200	0.167	0.263	0.250	0.231	0.273	0.053	0.163	0.234
N	3131	3966	3966	3131	3966	3966	3131	3966	3966	3131	3966	3966

币政策的调整，但是不受经营环境的影响。

两类公司不同的地方：①货币政策、经营环境会显著影响国有上市公司的现金持有增加量，而民营上市公司现金持有增加量不受两者的影响。②民营上市公司当期和滞后一期应付合计与现金增加量间为显著负相关和显著正相关，但是都不受货币政策和经营环境的影响；国有上市公司应付合计对现金增加量的影响，在不同货币政策和经营环境中会有所不同。③民营上市公司应付账款与现金增加量间的关系会受到货币政策的影响，但是不会受到经营环境的影响；而国有上市公司则相反，应付账款与现金增加量间的关系不会受到货币政策的影响，但是会受到经营环境的影响。

5.4　小结

本章在之前章节讨论企业对外提供和获得商业信用与现金持有关系的基础上，进一步引入了提供商业信用（应收项目）细分项、获得商业信用（应付项目）细分项对企业现金持有的影响，同时还加入货币政策以及企业所处经营环境进行讨论，以期获得对下述问题解答的有益信息。问题包括：应收项目（应收票据、应收账款以及预付账款）、应付项目（应付票据、应付账款以及预收账款）分别对企业现金持有是否有显著性影响？影响的方向和程度又如何？不同货币政策时期，企业提供和获取的商业信用，以及它们的细分项对现金持有又将会有着什么样的影响？不同经营环境区域内企业现金持有策略有什么不同？商业信用细分项对企业现金持有的影响，是否会受到经营环境的影响？货币政策、经营环境同时作用下又是如何？本章同样也采用系统

GMM 方法来估计动态面板的模型参数，本章研究的主要结果为：

（1）整体、民营和国有上市公司当期和滞后一期对外提供的商业信用（应收合计）以及应收项目细分项对企业当期现金持有都有显著性影响，具体来说应收合计、应收票据、应收账款和预付账款都是当期与现金持有显著负相关，滞后一期显著正相关。

（2）不同货币政策、不同经营环境也会对国有上市现金持有产生显著影响，紧缩货币政策时期和经营环境水平较低地区，国有上市公司都会持有较多的现金；而货币政策对民营上市公司现金持有无显著性影响，经营环境在有的模型中与当期现金持有显著负相关，在有的模型中虽负相关但是不显著。

（3）整体、民营和国有上市公司对外提供商业信用及其细分项、获得商业信用及其细分项对企业当期现金持有的影响，受到货币政策和经营环境的作用会因细分项的不同而有所不同。

（4）从应收票据、应收账款和预付账款与现金持有之间的相关系数（绝对值）来看，整体、民营和国有上市公司都是应收账款的系数最大，应收票据次之，预付账款最小，也就是说三者对当期现金持有的影响，是应收账款最大、应收票据次之，预付账款最小。

（5）整体样本上市公司的应付合计和应付账款都是当期与现金持有显著负相关，滞后一期显著正相关。应付票据无论当期还是滞后一期对当期现金持有却无显著相关性；当期预收账款越多，企业当期现金持有也就越多；而滞后一期预收账款与当期现金持有间无显著相关性。

（6）民营上市公司的应付合计和应付账款都是当期与现金持有显著负相关，滞后一期显著正相关，而应付票据和预收账款的当期和滞后一期与现金持有都无显著相关性。

（7）国有上市公司的应付合计和应付账款都是当期与现金持有显著负相关，滞后一期显著正相关；当期预收账款与现金持有显著正相关，滞后一期则无显著相关性；应付票据的当期和滞后一期与现金持有都无显著相关性。

（8）以企业期末现金增加量替代之前所采用的期末现金持有量，对上述分析进行了稳健性检验，与之前的结果相比较，没有发生实质性改变。

第6章 银行短期贷款与现金持有水平的动态面板分析

6.1 引言

从之前章节的研究结果可以得到，面板VAR估计结果表明企业获得的银行短期贷款（Bankloan）的滞后一期与企业期末现金持有量（Qmcash）间存在显著正相关性；而动态面板系统GMM内生设定下的估计结果，在引入因变量滞后项以及其他可能产生影响的控制变量后，结果发现企业获得的银行短期贷款（Bankloan）的滞后一期和当期分别与企业期末现金持有量（Qmcash）显著正相关和显著负相关，即印证了面板VAR章节的结果，更进一步得出银行短期贷款（Bankloan）的当期与企业期末现金持有量（Qmcash）间存在显著负相关性。

正如第 5 章所分析，货币政策是各国政府干预和调节宏观经济的重要手段。当货币政策发生变化时（例如由宽松变为紧缩），企业面临的宏观经济环境随之发生改变，因此企业、债权人和股东的行为也可能发生改变（Gertler 和 Gilchrist，1994）。货币政策的变化必然会影响到银行的贷款行为，也会影响企业的财务行为，当然也就会影响到企业现金持有策略。那么不同货币政策时期，企业获得的短期银行贷款对现金持有将会有着什么样的影响？

与发达国家相比，我国企业的经营环境比较差，如法律和司法体系还不健全，产权保护比较缺乏，政府官员随意侵害企业产权的现象还时有发生，适合企业经营的社会诚信环境也比较落后，并且金融发展水平也比较落后（樊纲等，2009），我国不同区域的金融发展水平也存在较大的差异。金融发展水平的高低将直接影响银行的贷款行为，那么不同金融发展水平下，企业获得的银行短期贷款与现金持有之间有着什么样的关系？货币政策、金融发展水平同时作用下又是如何？

针对上述问题，目前还鲜有与之相关的报道。在之前章节的基础上，本章将围绕上述几个问题进行讨论，以期获得对上诉问题解答的有益信息。

6.2　研究样本和研究设计

6.2.1　样本选择与数据来源

本章研究以 2007 ~ 2014 年在沪深两市上市的企业为研究样

本。样本的选取原则与之前章节类似，企业特征数据来源于色诺芬和国泰安数据库，地区金融发展水平来源于《中国分省企业经营环境指数 2014 年报告》。最后，本章的样本包括 2007 ~ 2014 年 1410 家样本公司，共 11098 个样本观察值（包括缺失值），构成不平衡面板数据。

6.2.2 主要变量的定义

6.2.2.1 现金持有与银行短期贷款

本研究所涉及的变量主要包括：企业的期末现金持有量（Qmcash）、企业的现金持有增加量（Cashzj）、企业获得的银行短期贷款（Bankloan）。具体度量方法如下：

$$\text{期末现金持有量（Qmcash）}=\frac{\text{期末现金及现金等价物}}{\text{企业总资产}}$$

$$\text{现金持有增加量（Csahzj）}=\frac{\text{期末现金及现金等价物}-\text{期初现金及现金等价物}}{\text{企业总资产}}$$

$$\text{银行短期贷款（Bankloan）}=\frac{\text{银行短期贷款}}{\text{企业总资产}}$$

6.2.2.2 金融发展水平

选取《中国分省企业经营环境指数 2014 年报告》中的金融服务指数来度量。根据王小鲁等人的定义，这个指数越大，表示银行的发展水平越高，越可能基于经济原则进行放贷决策，贷款的额外成本越低。当企业所在省份的指数低于所有 30 个（除西藏）省份的中位数时，将金融服务质量虚拟变量 Jrfwe 定义为 1（表示金融发展水平相对较低），否则定义为 0。本章节之所以没有采用与第 5 章相类似的经营环境综合指数，是因为经营环境指数包括了政府行政管理、企业经营的法制环境、金融服务、人力资源供应、基础设施条件、中介组织和技术服务、企业经营的社会环境等 7 个方面的指数，而金融服务指数只是衡量银行发展水平的指数，能够更加恰当地传递货币政策通过影响银行贷款，进而对企业产生的影响。

6.2.2.3 货币政策

货币政策的定义方法参照第 4 章相关部分内容。

6.2.3 模型的设定

鉴于上述问题的分析，借鉴前面章节分析结果以及以往文献的经验，对本章的实证方程进行了如下设计：

$$cash_{i,t} = \alpha_0 + \sum_{j=1}^{p} \alpha_j cash_{i,t-j} + \beta_1 Bankloan_{i,t} + \beta_2 Bankloan_{i,t-1} + \beta' Control + \varepsilon \quad (1)$$

$$cash_{i,t} = \alpha_0 + \sum_{j=1}^{p} \alpha_j cash_{i,t-j} + \beta_1 Bankloan_{i,t} + \beta_2 Bankloan_{i,t-1} + \beta_3 Hbzc + \beta_4 Bankloan_{i,t} * Hbzc + \beta' Control + \varepsilon \quad (2)$$

$$cash_{i,t} = \alpha_0 + \sum_{j=1}^{p} \alpha_j cash_{i,t-j} + \beta_1 Bankloan_{i,t} + \beta_2 Bankloan_{i,t-1} + \beta_3 Hbzc + \beta_4 Bankloan_{i,t} * Hbzc + \beta_5 Jrfwe + \beta_6 Bankloan_{i,t} * Hbzc * Jrfwe + \beta' Control + \varepsilon \quad (3)$$

$$cash_{i,t} = \alpha_0 + \sum_{j=1}^{p} \alpha_j cash_{i,t-j} + \beta_1 Bankloan_{i,t} + \beta_2 Bankloan_{i,t-1} + \beta_3 Jrfwe + \beta_4 Bankloan_{i,t} * Jrfwe + \beta' Control + \varepsilon \quad (4)$$

$$cash_{i,t} = \alpha_0 + \sum_{j=1}^{p} \alpha_j cash_{i,t-j} + \beta_1 Bankloan_{i,t} + \beta_2 Bankloan_{i,t-1} + \beta_3 Jrfwe + \beta_4 Bankloan_{i,t} * Jrfwe + \beta_5 Hbzc + \beta_6 Bankloan_{i,t} * Hbzc * Jrfwe + \beta' Control + \varepsilon \quad (5)$$

其中，Cash 表示企业 t 期期末现金持有量；Bankloan 表示企业 t 期获得的银行短期贷款；Hbzc 为上文定义的货币政策虚拟变量；$Bankloan_{i,t} * Hbzc$ 表示企业当期获得的银行短期贷款与货币政策的交互项；Jrfwe 为金融发展水平虚拟变量；$Bankloan_{i,t}$ * Jrfwe 表示企业当期获得的银行短期贷款与金融发展水平的交互项；$Bankloan_{i,t}$ * Hbzc * Jrfwe 表示企业当期获得的银行短期贷款与货币政策以及金融发展水平的三项交互。Control 与前面章节相类似，为控制的其他可能影响因素，包括：企业规模 Size、主营业务增长率 Grow、企业财务杠杆 Leverage、资本开支 Zbkz、资产有形性 Zcyx。α_0 为常数项，ε 为一个服从正态分布的随机扰动。

6.3 实证结果与分析

本章实证分析的顺序是，首先以控制权性质分组对关键变量进行描述性统计，并用“独立样本 t 检验”比较主要变量的均值在两组之间是否有差异；其次通过动态面板的系统 GMM 分析来检验企业获得的银行短期贷款对现金持有量的影响；最后检验了在不同货币政策和金融发展水平条件下，企业获得的银行短期贷款对现金持有量又会产生什么样的影响。

6.3.1 主要变量的描述性统计

表 6－1 为主要变量的描述性统计，并用“独立样本 t 检验”比较了各个变量的均值在国有、民营两组之间的差异。两类公司主要变量间的均值比较结果为，国有上市公司期末现金持有量（Qmcash）在 1% 水平上显著低于民营上市公司，说明民营上市公司相对于国有上市公司将持有相对于总资产的更大比例的现金。而两类公司当期的现金增加量之间则没有显著性差异。国有上市公司获得的银行短期贷款在 1% 水平上显著低于民营上市公

司，说明国有上市公司获得银行短期贷款占总资产的比例显著低于民营上市公司，其原因可能是相对于民营上市公司，国有公司更容易获得长期贷款；货币政策、金融发展水平在两类公司间都无显著性差异。

表 6－1　　　　主要变量的描述性统计

	国有上市公司			民营上市公司			均值比较
	最小值	均值	最大值	最小值	均值	最大值	t 值
Qmcash	0	0. 1449	0. 9309	0	0. 1521	0. 9927	－3. 1625***
Cashzj	－2. 1602	0. 0122	0. 6640	－2. 4891	0. 0140	0. 9704	－0. 9964
Bankloan	0	0. 1589	0. 8984	0	0. 1720	0. 8958	－1. 8192*
Hbzc	0	0. 5011	1	0	0. 5014	1	－0. 0394
Jrfwe	0	0. 4668	1	0	0. 4621	1	0. 7606

6. 3. 2　企业获得银行短期贷款与期末现金持有量

根据前面章节的分析，在本章中同样也采用系统 GMM 方法来估计动态面板模型参数。本章同样给出了系统 GMM 检验相关的 Corr1 和 Corr2 统计量以及 Sargan 和 Hansen 统计量。

6. 3. 2. 1　整体样本结果分析

如表 6－2 所示，模型 1 为企业获得银行短期贷款的当期和滞后一期对整体样本上市公司当期期末现金持有的影响。其结果表明，整体样本上市公司当期的银行短期贷款与当期现金持有显著负相关，意味着企业在当期获得银行贷款越多，而其持有的现金量反而越少；而银行短期贷款的滞后一期与当期现金持有则显著正相关，说明企业前一期从银行获得的短期贷款越多，出于偿还贷款的需要，企业在当期就会持有较多的现金，与第 2 和第 3 章的结果相符。模型 2 至模型 4 为分别在模型 1 的基础上先后加入了货币政策、金融发展水平及相应交互项的结果，其中模型2的结果表明货币政策与现金持有显著负相关，说明在货币政策紧缩期，我国上市公司的现金持有的比例要低于货币宽松期，可以认为在货币政策宽松期企业从外部可以获得较多融资，因此可以持有较高比例的现金，与第4章的结果相符。模型3在模型2的基础上加入货币政策与当期银行短期贷款的交互项，结果显示两者交互项与当期现金持有显著负相关，结合当期银行短期贷款与当期现金持有显著负相关的结果，可以得到，在货币政策紧缩期，银行短期贷款与企业现金持有之间的负相关关系更强，也就是替代关系更强。模型4在模型2的基础上加入了金融发展水平虚拟变量，结果表明当期银行短期贷款、货币政策与金融发展水平三者交互（Bankloan * Hbzc * Jrfwe）对当期现金持有无显著性影响，也就是说紧缩货币政策时期，企业当期银行短期贷款与当期现金持有的关系，在不同金融发展水平下，不具有显著差异。

模型5至模型7为分别在模型1的基础上先后加入了金融发展水平、货币政策后的结果，模型5的结果表明，金融发展水平与当期现金持有无显著相关性，说明虽然不同地区金融发展水平不同，但是不同金融发展水平对公司现金持没有显著性的影响。模型6则表明金融发展水平与当期银行短期贷款的交互项与企业当期现金持有间也无显著相关性，意味着在不同金融发展水平下，企业当期短期银行贷款与当期现金持有间的关系并无不同。模型7的结果表明当期银行短期贷款、金融发展水平与货币政策三者交互（Bankloan * Jrfwe * Hbzc）对当期现金持有无显著性影响，也就是说在金融发展水平较差的区域，企业当期银行短期贷款与当期现金持有的关系，在不同货币政策时期，不具有显著差异。

6.3.2.2　民营上市公司结果分析

如表6-3所示，模型1为民营上市公司获得银行短期贷款的当期和滞后一期对公司当期期末现金持有的影响。其结果表明，民营上市公司当期的银行短期贷款与当期现金持有显著负相关，而银行短期贷款的滞后一期与当期现金持有则显著正相关，与第 2 和第 3 章的结果相符。模型 2 至模型 4 为分别在模型 1 的基础上先后加入了货币政策、金融发展水平及相应交互项的结果，其中模型 2 的结果表明，结果显示货币政策与现金持有虽然负相关但不显著，说明货币政策对我国民营上市公司现金持有没有显著性影响，与第 4 章的结果相符。模型 3 在模型 2 的基础上加入货币政策与当期银行贷款的交互项，结果显示两者交互项与当期现金持有显著负相关，说明在货币政策紧缩期，民营上市公司银行短期贷款与企业现金持有间的负相关关系更强，也就是替代关系更强。模型 4 在模型 2 的基础上加入了金融发展水平虚拟变量，结果表明当期银行短期贷款、货币政策与金融发展水平三者交互（Bankloan * Hbzc * Jrfwe）与当期现金持有显著负相关，意味着在紧缩货币政策时期，民营上市公司当期银行短期贷款与当期现金持有的替代关系，在金融发展水平下较差的区域，替代性更强。

模型 5 至模型 7 为分别在模型 1 的基础上先后加入了金融发展水平、货币政策后的结果，模型 5 的结果表明，金融发展水平与当期现金持有无显著相关性，说明虽然不同地区金融发展水平不同，但是不同金融发展水平对民营上市公司现金持没有显著性的影响。模型 6 则表明金融发展水平与当期银行短期贷款的交互项与企业当期现金持有之间也无显著相关性，意味着在不同金融发展水平下，民营上市公司当期银行短期贷款与当期现金持有间的关系并无不同。模型 7 的结果表明当期银行短期贷款、金融发展水平与货币政策三者交互（Bankloan * Hbzc * Jrfwe）与当期现金持有在接近 10% 水平下（t = 1. 64）显著负相关，也就是说在金融发展水平较差的区域，民营上市公司当期银行短期贷款与当期现金持有的关系，在不同货币政策时期，具有显著差异。

6.3.2.3 国有上市公司结果分析

如表6-4所示，模型1为国有上市公司获得银行短期贷款的当期和滞后一期对公司当期期末现金持有的影响。其结果表明，国有上市公司当期的银行短期贷款与当期现金持有显著负相关，而银行短期贷款的滞后一期与当期现金持有则显著正相关，与第2和第3章的结果相符。模型2至模型4为分别在模型1的基础上先后加入了货币政策、金融发展水平及相应交互项的结果，其中模型2的结果表明货币政策与现金持有显著负相关，说明在货币政策紧缩期，我国国有上市公司的现金持有的比例要低于货币宽松期，可以认为在货币政策宽松期企业从外部可以获得较多融资，因此可以持有较高比例的现金，与第4章的结果相符。模型3在模型2的基础上加入货币政策与当期银行贷款的交互项，结果显示两者交互项与当期现金持有显著负相关，说明在货币政策紧缩期，国有上市公司银行短期贷款与企业现金持有间的负相关关系更强，也就是替代关系更强。模型4在模型2的基础上加入了金融发展水平虚拟变量，结果表明当期银行短期贷款、货币政策与金融发展水平三者交互（Bankloan * Hbzc * Jrfwe）对当期现金持有无显著性影响，也就是说，紧缩货币政策时期，国有上市公司当期银行短期贷款与当期现金持有的关系，在不同金融发展水平下，不具有显著差异。

模型5至模型7为分别在模型1的基础上先后加入了金融发展水平、货币政策后的结果，模型5的结果表明，金融发展水平与当期现金持有无显著相关性，说明虽然不同地区金融发展水平不同，但是不同金融发展水平对国有上市公司现金持没有显著性

表 6－2　　全部样本上市公司银行短期贷款与期末现金持有量

	期末现金持有量（$Qmcash_t$）						
	全部样本上市公司－期末现金持有量－银行短期贷款－货币政策－金融服务				全部样本上市公司－期末现金持有量－银行短期贷款－金融服务－货币政策		
	Bankloan	Bankloan，Hbzc	Bankloan * Hbzc	Bankloan * Hbzc * Jrfwe	Bankloan，Jrfwe	Bankloan * Jrfwe	Bankloan * Hbzc * Jrfwe
	1	2	3	4	5	6	7
L. qmcash	0.6314 ***	0.6154 ***	0.6091 ***	0.6317 ***	0.6327 ***	0.6627 ***	0.6470 ***
	(14.72)	(17.08)	(16.63)	(17.63)	(14.80)	(15.14)	(17.56)
L2. qmcash	0.0907 ***	0.0700 ***	0.0693 ***	0.0735 ***	0.0921 ***	0.0883 ***	0.0717 ***
	(4.10)	(3.38)	(3.30)	(3.49)	(4.26)	(4.07)	(3.45)
L3. qmcash	0.0678 ***	0.0424 **	0.0346 *	0.0500 **	0.0695 ***	0.0831 ***	0.0567 ***
	(3.18)	(2.20)	(1.79)	(2.52)	(3.34)	(3.96)	(2.90)
L4. qmcash	-0.0301				-0.0287	-0.0217	
	(-1.60)				(-1.54)	(-1.16)	
L. grow	0.0000 ***	0.0000 **	0.0000 **	0.0000	0.0000 ***	0.0000	0.0000
	(3.08)	(2.20)	(2.25)	(1.43)	(3.05)	(1.01)	(0.61)
L. size	-0.0070 ***	-0.0061 ***	-0.0061 ***	-0.0057 ***	-0.0070 ***	-0.0072 ***	-0.0057 ***
	(-6.97)	(-6.47)	(-6.47)	(-6.36)	(-7.01)	(-6.68)	(-6.32)
L. leverage	0.0333 **	0.0015	0.0011	0.0033	0.0360 **	0.0482 ***	0.0049
	(2.27)	(0.27)	(0.21)	(0.39)	(2.45)	(3.38)	(0.47)

续表

	期末现金持有量（$Qmcash_t$）						
	全部样本上市公司－期末现金持有量－银行短期贷款－货币政策－金融服务				全部样本上市公司－期末现金持有量－银行短期贷款－金融服务－货币政策		
	Bankloan	Bankloan，Hbzc	Bankloan * Hbzc	Bankloan * Hbzc * Jrfwe	Bankloan，Jrfwe	Bankloan * Jrfwe	Bankloan * Hbzc * Jrfwe
	1	2	3	4	5	6	7
L. zbkz	0.0473 *** (3.43)	0.0185 * (1.88)	0.0198 ** (2.14)	0.0209 * (1.71)	0.0503 *** (3.63)	0.0629 *** (4.15)	0.0219 (1.45)
L. zcyx	0.0515 *** (3.20)	0.0296 ** (2.51)	0.0277 ** (2.36)	0.0361 *** (2.93)	0.0554 *** (3.43)	0.0684 *** (4.40)	0.0389 *** (2.75)
Bankloan	-0.0889 *** (-4.56)	-0.0796 *** (-5.97)	-0.0775 *** (-5.71)	-0.0915 *** (-5.22)	-0.0924 *** (-4.61)	-0.1220 *** (-5.39)	-0.1060 *** (-5.91)
L. bankloan	0.0879 *** (5.16)	0.0918 *** (5.40)	0.0918 *** (5.29)	0.0832 *** (3.90)	0.0908 *** (5.28)	0.0923 *** (4.44)	0.0847 *** (4.05)
Hbzc		-0.0071 *** (-3.31)	-0.0058 ** (-2.52)	-0.0052 * (-1.69)			-0.0064 ** (-1.97)
Bankloan * Hbzc			-0.0607 *** (-2.75)	-0.0607 *** (-2.82)			
Jrfwe				0.0016 (0.52)	0.0030 (1.31)	-0.0010 (-0.22)	-0.0013 (-0.32)

续表

	期末现金持有量（$Qmcash_t$）						
	全部样本上市公司 - 期末现金持有量 - 银行短期贷款 - 货币政策 - 金融服务				全部样本上市公司 - 期末现金持有量 - 银行短期贷款 - 金融服务 - 货币政策		
	Bankloan	Bankloan，Hbzc	Bankloan * Hbzc	Bankloan * Hbzc * Jrfwe	Bankloan，Jrfwe	Bankloan * Jrfwe	Bankloan * Hbzc * Jrfwe
	1	2	3	4	5	6	7
Bankloan * Jrfwe						0.0284 (1.28)	0.0096 (0.27)
Bankloan * Hbzc * Jrfwe				0.0065 (0.45)			
Bankloan * Hbzc * Jrfwe							0.0117 (0.51)
常数	0.1526 *** (5.53)	0.1631 *** (6.12)	0.1671 *** (6.23)	0.1491 *** (5.74)	0.1479 *** (5.50)	0.1404 *** (4.74)	0.1472 *** (5.48)
年度	不控制	不控制	不控制	不控制	不控制	不控制	不控制
Wald chi^2	994.56 ***	1120.63 ***	1077.49 ***	1356.09 ***	1006.89 ***	1121.94 ***	1511.63 ***
Corr1 (p - value)	0.000	0.000	0.000	0.000	0.000	0.000	0.000
Corr2 (p - value)	0.468	0.508	0.584	0.466	0.481	0.334	0.381

续表

	期末现金持有量（$Qmcash_t$）						
	全部样本上市公司 - 期末现金持有量 - 银行短期贷款 - 货币政策 - 金融服务				全部样本上市公司 - 期末现金持有量 - 银行短期贷款 - 金融服务 - 货币政策		
	Bankloan	Bankloan，Hbzc	Bankloan * Hbzc	Bankloan * Hbzc * Jrfwe	Bankloan，Jrfwe	Bankloan * Jrfwe	Bankloan * Hbzc * Jrfwe
	1	2	3	4	5	6	7
Sargan（p - value）	0.000	0.000	0.000	0.000	0.000	0.000	0.000
Hansen（p - value）	0.096	0.004	0.002	0.002	0.142	0.128	0.005
N	5161	6568	6568	6568	5161	5161	6568

说明：(1) ***、**、* 分别表示在 1%、5% 和 10% 水平上显著；(2) 表中结果均为使用 Stata12.0 中的“xtabond2”程序分析，并且所有参数估计值都为两阶段 GMM 估计量（Robust twostep）；(3) 表中 Corr1 和 Corr2 分别是检验扰动项的差分是否存在一阶与二阶自相关的 p 值，原假设为“模型残差项不存在二阶序列相关”；(4) Sargan 和 Hansen 是过度识别检验的 p 值，在多数情况下 Sargan 检验的原假设都会被拒绝，并且 Sargan 检验不稳健；(5) 模型中为了避免控制变量的内生性，本章对控制变量选择滞后一期，三个主要解释变量通过之前章节的 AIC、BIC 准则选择滞后阶数为一期；(6) 作为比较，本章同样采用混合普通最小二乘法（OLS）、固定效应（FE）等方法对动态面板进行了分析，两者结果与系统 GMM 分析结果没有实质性改变，故为节省篇幅，结果没有在表中呈现。

表 6－3　民营上市公司银行短期贷款与期末现金持有量

	期末现金持有量（$Qmcash_t$）						
	民营上市公司－期末现金持有量－银行短期贷款－货币政策－金融服务				民营上市公司－期末现金持有量－银行短期贷款－金融服务－货币政策		
	Bankloan	Bankloan，Hbzc	Bankloan＊Hbzc	Bankloan＊Hbzc＊Jrfwe	Bankloan，Jrfwe	Bankloan＊Jrfwe	Bankloan＊Hbzc＊Jrfwe
	1	2	3	4	5	6	7
L. qmcash	0.5913 ***	0.4902 ***	0.4869 ***	0.5248 ***	0.5951 ***	0.6222 ***	0.5278 ***
	(8.03)	(9.02)	(8.88)	(10.47)	(8.08)	(9.05)	(10.57)
L2. qmcash	0.0710 *	0.0172	0.0129	0.0314	0.0667 *	0.0742 *	0.0288
	(1.81)	(0.52)	(0.39)	(0.95)	(1.66)	(1.95)	(0.87)
L3. qmcash	0.0504	0.0141	0.0049	0.0184	0.0528	0.0536	0.0222
	(1.55)	(0.48)	(0.16)	(0.67)	(1.60)	(1.56)	(0.81)
L4. qmcash	-0.0093				-0.0066	-0.0005	
	(-0.29)				(-0.21)	(-0.02)	
L. grow	0.0000	0.0000 ***	0.0000 **	0.0000	0.0000	0.0000	0.0000 **
	(1.11)	(2.62)	(2.56)	(1.46)	(1.20)	(0.85)	(2.00)
L. size	-0.0092 ***	-0.0088 ***	-0.0093 ***	-0.0078 ***	-0.0091 ***	-0.0089 ***	-0.0072 ***
	(-4.63)	(-3.54)	(-3.78)	(-3.52)	(-4.56)	(-4.55)	(-3.47)
L. leverage	0.0357	-0.0046 **	-0.0045 **	-0.0036	0.0361	0.0497 **	-0.0042
	(1.28)	(-2.10)	(-2.06)	(-1.48)	(1.29)	(1.99)	(-1.58)
L. zbkz	0.0417	-0.0082	-0.0059	-0.0039	0.0437	0.0568 *	-0.0100
	(1.23)	(-0.50)	(-0.37)	(-0.24)	(1.29)	(1.69)	(-0.59)

续表

	期末现金持有量（$Qmcash_t$）						
	民营上市公司－期末现金持有量－银行短期贷款－货币政策－金融服务				民营上市公司－期末现金持有量－银行短期贷款－金融服务－货币政策		
	Bankloan	Bankloan，Hbzc	Bankloan * Hbzc	Bankloan * Hbzc * Jrfwe	Bankloan，Jrfwe	Bankloan * Jrfwe	Bankloan * Hbzc * Jrfwe
	1	2	3	4	5	6	7
L. zcyx	0.0945 **	0.0311	0.0292	0.0411 **	0.0962 ***	0.1105 ***	0.0391 *
	(2.57)	(1.40)	(1.33)	(1.98)	(2.63)	(3.29)	(1.89)
Bankloan	-0.1218 ***	-0.0874 ***	-0.0823 ***	-0.0833 ***	-0.1219 ***	-0.1614 ***	-0.1289 ***
	(-3.61)	(-4.30)	(-4.11)	(-4.58)	(-3.62)	(-5.67)	(-5.45)
L. bankloan	0.0994 ***	0.0675 **	0.0658 **	0.0759 ***	0.1020 ***	0.0985 **	0.0654 **
	(2.83)	(2.55)	(2.49)	(2.67)	(2.89)	(2.54)	(2.28)
Hbzc		-0.0062	-0.0041	-0.0025			-0.0048
		(-1.56)	(-0.99)	(-0.53)			(-1.19)
Bankloan * Hbzc			-0.0729 *	-0.0714 *			
			(-1.76)	(-1.76)			
Jrfwe				0.0034	0.0013	-0.0067	-0.0069
				(0.82)	(0.28)	(-0.86)	(-1.08)
Bankloan * Jrfwe						0.0425	0.0466 *
						(1.15)	(1.79)
Bankloan * Hbzc * Jrfwe				-0.0187 **			
				(-2.07)			

续表

	期末现金持有量（$Qmcash_t$）						
	民营上市公司-期末现金持有量-银行短期贷款-货币政策-金融服务				民营上市公司-期末现金持有量-银行短期贷款-金融服务-货币政策		
	Bankloan	Bankloan, Hbzc	Bankloan * Hbzc	Bankloan * Hbzc * Jrfwe	Bankloan, Jrfwe	Bankloan * Jrfwe	Bankloan * Hbzc * Jrfwe
	1	2	3	4	5	6	7
Bankloan * Hbzc * Jrfwe							-0.0154 *
							(-1.64)
常数	0.1979 ***	0.2559 ***	0.2689 ***	0.2188 ***	0.1944 ***	0.1797 ***	0.2170 ***
	(3.51)	(4.04)	(4.31)	(3.92)	(3.46)	(3.45)	(4.02)
年度	不控制	不控制	不控制	不控制	不控制	不控制	不控制
Wald chi^2	318.94 ***	253.97 ***	249.49 ***	260.90 ***	313.55 ***	376.98 ***	301.33 ***
Corr1 (p-value)	0.000	0.000	0.000	0.000	0.000	0.000	0.000
Corr2 (p-value)	0.810	0.667	0.677	0.704	0.740	0.718	0.637
Sargan (p-value)	0.000	0.000	0.000	0.000	0.000	0.000	0.000
Hansen (p-value)	0.356	0.302	0.262	0.178	0.315	0.181	0.261
N	2039	2612	2612	2612	2039	2039	2612

表 6-4　国有上市公司银行短期贷款与期末现金持有量

	期末现金持有量（$Qmcash_t$）						
	国有上市公司-期末现金持有量-银行短期贷款-货币政策-金融服务				国有上市公司-期末现金持有量-银行短期贷款-金融服务-货币政策		
	Bankloan	Bankloan, Hbzc	Bankloan * Hbzc	Bankloan * Hbzc * Jrfwe	Bankloan, Jrfwe	Bankloan * Jrfwe	Bankloan * Hbzc * Jrfwe
	1	2	3	4	5	6	7
L. qmcash	0.6550***	0.6987***	0.6782***	0.6857***	0.6491***	0.6519***	0.7001***
	(13.00)	(14.46)	(14.15)	(15.86)	(12.43)	(12.26)	(16.36)
L2. qmcash	0.0893***	0.0943***	0.0940***	0.0978***	0.0892***	0.0737***	0.0897***
	(3.31)	(3.80)	(3.79)	(3.95)	(3.24)	(2.71)	(3.62)
L3. qmcash	0.0609**	0.0292	0.0242	0.0417*	0.0637**	0.0827***	0.0503**
	(2.25)	(1.13)	(0.99)	(1.79)	(2.33)	(3.15)	(2.11)
L4. qmcash	-0.0634**				-0.0655**	-0.0605*	
	(-2.43)				(-2.41)	(-1.93)	
L. grow	0.0000*	0.0000**	0.0000**	0.0000**	0.0000*	0.0000	0.0000*
	(1.69)	(2.38)	(1.98)	(2.45)	(1.67)	(1.37)	(1.73)
L. size	-0.0060***	-0.0064***	-0.0060***	-0.0061***	-0.0058***	-0.0058***	-0.0061***
	(-4.94)	(-6.42)	(-6.00)	(-6.42)	(-4.76)	(-4.71)	(-6.24)
L. leverage	0.0189	0.0366*	0.0256	0.0442***	0.0169	0.0232	0.0470***
	(1.04)	(1.89)	(1.50)	(3.09)	(0.87)	(0.94)	(2.95)
L. zbkz	0.0472***	0.0614***	0.0540***	0.0594***	0.0457***	0.0454**	0.0617***
	(3.11)	(3.82)	(3.69)	(4.55)	(2.84)	(2.23)	(4.41)

续表

	期末现金持有量（$Qmcash_t$）						
	国有上市公司 - 期末现金持有量 - 银行短期贷款 - 货币政策 - 金融服务				国有上市公司 - 期末现金持有量 - 银行短期贷款 - 金融服务 - 货币政策		
	Bankloan	Bankloan，Hbzc	Bankloan * Hbzc	Bankloan * Hbzc * Jrfwe	Bankloan，Jrfwe	Bankloan * Jrfwe	Bankloan * Hbzc * Jrfwe
	1	2	3	4	5	6	7
L. zcyx	0.0273 (1.52)	0.0453 ** (2.38)	0.0357 ** (2.08)	0.0458 *** (3.20)	0.0248 (1.29)	0.0245 (1.08)	0.0477 *** (3.17)
Bankloan	-0.0590 *** (-3.82)	-0.0663 * (-1.71)	-0.0617 * (-1.82)	-0.0998 *** (-3.69)	-0.0601 *** (-3.65)	-0.0838 * (-1.65)	-0.0946 *** (-3.14)
L. bankloan	0.0680 ** (2.21)	0.0686 *** (2.60)	0.0705 *** (2.62)	0.0502 ** (2.28)	0.0691 ** (2.24)	0.0623 ** (2.18)	0.0555 ** (2.38)
Hbzc		-0.0061 ** (-2.44)	-0.0043 (-1.64)	-0.0066 * (-1.74)			-0.0111 *** (-2.84)
Bankloan * Hbzc			-0.0728 *** (-2.66)	-0.0702 *** (-2.62)			
Jrfwe				-0.0021 (-0.53)	0.0037 (1.48)	-0.0026 (-0.46)	-0.0001 (-0.02)
Bankloan * Jrfwe						0.0380 (1.27)	0.0533 ** (2.56)
Bankloan * Hbzc * Jrfwe				0.0235 (1.21)			

续表

	期末现金持有量（$Qmcash_t$）						
	国有上市公司-期末现金持有量-银行短期贷款-货币政策-金融服务				国有上市公司-期末现金持有量-银行短期贷款-金融服务-货币政策		
	Bankloan	Bankloan，Hbzc	Bankloan * Hbzc	Bankloan * Hbzc * Jrfwe	Bankloan，Jrfwe	Bankloan * Jrfwe	Bankloan * Hbzc * Jrfwe
	1	2	3	4	5	6	7
Bankloan * Hbzc * Jrfwe							-0.0154 (-1.54)
常数	0.1468 *** (4.65)	0.1378 *** (4.95)	0.1408 *** (5.19)	0.1352 *** (5.39)	0.1450 *** (4.53)	0.1435 *** (4.54)	0.1333 *** (5.26)
年度	不控制	不控制	不控制	不控制	不控制	不控制	不控制
Wald chi^2	1022.77 ***	1570.97 ***	1535.97 ***	1777.65 ***	1019.95 ***	1041.31 ***	1773.06 ***
Corr1 (p-value)	0.000	0.000	0.000	0.000	0.000	0.000	0.000
Corr2 (p-value)	0.327	0.944	0.967	0.978	0.349	0.213	0.763
Sargan (p-value)	0.000	0.000	0.000	0.000	0.000	0.000	0.000
Hansen (p-value)	0.426	0.186	0.074	0.075	0.399	0.423	0.291
N	3122	3956	3956	3956	3122	3122	3956

的影响。模型 6 则表明金融发展水平与当期银行短期贷款的交互项与企业当期现金持有间也无显著相关性，意味着在不同金融发展水平下，国有上市公司当期短期银行贷款与当期现金持有间的关系并无不同。模型 7 的结果表明当期银行短期贷款、金融发展水平与货币政策三者交互（Bankloan * Hbzc * Jrfwe）对当期现金持有无显著性影响，也就是说在金融发展水平较差的区域，国有上市公司当期银行短期贷款与当期现金持有的关系，在不同货币政策时期，不具有显著差异。

6.3.2.4　三组样本结果比较分析

为了便于比较，本章将上述三组样本的分析结果进行了总结，如表 6－5 所示。从表 6－5 中可以看出，整体样本组基本上是民营、国有样本组的综合，而民营、国有之间既有相类似，但也存在不同的地方。

表 6－5　　三组样本结果的比较

	期末现金持有量（Qmcash）		
	整体样本	民营上市公司	国有上市公司
当期银行短期贷款	－	－	－
滞后一期银行短期贷款	+	+	+
货币政策	－	无	－
金融发展水平	无	无	无
当期银行短期贷款 * 货币政策	－	－	－
当期银行短期贷款 * 货币政策 * 金融发展水平	无	－	无
当期银行短期贷款 * 金融发展水平	无	无	无
当期银行短期贷款 * 金融发展水平 * 货币政策	无	－	无

说明：表中“－、+、无”分别表示“显著负相关、显著正相关以及无显著相关性”，下表同。

民营、国有上市公司相类似的地方：①企业当期的银行短期贷款都与企业当期现金持有显著负相关，而滞后一期又都显著正向相关。②地区金融发展水平对两类公司当期现金持有都无显著性影响。③在货币政策紧缩期，两类公司当期银行短期贷款对企业现金持有的替代作用更强。④两者的当期银行贷款对当期现金持有的影响，在不同金融发展水平下，无显著差异。

民营、国有上市公司不同的地方：①货币政策能够显著影响国有上市公司的现金持有，而民营上市公司现金持有则不受货币政策的影响。②紧缩货币政策下，民营上市公司当期银行贷款与现金持有间的关系，会受到金融发展水平高低的影响；而国有上市公司则不会受其影响。③同样处于金融发展水平较低的地区，民营上市公司当期银行贷款与现金持有间的关系，会受到货币政策的影响；而国有上市公司则不受其影响。

6.3.3 企业获得银行短期贷款与期末现金增加量

同样为了考察上述研究结果的可靠性，本章进一步以期末现金增加量（Cashzj）替代之前所采用的期末现金持有量（Qmcash），从现金增加量的角度对上述分析进行了检验。

6.3.3.1 整体样本结果分析

如表 6－6 所示，模型 1 为企业获得银行短期贷款的当期和滞后一期对整体样本上市公司当期现金增加量的影响。其结果表明，整体样本上市公司当期的银行短期贷款与当期现金增加量显著负相关；而银行短期贷款的滞后一期与当期现金增加量则显著正相关，与之前的结果相符。模型 2 至模型 4 为分别在模型 1 的基础上先后加入了货币政策、金融发展水平及相应交互项的结果，其中模型 2 的结果表明货币政策与当期现金增加量显著负相关，说明在货币政策紧缩期，我国上市公司的现金增加量要低于货币宽松期。模型3在模型2的基础上加入货币政策与当期银行贷款的交互项，结果显示两者交互项与当期现金增加量显著负相关，说明在货币政策紧缩期，银行短期贷款与企业当期现金增加量间的负相关关系更强。模型4在模型2的基础上加入了金融发展水平虚拟变量，结果表明当期银行短期贷款、货币政策与金融发展水平三者交互（Bankloan * Hbzc * Jrfwe）对当期现金持有无显著性影响，也就是说紧缩货币政策时期，企业当期银行短期贷款与当期现金增加量的关系，在不同金融发展水平下，不具有显著差异。

模型5至模型7为分别在模型1的基础上先后加入了金融发展水平、货币政策后的结果，模型5的结果表明，金融发展水平与当期现金增加量显著正相关，说明位于金融发展水平较差区域的企业，现金增加量更多。模型6则表明金融发展水平与当期银行短期贷款的交互项与企业当期现金增加量间无显著相关性。模型7的结果表明当期银行短期贷款、金融发展水平与货币政策三者交互（Bankloan * Hbzc * Jrfwe）对当期现金增加量也无显著性影响，也就是说在金融发展水平较差的区域，企业当期银行短期贷款与当期现金增加量的关系，在不同货币政策时期，不具有显著差异。

6.3.3.2　民营上市公司结果分析

如表6-7所示，模型1为民营上市公司获得银行短期贷款的当期和滞后一期对公司当期现金增加量的影响。其结果表明，民营上市公司当期的银行短期贷款与当期现金增加量显著负相关，而银行短期贷款的滞后一期与当期现金增加量则显著正相关，与之前的分析结果相似。模型2至模型4为分别在模型1的基础上先后加入了货币政策、金融发展水平及相应交互项的结果，其中模型2的结果表明，结果显示货币政策与当期现金增加量虽然负相关但不显著。模型 3 在模型 2 的基础上加入货币政策与当期银行贷款的交互项，结果显示两者交互项与当期现金增加量显著负相关，说明在货币政策紧缩期，民营上市公司银行短期贷款与企业当期现金增加量的负相关关系更强，与之前结果也类似。模型 4 在模型 3 的基础上加入了金融发展水平虚拟变量，结果表明当期银行短期贷款、货币政策与金融发展水平三者交互（Bankloan * Hbzc * Jrfwe）与当期现金增加量无显著相关性。

模型 5 至模型 7 为分别在模型 1 的基础上先后加入了金融发展水平、货币政策后的结果，模型 5 的结果表明，金融发展水平与当期现金增加量无显著相关性。模型 6 则表明金融发展水平与当期银行短期贷款的交互项与企业当期现金增加量间也无显著相关性。模型 7 的结果表明当期银行短期贷款、金融发展水平与货币政策三者交互（Bankloan * Hbzc * Jrfwe）与当期现金增加量也无显著相关性。

6.3.3.3 国有上市公司结果分析

如表 6 - 8 所示，模型 1 为国有上市公司获得银行短期贷款的当期和滞后一期对公司当期现金增加量的影响。其结果表明，国有上市公司当期的银行短期贷款与当期现金增加量显著负相关，而银行短期贷款的滞后一期与当期现金增加量则显著正相关。模型 2 至模型 4 为分别在模型 1 的基础上先后加入了货币政策、金融发展水平及相应交互项的结果，其中模型 2 的结果表明货币政策与当期现金增加量显著负相关。模型 3 在模型 2 的基础上加入货币政策与当期银行贷款的交互项，结果显示两者交互项与当期现金增加量无显著相关性。模型 4 在模型 3 的基础上加入了金融发展水平虚拟变量，结果表明当期银行短期贷款、货币政策与金融发展水平三者交互（Bankloan * Hbzc * Jrfwe）对当期现金增加量存在显著正向影响，也就是说紧缩货币政策时期，国有

表 6－6　　全部样本上市公司银行短期贷款与期末现金增加量

	期末现金增加量（$Cashzj_t$）						
		全部样本上市公司－期末现金持有量－银行短期贷款－货币政策－金融服务			全部样本上市公司－期末现金持有量－银行短期贷款－金融服务－货币政策		
	Bankloan	Bankloan，Hbzc	Bankloan ∗ Hbzc	Bankloan ∗ Hbzc ∗ Jrfwe	Bankloan，Jrfwe	Bankloan ∗ Jrfwe	Bankloan ∗ Hbzc ∗ Jrfwe
	1	2	3	4	5	6	7
L. cashzj	－0. 1583 ***	－0. 1642 ***	－0. 1635 ***	－0. 1637 ***	－0. 1639 ***	－0. 1663 ***	－0. 1603 ***
	(－5. 34)	(－6. 93)	(－6. 61)	(－7. 02)	(－5. 49)	(－5. 65)	(－6. 56)
L2. cashzj	－0. 0186	－0. 0501 ***	－0. 0523 **	－0. 0545 ***	－0. 0285	－0. 0436	－0. 0567 **
	(－0. 65)	(－2. 61)	(－2. 55)	(－2. 85)	(－0. 98)	(－1. 48)	(－2. 36)
L3. cashzj	0. 0356	－0. 0120	－0. 0104	－0. 0061	0. 0314	0. 0344	－0. 0079
	(1. 39)	(－0. 66)	(－0. 57)	(－0. 33)	(1. 22)	(1. 26)	(－0. 40)
L4. cashzj	0. 0255				0. 0212	0. 0207	
	(1. 39)				(1. 15)	(1. 12)	
L. grow	0. 0000 ***	0. 0000 **	0. 0000	0. 0000	0. 0000 **	0. 0000	0. 0000
	(3. 05)	(2. 07)	(1. 41)	(1. 49)	(2. 50)	(0. 63)	(0. 73)
L. size	－0. 0066 ***	－0. 0035 ***	－0. 0032 ***	－0. 0032 ***	－0. 0064 ***	－0. 0062 ***	－0. 0035 ***
	(－5. 00)	(－2. 91)	(－2. 67)	(－2. 72)	(－4. 83)	(－4. 86)	(－2. 91)
L. leverage	0. 0677 ***	0. 0159	0. 0149	0. 0153	0. 0652 ***	0. 0664 ***	0. 0184
	(4. 24)	(0. 73)	(0. 72)	(0. 74)	(4. 01)	(4. 38)	(0. 76)
L. zbkz	0. 0895 ***	0. 0598 ***	0. 0618 ***	0. 0566 ***	0. 0880 ***	0. 0905 ***	0. 0549 **
	(8. 41)	(3. 07)	(3. 30)	(3. 03)	(8. 14)	(7. 39)	(2. 54)

续表

	期末现金增加量（$Cashzj_t$）						
	全部样本上市公司－期末现金持有量－银行短期贷款－货币政策－金融服务				全部样本上市公司－期末现金持有量－银行短期贷款－金融服务－货币政策		
	Bankloan	Bankloan，Hbzc	Bankloan * Hbzc	Bankloan * Hbzc * Jrfwe	Bankloan，Jrfwe	Bankloan * Jrfwe	Bankloan * Hbzc * Jrfwe
	1	2	3	4	5	6	7
L. zcyx	0.0868 ***	0.0638 ***	0.0643 ***	0.0600 ***	0.0841 ***	0.0842 ***	0.0593 ***
	(8.28)	(4.52)	(4.76)	(4.42)	(8.01)	(7.86)	(3.70)
Bankloan	-0.0636 ***	-0.0580 ***	-0.0580 ***	-0.0605 ***	-0.0663 ***	-0.0992 ***	-0.0751 ***
	(-2.92)	(-5.41)	(-5.39)	(-3.82)	(-2.81)	(-4.81)	(-3.69)
L. bankloan	0.0751 ***	0.0973 ***	0.0976 ***	0.0945 ***	0.0789 ***	0.0779 ***	0.0805 ***
	(3.15)	(3.70)	(3.37)	(3.92)	(3.20)	(2.88)	(3.17)
Hbzc		-0.0119 ***	-0.0102 ***	-0.0116 ***			-0.0120 ***
		(-4.50)	(-3.54)	(-3.33)			(-3.60)
Bankloan * Hbzc			-0.0726 ***	-0.0670 **			
			(-2.69)	(-2.56)			
Jrfwe				0.0026	0.0061 **	0.0015	-0.0016
				(0.82)	(2.32)	(0.30)	(-0.39)
Bankloan * Jrfwe						0.0389	0.0234
						(1.55)	(1.18)
Bankloan * Hbzc * Jrfwe				0.0201			
				(1.56)			

续表

	期末现金增加量（$Cashzj_t$）						
		全部样本上市公司 - 期末现金持有量 - 银行短期贷款 - 货币政策 - 金融服务			全部样本上市公司 - 期末现金持有量 - 银行短期贷款 - 金融服务 - 货币政策		
	Bankloan	Bankloan，Hbzc	Bankloan * Hbzc	Bankloan * Hbzc * Jrfwe	Bankloan，Jrfwe	Bankloan * Jrfwe	Bankloan * Hbzc * Jrfwe
	1	2	3	4	5	6	7
Bankloan * Hbzc * Jrfwe							0.0192 (1.07)
常数	0.0938 *** (3.72)	0.0673 *** (3.24)	0.0614 *** (2.91)	0.0626 *** (3.14)	0.0899 *** (3.59)	0.0901 *** (3.69)	0.0721 *** (3.66)
年度	不控制	不控制	不控制	不控制	不控制	不控制	不控制
Wald chi^2	208.68 ***	250.90 ***	242.51 ***	223.92 ***	207.88 ***	201.56 ***	170.12 ***
Corr1 (p - value)	0.000	0.000	0.000	0.000	0.000	0.000	0.000
Corr2 (p - value)	0.953	0.188	0.244	0.256	0.919	0.684	0.306
Sargan (p - value)	0.000	0.000	0.000	0.000	0.000	0.000	0.000
Hansen (p - value)	0.102	0.004	0.001	0.004	0.206	0.252	0.007
N	5178	6586	6586	6586	5178	5178	6586

表 6－7　　民营上市公司银行短期贷款与期末现金增加量

	期末现金增加量（$Cashzj_t$）						
	民营上市公司－期末现金持有量－银行短期贷款－货币政策－金融服务				民营上市公司－期末现金持有量－银行短期贷款－金融服务－货币政策		
	Bankloan	Bankloan，Hbzc	Bankloan * Hbzc	Bankloan * Hbzc * Jrfwe	Bankloan，Jrfwe	Bankloan * Jrfwe	Bankloan * Hbzc * Jrfwe
	1	2	3	4	5	6	7
L. cashzj	-0.2237 ***	-0.2328 ***	-0.2289 ***	-0.2364 ***	-0.2319 ***	-0.2370 ***	-0.2470 ***
	(-4.82)	(-6.65)	(-6.48)	(-6.58)	(-4.92)	(-4.83)	(-6.51)
L2. cashzj	-0.1018 *	-0.1380 ***	-0.1366 ***	-0.1420 ***	-0.1120 **	-0.1130 *	-0.1453 ***
	(-1.87)	(-3.29)	(-3.29)	(-3.42)	(-2.03)	(-1.92)	(-3.17)
L3. cashzj	-0.0287	-0.0616 **	-0.0607 **	-0.0625 **	-0.0354	-0.0286	-0.0647 **
	(-0.61)	(-2.28)	(-2.25)	(-2.40)	(-0.76)	(-0.60)	(-2.32)
L4. cashzj	0.0145				0.0116	0.0116	
	(0.49)				(0.39)	(0.39)	
L. grow	0.0000 ***	0.0000 ***	0.0000 ***	0.0000 ***	0.0000 ***	0.0000 ***	0.0000 ***
	(4.09)	(3.66)	(3.47)	(3.60)	(4.38)	(3.82)	(3.07)
L. size	-0.0076 ***	-0.0028	-0.0031	-0.0029	-0.0072 ***	-0.0065 **	-0.0021
	(-2.92)	(-1.51)	(-1.61)	(-1.54)	(-2.74)	(-2.43)	(-1.13)
L. leverage	0.0732 ***	-0.0021	-0.0014	-0.0020	0.0675 **	0.0712 ***	-0.0023
	(2.59)	(-0.14)	(-0.09)	(-0.14)	(2.43)	(2.59)	(-0.14)
L. zbkz	0.0815 ***	0.0102	0.0122	0.0134	0.0769 ***	0.0807 ***	0.0097
	(4.37)	(0.62)	(0.70)	(0.82)	(4.21)	(3.87)	(0.53)

续表

	期末现金增加量（$Cashzj_t$）						
	民营上市公司－期末现金持有量－银行短期贷款－货币政策－金融服务				民营上市公司－期末现金持有量－银行短期贷款－金融服务－货币政策		
	Bankloan	Bankloan，Hbzc	Bankloan * Hbzc	Bankloan * Hbzc * Jrfwe	Bankloan，Jrfwe	Bankloan * Jrfwe	Bankloan * Hbzc * Jrfwe
	1	2	3	4	5	6	7
L. zcyx	0.1272 ***	0.0607 ***	0.0629 ***	0.0620 ***	0.1206 ***	0.1243 ***	0.0572 ***
	(5.47)	(3.15)	(3.14)	(3.20)	(5.25)	(5.31)	(2.72)
Bankloan	-0.1005 ***	-0.0538 **	-0.0576 **	-0.0604 ***	-0.0994 ***	-0.1235 ***	-0.0775 ***
	(-3.13)	(-2.26)	(-2.43)	(-2.98)	(-3.15)	(-4.20)	(-2.78)
L. bankloan	0.0806 *	0.0661 **	0.0706 ***	0.0784 ***	0.0818 **	0.0774 **	0.0703 ***
	(1.93)	(2.55)	(2.72)	(3.04)	(1.97)	(1.97)	(2.72)
Hbzc		-0.0091	-0.0060	-0.0026			-0.0077
		(-1.02)	(-1.22)	(-0.47)			(-1.59)
Bankloan * Hbzc			-0.1201 **	-0.1183 **			
			(-2.36)	(-2.35)			
Jrfwe				0.0081 *	0.0064	0.0011	0.0031
				(1.71)	(1.32)	(0.13)	(0.42)
Bankloan * Jrfwe						0.0313	0.0167
						(0.74)	(0.54)
Bankloan * Hbzc * Jrfwe				-0.0079			
				(-0.85)			

续表

	期末现金增加量（$Cashzj_t$）						
	民营上市公司－期末现金持有量－银行短期贷款－货币政策－金融服务				民营上市公司－期末现金持有量－银行短期贷款－金融服务－货币政策		
	Bankloan	Bankloan，Hbzc	Bankloan * Hbzc	Bankloan * Hbzc * Jrfwe	Bankloan，Jrfwe	Bankloan * Jrfwe	Bankloan * Hbzc * Jrfwe
	1	2	3	4	5	6	7
Bankloan * Hbzc * Jrfwe							-0.0014 (-0.08)
常数	0.1107 ** (2.24)	0.0678 * (1.81)	0.0730 * (1.91)	0.0636 * (1.70)	0.1058 ** (2.12)	0.0933 * (1.84)	0.0544 (1.43)
年度	不控制	不控制	不控制	不控制	不控制	不控制	不控制
Wald chi^2	196.48 ***	94.07 ***	97.93 ***	112.93 ***	209.64 ***	198.77 ***	96.03 ***
Corr1 (p－value)	0.001	0.000	0.000	0.000	0.001	0.001	0.000
Corr2 (p－value)	0.756	0.389	0.403	0.390	0.742	0.672	0.361
Sargan (p－value)	0.000	0.000	0.000	0.000	0.000	0.000	0.000
Hansen (p－value)	0.356	0.045	0.021	0.091	0.408	0.390	0.083
N	2047	2620	2620	2620	2047	2047	2620

表 6－8　国有上市公司银行短期贷款与期末现金增加量

	期末现金增加量（$Cashzj_t$）						
	全体上市公司－期末现金持有量－银行短期贷款－货币政策－金融服务				全体上市公司－期末现金持有量－银行短期贷款－金融服务－货币政策		
	Bankloan	Bankloan，Hbzc	Bankloan＊Hbzc	Bankloan＊Hbzc＊Jrfwe	Bankloan，Jrfwe	Bankloan＊Jrfwe	Bankloan＊Hbzc＊Jrfwe
	1	2	3	4	5	6	7
L. cashzj	－0.1427***	－0.1167**	－0.1185***	－0.1242***	－0.1533***	－0.1586***	－0.1238***
	(－3.11)	(－2.55)	(－2.69)	(－3.40)	(－3.32)	(－4.08)	(－3.61)
L2. cashzj	－0.0020	－0.0029	－0.0061	－0.0205	－0.0124	－0.0202	－0.0186
	(－0.06)	(－0.12)	(－0.24)	(－0.80)	(－0.38)	(－0.67)	(－0.74)
L3. cashzj	0.0535	0.0296	0.0344	0.0343	0.0476	0.0507	0.0342
	(1.62)	(1.39)	(1.61)	(1.62)	(1.43)	(1.56)	(1.57)
L4. cashzj	0.0089				0.0032	0.0087	
	(0.36)				(0.13)	(0.34)	
L. grow	0.0000***	0.0000***	0.0000***	0.0000**	0.0000**	0.0000**	0.0000*
	(2.68)	(3.04)	(2.63)	(2.35)	(2.39)	(2.27)	(1.93)
L. size	－0.0039***	－0.0040***	－0.0035***	－0.0031***	－0.0035**	－0.0033**	－0.0032***
	(－2.83)	(－3.57)	(－3.20)	(－2.96)	(－2.43)	(－2.47)	(－2.86)
L. leverage	0.0462***	0.0545***	0.0485***	0.0604***	0.0417***	0.0458***	0.0558***
	(3.33)	(5.00)	(4.23)	(5.32)	(2.93)	(3.43)	(4.19)
L. zbkz	0.0932***	0.0930***	0.0909***	0.0926***	0.0927***	0.0922***	0.0941***
	(6.86)	(9.35)	(8.98)	(8.99)	(6.11)	(5.90)	(8.43)

续表

	期末现金增加量（$Cashzj_t$）						
	全体上市公司 - 期末现金持有量 - 银行短期贷款 - 货币政策 - 金融服务				全体上市公司 - 期末现金持有量 - 银行短期贷款 - 金融服务 - 货币政策		
	Bankloan	Bankloan，Hbzc	Bankloan * Hbzc	Bankloan * Hbzc * Jrfwe	Bankloan，Jrfwe	Bankloan * Jrfwe	Bankloan * Hbzc * Jrfwe
	1	2	3	4	5	6	7
L. zcyx	0.0713 ***	0.0731 ***	0.0706 ***	0.0716 ***	0.0683 ***	0.0673 ***	0.0715 ***
	(6.14)	(7.90)	(7.51)	(7.86)	(5.53)	(5.67)	(7.61)
Bankloan	-0.0392 **	-0.0385 **	-0.0382 **	-0.0712 ***	-0.0410 *	-0.0703 ***	-0.0656 ***
	(-2.56)	(-2.13)	(-2.01)	(-3.07)	(-1.73)	(-2.59)	(-3.06)
L. bankloan	0.0911 **	0.0644 **	0.0657 **	0.0386	0.0958 **	0.0745 **	0.0497 **
	(2.20)	(2.28)	(2.32)	(1.54)	(2.21)	(2.44)	(2.03)
Hbzc		-0.0148 ***	-0.0134 ***	-0.0171 ***			-0.0204 ***
		(-5.21)	(-4.48)	(-3.94)			(-4.84)
Bankloan * Hbzc			-0.0461	-0.0380			
			(-1.59)	(-1.26)			
Jrfwe				-0.0043	0.0071 **	-0.0055	0.0012
				(-0.97)	(2.13)	(-0.85)	(0.25)
Bankloan * Jrfwe						-0.0786 **	-0.0544 **
						(-2.38)	(-2.14)
Bankloan * Hbzc * Jrfwe				0.0415 *			
				(1.78)			

续表

	期末现金增加量（$Cashzj_t$）						
		全体上市公司 - 期末现金持有量 - 银行短期贷款 - 货币政策 - 金融服务			全体上市公司 - 期末现金持有量 - 银行短期贷款 - 金融服务 - 货币政策		
	Bankloan	Bankloan，Hbzc	Bankloan * Hbzc	Bankloan * Hbzc * Jrfwe	Bankloan，Jrfwe	Bankloan * Jrfwe	Bankloan * Hbzc * Jrfwe
	1	2	3	4	5	6	7
Bankloan * Hbzc * Jrfwe							0.0753 *** (3.12)
常数	0.0438 (1.54)	0.0596 *** (2.70)	0.0569 *** (2.59)	0.0490 ** (2.38)	0.0351 (1.19)	0.0366 (1.33)	0.0524 ** (2.43)
年度	不控制	不控制	不控制	不控制	不控制	不控制	不控制
Wald chi^2	104.85 ***	274.86 ***	287.73 ***	159.77 ***	107.72 ***	114.74 ***	184.74 ***
Corr1 (p - value)	0.000	0.002	0.002	0.001	0.000	0.000	0.001
Corr2 (p - value)	0.793	0.834	0.813	0.601	0.865	0.807	0.609
Sargan (p - value)	0.000	0.000	0.000	0.000	0.000	0.000	0.000
Hansen (p - value)	0.117	0.096	0.089	0.061	0.170	0.355	0.140
N	3131	3966	3966	3966	3131	3131	3966

上市公司当期银行短期贷款与当期现金增加量的关系，在不同金融发展水平下，具有显著差异。

模型5至模型7为分别在模型1的基础上先后加入了金融发展水平、货币政策后的结果，模型5的结果表明，金融发展水平与当期现金增加量显著正相关，说明在地区金融发展水平较低的区域，国有上市公司当期现金增加量更多。模型6则表明金融发展水平与当期银行短期贷款的交互项与企业当期现金增加量间显著负相关，意味着位于金融发展水平较低区域的国有上市公司当期短期银行贷款与当期现金增加量间的替代关系更强。模型7的结果表明当期银行短期贷款、金融发展水平与货币政策三者交互（Bankloan * Hbzc * Jrfwe）与当期现金增加量显著正相关，也就是说在金融发展水平较差的区域，国有上市公司当期银行短期贷款与当期现金增加量的关系，在不同货币政策时期，具有显著差异。

6.3.3.4　三组样本结果比较分析

为了便于比较，本章同样将上述三组样本的分析结果进行了总结，如表6-9所示。从表6-9中可以得到，整体样本组基本上是民营、国有样本组的综合，而民营、国有之间既有相类似，但也存在不同的地方。

民营、国有上市公司相类似的地方：①企业当期的银行短期贷款都与企业当期现金增加量显著负相关，而滞后一期又都显著正向相关。②地区金融发展水平对两类公司当期现金增加量都无显著性影响。

民营、国有上市公司不同的地方：①货币政策、金融发展水平能够显著影响国有上市公司的当期现金增加量，而民营上市公司则不受两者的影响。②国有上市公司当期银行短期贷款对企业现金增加量的影响会受到货币政策和金融发展水平的作用，而民

表6-9　　三组样本结果的比较

	期末现金增加量（Cashzj）		
	整体样本	民营上市公司	国有上市公司
当期银行短期贷款	-	-	-
滞后一期银行短期贷款	+	+	+
货币政策	-	无	-
金融发展水平	+	无	+
当期银行短期贷款*货币政策	-	-	无
当期银行短期贷款*货币政策*金融发展水平	无	无	+
当期银行短期贷款*金融发展水平	无	无	-
当期银行短期贷款*金融发展水平*货币政策	无	无	+

营上市公司则都不会。③货币政策紧缩期，国有上市公司当期银行短期贷款对现金增加量的影响，会受到金融发展水平的影响，而民营上市公司则不受影响。④同样处于金融发展水平较低的地区，国有上市公司当期银行贷款与现金增加量的关系，会受到货币政策的影响；而民营上市公司则不受其影响。

6.3.4　期末现金持有量与期末现金增加量结果的比较

通过比较上述现金持有量和现金增加量分别作为被解释变量的分析结果，本章研究发现两者既有相类似的地方，也有不同之处，结果如表6-10所示。

主要相同点：民营和国有上市公司当期和滞后一期获得的银行短期贷款对企业当期现金持有量和现金增量都有显著影响，具体来说都是银行短期贷款当期与现金持有量和现金增量显著负相关，而滞后一期却显著正相关。

表 6－10　期末现金持有量与期末现金增加量间结果的比较

	期末现金持有量（Qmcash）			期末现金增加量（Cashzj）		
	整体样本	民营上市公司	国有上市公司	整体样本	民营上市公司	国有上市公司
当期银行短期贷款	–	–	–	–	–	–
滞后一期银行短期贷款	+	+	+	+	+	+
货币政策	–	无	–	–	无	–
金融发展水平	无	无	无	+	无	+
当期银行短期贷款＊货币政策	–	–	–	–	–	无
当期银行短期贷款＊货币政策＊金融发展水平	无	–	无	无	无	+
当期银行短期贷款＊金融发展水平	无	无	无	无	无	–
当期银行短期贷款＊金融发展水平＊货币政策	无	–	无	无	无	+

主要差异点：货币政策和金融发展水平同时作用下，民营上市公司的银行短期贷款与现金持有量间为显著负相关关系，与现金增量则无显著相关性；相反，国有上市公司的银行短期贷款与现金持有量间无显著相关性，与现金增量却显著正相关。

6.4　小结

本章在之前章节讨论企业获得银行短期贷款与现金持有关系的基础上，进一步引入了货币政策以及企业所处区域金融发展水平进行讨论，以期获得对下述问题解答的有益信息。问题包括：在控制相关控制变量后，企业获得的银行短期贷款对现金持有会有什么样的影响？不同货币政策时期，企业获得的银行短期贷款对现金持有又将会有着什么样的影响？不同金融发展水平下企业现金持有的策略有什么不同？银行短期贷款对企业现金持有的影响，是否会受到金融发展水平的影响？货币政策、金融发展同时作用下又是如何？本章同样也采用系统 GMM 方法来估计动态面板的模型参数，本章研究的主要结果为：

（1）整体样本组基本上是国有和民营上市公司样本组两者结果的综合，而国有和民营上市公司间既有相似的地方，也有不同之处。

（2）民营和国有上市公司当期和滞后一期获得的银行短期贷款对企业当期现金持有量都有显著影响，具体来说都是银行短期贷款当期与现金持有量显著负相关，滞后一期显著正相关。

（3）货币政策、金融发展水平都不会影响民营上市公司现金持有量；而国有上市公司现金持有量虽然不受金融发展水平的影响，但是会受到货币政策的影响（负相关）。

（4）无论国有还是民营上市公司，在紧缩货币政策下，银行短期贷款与现金持有量间的替代关系更强。

（5）国有和民营上市公司银行短期贷款与现金持有量间的替代关系，都不受地区金融发展水平高低的影响。

（6）紧缩货币政策下，民营上市公司银行短期贷款与现金持有量间的替代关系，会受到金融发展水平的作用，在金融发展水平较低的区域，这种替代关系更强，而国有上市公司则无上述关系。

（7）货币政策会影响金融发展水平较低区域内民营上市公司银行短期贷款与现金持有量间的替代关系，也就是处于金融发展水平较低区域内、货币政策紧缩时，民营上市公司银行短期贷款与现金持有量间的替代关系更强，而国有上市公司则无上述关系。

（8）民营和国有上市公司当期和滞后一期获得的银行短期贷款对企业当期现金增量都有显著影响，具体来说，三组样本的银行短期贷款都是当期与当期现金增量显著负相关，滞后一期显著正相关。

（9）货币政策、金融发展水平都不会影响民营上市公司当期现金增量；而国有上市公司现金增量与货币政策显著负相关，与金融发展水平显著正相关。

（10）在紧缩货币政策下，民营上市公司银行短期贷款与现金增量间的负相关关系更强，而国有上市公司则无此种关系。

（11）在金融发展水平较低区域，国有上市公司银行短期贷款与现金增量间的负相关关系更强，而民营上市公司则无此种关系。

（12）紧缩货币政策下，民营上市公司银行短期贷款与现金增量间正相关关系，会受到金融发展水平的作用，在金融发展水平较低的区域，这种关系更强，而民营上市公司则无上述关系。

（13）货币政策会影响金融发展水平较低区域内国有上市公司银行短期贷款与现金增量间的关系，也就是处于金融发展水平较低区域内、货币政策紧缩时，国有上市公司银行短期贷款与现金增量间的正相关关系更强，而民营上市公司则无上述关系。

（14）比较现金持有量和现金增量分别作为被解释变量的结果，民营和国有上市公司的结果存在一定的差异性：货币政策和金融发展水平同时作用下，民营上市公司的银行短期贷款与现金持有量间为显著负相关关系，与现金增量则无显著相关性；相反，国有上市公司的银行短期贷款与现金持有量间无显著相关性，与现金增量却显著正相关。

结语

1. 本书研究结论

本书在对当前公司现金持有动机、现金持有影响因素和现金持有与负债之间的关系等理论和实证文献进行回顾的基础上，首先在考虑内生性和动态角度下，通过构建面板 VAR 模型分别分析了整体、国有以及民营上市公司银行短期贷款、获得商业信用、提供商业信用以及期末现金持有量（现金持有增加量）等因素之间的相互关系；其次通过引入所涉及的四个因素的当期和滞后一期项，再加入其他可能影响的控制变量，通过构建动态面板模型，利用系统 GMM 方法（设定主要解释变量为内生变量）来分析四个因素间的关系和彼此影响程度；而后分别讨论了商业信用及其细分项（应收合计、应收票据、应收账款、预付账款；应付合计、应付票据、应付账款、预收账款）对企业现金持有的影响，银行短期贷款对现金持有的影响。

具体而言，本书研究结论如下：

（1）在考虑内生性和动态角度视角下，通过构建面板 VAR 模型分别分析了整体、国有以及民营上市公司银行短期贷款、获得商业信用、提供商业信用以及期末现金持有量（现金持有增加量）等因素之间的相互关系，结果发现四个因素间存在着较为明显的相互影响，特别是期末现金持有量（现金持有增加量）都显著受到其他三个因素的影响。

（2）通过面板 VAR 分析、Granger 因果关系检验、脉冲响应分析以及方差分解，本书研究发现四个因素间的相互关系和影响程度在我国国有与民营上市公司间存在着显著的差异。比如，民营上市公司（t）期获得的银行短期贷款与（t－1）期提供的商业信用显著正相关；民营上市公司（t）期获得商业信用与（t－1）期获得的银行短期贷款间显著正相关，而国有上市公司上述两项都没有显著相关性；民营上市公司（t）期对外提供的商业信用与期末现金持有量（t－1）是显著正相关，而国有上市公司却是显著负相关。

（3）引入银行短期贷款、获得商业信用、提供商业信用以及期末现金持有量等四个因素的当期项和滞后一期项，再加入其他可能影响的控制变量，通过构建动态面板模型，利用系统 GMM 方法（设定主要解释变量为内生变量）来分析四个因素间的关系和彼此影响程度，结果发现四个因素间存在着较为明显的相互关系，特别是期末现金持有量与其他三个因素的滞后一期显著正相关，而与其他三个因素的当期则显著负相关。

（4）GMM 内生模型下，对于整体样本上市公司来说，现金持有调整半周期为＝0.6931/（1－0.6532）＝2.0；民营上市公司为0.6931/（1－0.6148）＝1.80；国有上市公司为0.6931/

(1 - 0.6653) = 2.07。换言之，整体样本上市公司的现金持有水平从一个均衡态调整为另外一个均衡态所需要的时间为 4 年，民营上市公司需要 3.6 年，国有上市公司需要 4.14 年，民营上市公司现金持有水平的调整速度稍稍快于国有上市公司。

（5）综合企业获得商业信用与银行短期贷款间关系的分析结果，我们认为，企业当期获得商业信用与当期银行短期贷款之间符合“替代关系”；而前一期获得商业信用与当期银行短期贷款间则符合“互补关系”。

（6）动态面板模型系统 GMM 内生设定下，整体样本组、国有和民营样本组 $Cashzj_{t-1}$ 的系数估计值，分别为 -0.1439、-0.1875、-0.1155，且都在 1% 水平上显著，这表明公司的现金持有水平具有“回复均值”的特征，也就意味着上市公司会把现金持有水平控制在一个相对稳定的范围内，而不会使其过高或过低。

（7）在之前章节基础上通过引入提供商业信用（应收合计）细分项、获得商业信用（应付合计）细分项，同时还加入货币政策以及企业所处经营环境，进一步讨论了不同货币政策及经营环境条件下，企业商业信用及其细分项对现金持有的影响，结果发现不同的商业信用细分项对企业现金持有确实存在不同的影响，并且这种影响受到货币政策和经营环境的调整会因商业信用细分项的不同而不同，用现金增量替换现金持有量进行稳健性检验，上述结论依然成立。

（8）企业对外提供商业信用对现金持有的影响较为有规律，从应收票据、应收账款和预付账款与现金持有的相关系数（绝对值）来看，整体、民营和国有上市公司都是应收账款的系数最大，应收票据次之，预付账款最小。也就是说，三者对当期现金持有的影响，是应收账款最大，应收票据次之，预付账款最小。

（9）在之前章节基础上，探讨了企业银行短期贷款与现金持有量和现金增量之间的关系，结果发现企业银行短期贷款的当期和滞后一期都能显著影响企业现金持有量和现金增加量；进一步引入货币政策和金融发展水平，研究发现在货币政策和金融发展水平同时作用下，民营上市公司的当期银行短期贷款与现金持有量间为显著负相关关系，与现金增量则无显著相关性；相反，国有上市公司的当期银行短期贷款与现金持有量间无显著相关性，与现金增量却显著正相关。

2. 建议

根据对中国上市公司银行短期贷款、获得以及提供商业信用与现金持有的理论和实证研究，可以了解到，公司的银行短期贷款、获得以及提供商业信用对现金持有具有非常重要的影响，同时这种影响会因货币政策、股权性质和经营环境等的不同而呈现出差异，由此，针对本书研究结论，提出如下建议：

第一，现金不应该简单等同于负向负债，而应该被视作一种融资来源，公司需要加强现金持有与银行短期贷款、获得商业信用等短期负债之间的权衡，也就是说公司既要合理利用银行短期贷款和获得商业信用等外源融资带给企业的财务益处，同时又要适当调整现金这一灵活性最强的内源资金，以应对外源融资所带来的风险。

第二，鉴于现金持有与银行短期贷款和商业信用间的密切联系，公司可以将现金持有量作为一种信息传递给银行等债权人以及供应商和客户等上下游关联企业，以缓解公司和它们之间的信息不对称，从而有利于公司与银行、上下游企业建立起基于信任的稳定合作关系，便于企业融资和相关业务的开展。

第三，不同的商业信用模式，包括应收（应付）票据，应收（应付）账款，预付（预收）账款，它们对公司现金持有存在着不同的影响，因此，公司在与上下游企业交易过程中，可以避害趋利，合理选择恰当的商业信用模式。比如，从融资角度来看，企业可选择的商业信用筹资方式中，最优为预收账款，其次是应付账款，最后才是应付票据，当企业自身现金不足和难以获得银行贷款时，企业期望的商业信用筹资方式的先后顺序是预收账款 > 应付账款 > 应付票据。

第四，对于国有上市公司，本书研究发现由于其在市场竞争中通常处于“强势地位”，较容易获得资源配置（比如获得银行信贷等），但国有上市公司现金持有的调整策略较为保守、调整速度较慢。因此，国有上市公司应根据内、外部融资条件以及自身的财务特征等设定合理的现金持有目标量，并加强管理，快速、有效地调节公司的现金持有量，使公司保持合理的现金持有水平，避免公司资金的闲置、投资过度或不足。

第五，民营上市公司要正确意识到“竞争劣势”和“信贷歧视”对自身的影响，积极利用民营上市公司现金持有策略灵活，调整速度较快的特点，科学合理地制定现金持有政策，灵活调配使用现金，提高现金使用效率。当公司的现金持有量超过目标现金持有水平时，要加强过量现金的使用效率，如可以积极对外提供商业信用，以促进产品销售、获取竞争优势，也可以将资金运用于引进新技术、增加研发支出和更新设备等；当公司的现金持有量不足时，要积极利用银行信贷、商业信用等融资渠道，及时补充现金，避免由于现金缺乏所带来的风险。

3. 本书研究局限及未来研究方向

本书研究存在的不足和许多亟待继续深入研究的部分：

第一，我们运用面板 VAR 分析企业现金持有水平、获得商业信用、提供商业信用、银行短期贷款四个因素间的关系和彼此影响程度时，由于面板 VAR 模型要求必须是平衡面板，因此我们的样本仅包括 2007～2014 年都有合理数据的上市公司，而期间任一年数据不合理或者在 2007 年以后上市的公司，则都被排除在分析样本之外，这样的样本选择可能会对分析结果有一定的影响。对此，今后可以考虑选取不同时间段的样本（比如 2008～2015 年、2009～2016 年），再进行相关分析，以增强样本的代表性。

第二，在第 3 章四个因素动态面板分析部分，我们根据模型的 Sargan 和 Hansen 值以及之前学者研究发现的中国上市公司现金调整半周期的结果，确定期末现金持有作为被解释变量，其滞后阶数的选择为 4 期，但是当引入货币政策虚拟变量，按照宽松、紧缩将样本分为两组，则每组只有 4 年数据，因此再进行动态面板分析时，期末现金持有作为被解释变量，其滞后阶数最多只能选择 3 期。在后面的研究中，可以考虑选择更长时间段的样本，这样再以货币政策虚拟变量分组，滞后阶数的选择可能就会更加合理。

第三，之前有学者通过构建融资约束这一综合指标，探讨了融资约束对公司现金持有策略的影响，并且发现有、无融资约束的两组企业的现金持有策略差异很大，可以预见，融资约束对我们所探讨的问题也将会影响，而我们由于资料和数据来源的限制，没有涉及融资约束。我们计划下一步通过构建公司融资约束综合指标，再进行相关分析，以期得到更为深入的成果。

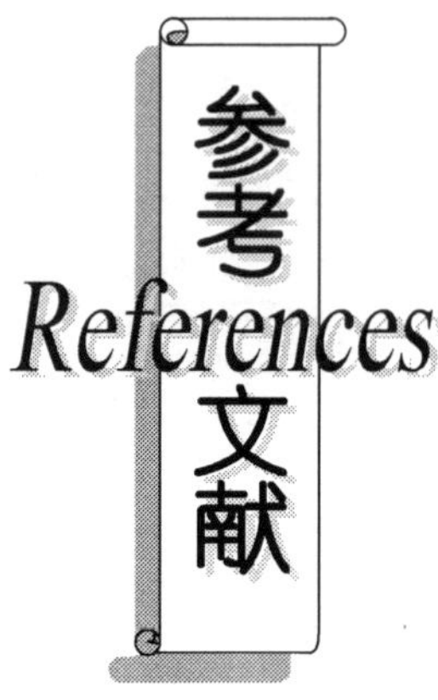

[1] Acharya V. V., Almeida H., Campello M. Aggregate risk and the choice between cash and lines of credit [J]. The Journal of Finance, 2013, 5: 2059~2116.

[2] Acharya V. V., Almeida H., Campello M. Is cash negative debt? A hedging perspective on corporate financial policies [J]. Journal of Financial Intermediation, 2007, 16 (4): 515~554.

[3] Acharya V. V., Davydenko S. A., Strebulaev I. A. Cash holding and credit risk [J]. Working Paper, NBER, 2011.

[4] Agliardi E., Agliardi R., Spanjers W. Cash holdings and financing decisions under ambiguity [R]. Working Paper, 2014.

[5] Allen F., Qian J., Qian M. J., Law, finance and economic growth in China [J]. Journal of Financial Economics, 2005, 77 (1): 57~116.

[6] Almeida H., Campello M., Weisbach M. S. The cash flow sen-

sitivity of cash [J] . Journal of Finance, 2004, 59 (4): 1777 ~ 1804.

[7] Álvarez R. , Sagner A. , Valdivia C. Liquidity crises and corporate cash holdings in Chile [J] . Developing Economies, 2010, 50 (564): 378 ~ 392.

[8] Amess K. , Banerji S. , Lampousis A. Corporate cash holdings: causes and consequences [J] . International Review of Financial Analysis, 2015, 42: 421 ~ 433.

[9] Ammann M. , Oesch D. , Schmid M. M. Cash holdings and corporate governance around the world [R] . Working Paper , Social Science Electronic Publishing, 2011.

[10] Anderson T. W. , Hsiao C. Formulation and estimation of dynamic models using panel data [J] . Journal of Econometrics, 1982 (18): 47 ~ 82.

[11] Ang J. , Smedema A. Financial flexibility: Do firms prepare for recession? [J] . Journal of Corporate Finance, 2011 (17): 774 ~ 787.

[12] Anjum S. , Malik Q. A. Determinants of corporate liquidity – an analysis of cash holdings [J] . IOSR Journal of Business and Management, 2013, 7 (2): 94 ~ 100.

[13] Arellano M. , Bond S. R. Some tests of specification for panel data: Monte Carlo evidence and an application to employment equations [J] . Review of Economic Studies, 1991, 58: 277 ~ 297.

[14] Arellano M. , Bover O. Another look at the instrumental variable estimation of error – components models [J] . Journal of Econometrics, 1995 (68): 29 ~ 51.

[15] Arellano M. Panel data econometrics [M] . New York, Oxford University Press, 2003, 129 ~ 138.

[16] Baskin J. Corporate liquidity in games of monopoly power [J]. Review of Economics & Statistics, 1987, 69 (2): 312 ~ 319.

[17] Bates T. W., Kahle K. M., Stulz R. M. Why do U. S. firms hold so much more cash than they used To? [J]. Journal of Finance, 2009, 64 (5): 1985 ~ 2021.

[18] Baum C. F., Caglayan M. O., Ozkan N., et al. The impact of macroeconomic uncertainty on cash holdings for non – financial firms [J]. Review of Financial Economics, 2006, 15 (4): 289 ~ 304.

[19] Baum C. F., Caglayan M., Stephan A., O. Talavera. Uncertainty determinants of corporate liquidity [J]. Economic Modelling, 2008, 25 (5): 833 ~ 849.

[20] Baumol W. J. The transactions demand for cash: an inventory theoretic approach [J]. Quarterly Journal of Economics, 1952, 66 (4): 545 ~ 556.

[21] Biais B., Gollie C. Trade credit and credit rationing [J]. Review of Financial Studies, 1997: 10 (4): 903 ~ 937.

[22] Bliss B. A., Cheng Y. M., Denis D. J. Corporate payout, cash retention, and the supply of credit: evidence from the 2008 – 2009 credit crisis [J]. Journal of Financial Economics, 2015, 115: 521 ~ 540.

[23] Blundell R. W., Bond S. R. Initial conditions and moment restrictions in dynamic panel data models [J]. Journal of Econometrics, 1998, 87: 115 ~ 143.

[24] Bond S. R., Windmeijer F. Finite sample inference for GMM estimators in linear panel data models [R]. SSRN Working Paper, 2002.

[25] Boubaker S., Derouiche I., Lasfer M. Geographic loca-

tion, excess control rights, and cash holdings [J]. International Review of Financial Analysis, 2015, 42: 24~37.

[26] Breuer W., Rieger M. O., Soypak C. K. Corporate cash holdings and ambiguity aversion [J]. Working Papers, SSRN Electronic Journal, 2016.

[27] Brick I. E., Liao R. C. The joint determinants of cash holdings and debt maturity: the case for financial constraints [J]. Review of Quantitative Finance & Accounting, 2016: 1~45.

[28] Chang X., Tan T. J., Wong G., et al. Effects of financial constraints on corporate policies in Australia [J]. Social Science Electronic Publishing, 2007, 47 (1): 85~108.

[29] Chen D., Li S., Xiao J. Z., Zou H. The effect of government quality on corporate cash holdings [J]. Journal of Corporate Finance, 2014, 27: 384~400.

[30] Chen G. X., Li M. A study of the determinants of cash holdings in China's listed companies [R]. M & D FORUM, 2011, 153~160.

[31] Cheng Y., Harford J., Hutton I., et al. Ex-post bargaining, corporate cash holdings, and executive compensation [J]. Working Papers, Social Science Electronic Publishing, 2016.

[32] Chen S. H., Liu S. Corporate cash holdings: study of chines firms [J]. Working Papers, SIMON FRASER UNIVERSITY, 2013.

[33] Chen Y. Y., Dou P. Y., Rhee S. G. et al. National culture and corporate cash holdings around the world [J]. Journal of Banking & Finance, 2015, 50: 1~18.

[34] Colquitt L. L., Sommer D. W., Godwin N. H. Determi-

nants of cash holdings by property - liability insurers [J]. Journal of Risk & Insurance, 1999, 66 (3): 401 ~415.

[35] Cull R., Xu L. C., Zhu T. Formal finance and trade credit during China's transition [J]. Journal of Financial Intermediation, 2009, 18 (2): 173 ~192.

[36] Cunha I., Pollet J. Why do firms hold cash? Evidence from demographic demand shifts [J]. Working Paper, Social Science Electronic Publishing, 2015.

[37] Custodio C., Raposo C., Ferreira M. A. Cash holdings and business conditions [M]. Working Paper, ISCTE Business School - Lisbon, 2004.

[38] Denis D. J., Sibilkov V. Financial constraints, investment, and the value of cash holdings [J]. The Review of Financial Studies, 2010, 23: 247 ~269.

[39] Dittmar A., Duchin R. The concentration of cash: cash policies of the richest firms [R]. Working Paper, webuser. bus. umich. edu, 2012.

[40] Dittmar A., Mahrt - Smith J., Servaes H. International corporate governance and corporate cash holdings [J]. Journal of Financial & Quantitative Analysis, 2003, 38 (1): 111 ~133.

[41] Dittmar A., Mahrt - Smith J. Corporate governance and the value of cash holdings [J]. Journal of Financial Economics, 2007, 83: 599 ~634.

[42] Duchin R. Cash holdings and corporate diversification [J]. The Journal of Finance, 2010, 3: 955 ~992.

[43] Ehling P., Haushalter D. When does cash matter? evidence for private firms [J]. Working Paper, BANCO DE ESPAÑA,

Madrid, 2014.

[44] Faccio M. , H. P. Lang, L. Young. Dividends and expropriation [J] . American Economic Review, 2001, 91: 54 ~ 78.

[45] Faulkender M. , Wang R. Corporate financial policy and the value of cash [J] . Journal of Finance, 2006, LXL (4): 1957 ~ 1990.

[46] Ferreira M. A. , Vilela A. S. Why do firms hold cash? Evidence from EMU countries [J] . European Financial Management, 2003, 10 (2): 295 ~ 319.

[47] Foley C. F. , Hartzell J. C. , Titman S. , Twite G. Why do firms hold so much cash? A tax – based explanation [J] . Journal of Financial Economics, 2007, 86: 579 ~ 607.

[48] Francis B. , Hasan I. , Wang H. Z. Banking deregulation, consolidation, and corporate cash holdings: U. S. evidence [J] . Journal of Banking & Finance, 2014, 41: 45 ~ 56.

[49] Frank, M. , and V. Goyal. Testing the pecking order theory of capital structure [J] . Journal of Financial Economics, 2003 (67): 217 ~ 248.

[50] Gamba A. , Triantis A. The value of financial flexibility [J] . Journal of Finance, 2008, 63 (5): 2263 ~ 2296.

[51] Gao H. , Harford J. , Li K. Determinants of corporate cash policy: Insights from private firms [J] . Journal of Financial Economics, 2013, 109 (3): 623 ~ 639.

[52] Gao R. , Grinstein Y. Firms' cash holdings, precautionary motives and systematic uncertainty [J]. Working Paper, SSRN, 2014.

[53] García – Teruel P. J, Martínez – Solano P. On the determinants of SME cash holdings: evidence from spain [J] . Journal of

Business Finance & Accounting, 2008, 35 (1 –2): 127 ~149.

[54] García – Teruel P. J., Martínez – Solano P., Sánchez – Ballesta J. P. Accruals quality and corporate cash holdings [J]. Accounting and Finance, 2009, 49: 95 ~115.

[55] Gertler M., Gilchrist S. Monetary Policy Business Cycles and the Behavior of Small Manufacturing Firms [J]. The Quarterly Journal of Economics, 1994, 109: 309 ~340.

[56] Giannetti M., Burkart M., Ellingsen T. What you sell is what you lend? Explaining trade credit contracts [J]. The Review of Financial Studies, 2011, 24 (4): 1261 ~1298.

[57] Guariglia A., Yang J. Adjustment behavior of corporate cash holdings: the China experience [R]. The European Journal of Finance, DOI: 10.1080/1351847X.2015.1071716.

[58] Guney Y., Ozkan A. Additional international evidence on corporate cash holdings [R]. Working Paper, SSRN, 2004.

[59] Guney Y., Ozkan A., Ozkan N. International evidence on the non – linear impact of leverage on corporate cash holdings [J]. Journal of Multinational Financial Management, 2007, 17 (1): 45 ~60.

[60] Han S., Qiu J. Corporate precautionary cash holdings [J]. Journal of Corporate Finance, 2007, 13 (1): 43 ~57.

[61] Harford J., Klasa S., Maxwell W. F. Refinancing risk and cash holdings [J]. The Journal of Finance, 2014, 3: 975 ~1012.

[62] Harford J., S. Mansi, W. Maxwell. Corporate governance and firm cash holdings in the US [J]. Journal of Financial Economics, 2008, 87: 535 ~555.

[63] Harris, M., Raviv, A. The theory of capital structure [J]. Journal of Finance, 1991, 46 (1): 97 ~355.

[64] Hill M. D. , Fuller K. P. , Kelly G. W. , Washam J. O. Corporate cash holdings and political connections [J] . Rev Quant Finan Acc, 2014, 42: 123 ~ 142.

[65] Himmelberg C. P. Cash holding at the firm level: Can transaction costs explain it all? [R] . Working Paper, SSRN, 2003.

[66] Horioka C. Y. , Terada – Hagiwara A. Corporate cash holding in Asia [J] . Asian Economic Journal, 2014, 28 (4): 323 ~ 345.

[67] Huson R. , Roth L. Cash holdings and bank loan terms [R] . Working Paper, SSRN, 2015.

[68] Jensen M. C. Agency costs of free cash flow, corporate finance, and takeovers [J] . American Economic Review, 1986 (76): 323 ~ 339.

[69] Jensen M. C. W. H. Meckling. Theory of the firm: managerial behavior, agency costs and ownership structure [J] . Journal of Financial Economics, 1976, 3 (4): 305 ~ 360.

[70] Jiang Z. , Lie E. Cash holding adjustments and managerial entrenchment [J] . Journal of Corporate Finance, 2016, 36, 190 ~ 205.

[71] John T. A. Accounting measures of corporate liquidity, leverage, and costs of financial distress [J] . The Journal of the Financial Management Association, 1993, 22 (3): 91 ~ 100.

[72] Jung K. , Kim B. Corporate cash holdings and tax – induced debt financing [J] . Asia – Pacific Journal of Financial Studies, 2008, 37 (37): 983 ~ 1023.

[73] Kalcheva I. , Lins K. V. International evidence on cash holdings and expected managerial agency problems [J] . Review of

Financial Studies, 2007, 20 (4): 1087 ~ 1112.

[74] Keynes J. M. The general theory of employment, interest, and money [M]. London: Harcourt Brace, 1936.

[75] Khurana K. I., Martin X. M., Pereira R. Financial development and the cash flow sensitivity of cash [J]. Journal of Financial and Quantitative Analysis, 2006, 41 (4): 787 ~ 807.

[76] Kim C. S., Sherman A. E. The determinants of corporate liquidity: theory and evidence [J]. Journal of Financial & Quantitative Analysis, 2012, 33 (3): 335 ~ 359.

[77] Ki Y. H., Mukherjee T. Corporate cash holdings and exposure to macroeconomic uncertainty [R]. Working Papers, SSRN Electronic Journal, 2016.

[78] Kling G. A short - term theory of cash holding [J]. Working Paper, Social Science Electronic Publishing, 2011.

[79] Kling, G., Paul, S. Y., Gonis, E. Cash holding, trade credit and access to short - term bank finance [J]. International Review of Financial Analysis, 2014, 32: 123 ~ 131.

[80] Kusnadi Y., Yang Z. F., Zhou Y. X. Institutional development, state ownership, and corporate cash holdings: evidence from China [J]. Journal of Business Research, 2015, 68: 351 ~ 359.

[81] Kyojik (Roy) Song, Youngjoo Lee. Long - term effects of a financial crisis: evidence from cash holdings of east Asian firms [J]. Journal of Financial and Quantitative Analysis, 2012, 47 (2): 617 ~ 641.

[82] La Porta R., F. Lopez De - Silanes, Shleifer, A. Corporate ownership around the world [R]. The Journal of Finance, 1999, 54: 471 ~ 517.

[83] Lee C. , Park H. Financial constraints, board governance standards, and corporate cash holdings [J] . Review of Financial Economics, 2016, 28: 21 ~34.

[84] Lian Y. J. , Sepehri M. , Foler M. Corporate cash holdings and financial crisis: an empirical study of Chinese Companies [J] . Eurasian Business Review, 2011, 1 (2): 112 ~124.

[85] Lian Y. J. , Xu Y. , Zhou K. G. How and why do firms adjust their cash holdings toward Targets? Evidence from China [J] . Frontiers of Business Research in China, 2012, 6 (4): 527 ~560.

[86] Lins K. V. , Servaes H. , Tufano K. What drives corporate liquidity? An international survey of cash holdings and lines of credit [J] . Journal of Financial Economics, 2010, 98: 160 ~176.

[87] Lin S. Why do firms hold so much cash? An innovation explanation [J]. Canadian Journal of Administrative Sciences, 2014, 31: 3 ~17.

[88] Liu J. T. , Wang P. , Cheng H. , et al. Differential cash constraints, financial leverage and the demand for money by firms in a developing country [R] . Working Paper, NBER, 2003.

[89] Liu Q. , Luo T. P. , G. G. Tian. Family control and corporate cash holdings: Evidence from China [J] . Journal of Corporate Finance , 2015, 31: 220 ~245.

[90] Lyandres E. , Palazzo B. Cash holdings, competition, and innovation. Journal of Financial and Quantitative Analysis (JFQA), Forthcoming. Available at SSRN: http: //ssrn. com /abstract = 2017222 or http: //dx. doi. org/10. 2139/ssrn. 2017222.

[91] Maksimovic V. , S. Titman. Financial policy and reputation for product quality [J] . Review of Financial Studies, 1991

(4): 175 ~200.

[92] Manso G. Investment reversibility and agency cost of debt [J]. The Econometric Society, 2008, 76 (2): 437 ~442.

[93] Martínez – Carrascal C. Cash holdings, firm size and access to external finance, evidence for the EURO area [R]. Working Paper, BANCO DE ESPAÑA, Madrid, 2010.

[94] May. Do large cash holdings help or hinder firms' performance recovery? [J]. Working Paper, SSRN, 2012.

[95] Mcvanel D., Perevalov N. Financial constraints and the cash – holding behaviour of Canadian firms [J]. Discussion Papers, 2008.

[96] Megginson W. L., Ullah B., Wei Z. B. State ownership, soft – budget constraints, and cash holdings: evidence from China's privatized firms [J]. Journal of Banking & Finance, 2014, 48: 276 ~291.

[97] Meltzer A. H. The evidence from the time series [J]. Journal of Political Economics, 1963 (71): 219 ~246.

[98] Mikkelson W. H., Partch M. M. Valuation effects of security offerings and the issuance process [J]. Journal of Financial Economics, 1986, 15 (1 –2): 31 ~60.

[99] Myers S. C. Determinants of corporate borrowing [J]. Journal of Financial Economics, 1977, 5 (2): 147 ~175.

[100] Miller, M. H. Debt and taxes [J]. Journal of Finance, 1977, 32 (2): 261 ~275.

[101] Modigliani F., Miller M. H. The cost of capital, corporate finance and the theory of investment [J]. American Economic Review, 1958, 48 (3): 261 ~279.

[102] Morellec E. , Nikolov B. , Zucchi F. Competition, cash holdings and financing decisions [R] . Working Paper , Social Science Electronic Publishing, 2014.

[103] Mulligan C. B. Scale economies, the value of time, and the demand for money: longitudinal evidence from firms [J] . Journal of Political Economy, 1997, 105 (5): 1061 ~ 1079.

[104] Myers S. , Majluf N. S. Corporate financing and investment decisions when firms have information that investors do not have [J] . Journal of Financial Economics, 1984, 13 (2): 187 ~ 221.

[105] Myers S. The capital structure puzzle [J] . Journal of Finance, 1984, 39: 574 ~ 592.

[106] Naoki S. Firms' cash holdings and performance: evidence from Japanese corporate finance [J]. Discussion Papers, 2012.

[107] Nikolov B. , Whited T. M. agency conflicts and cash: estimates from a dynamic model [J] . The Journal of Finance, 2014, 5: 1883 ~ 1921.

[108] Noe T H. Capital structure and signaling game equilibria [J] . Review of Financial Studies, 1988, 1 (4): 331 ~ 355.

[109] Ogawa K. What do cash holdings tell us about bank - firm relationships? A case study of Japanese firms [M] . The Economics of Inter firm Networks, Advances in Japanese Business and Economics 4, 2015: 215 ~ 236.

[110] Ono Masanori. Determinants of trade credit in the Japanese manufacturing sector [J] . Journal of the Japanese and International Economies, 2001 (15): 190 ~ 177.

[111] Opler T. , Pinkowitz L. , Stultz R. , Williamson R. The

determinants and implications of corporate cash holdings [J] . Journal of Financial Economics, 1999, 52: 3 ~46.

[112] Ozkan A. , N. Ozkan. Corporate cash holdings: an empirical investigation of UK companies [J] . Journal and Banking &Finance, 2004, 28: 2103 ~2134.

[113] Palazzo B. Cash holdings, risk, and expected returns [J] . Journal of Financial Economics, 2012, 104: 162 ~185.

[114] Pastor C. C. , Gama P. M. Determinant factors of cash holdings: evidence from Portuguese SMEs [J] . International Journal of Business and Management, 2013, 8 (1): 104 ~112.

[115] Petersen M. A. , Rajan R. G. . Trade credit: theories and evidence [J] . Review of Financial Studies, 1997, 10 (3): 661 ~ 691.

[116] Pinkowitz L. , Williamson R. Bank power and cash holdings: Evidence from Japan [J]. Review of Financial Studies, 2001, 14 (4): 1059 ~1082.

[117] Pinkowitz L. , Stulz R. M, Williamson R. Do U. S. firms hold more cash than foreign firms do? [J] . Review of Financial Studies, 2016, 29 (2): 309 ~348.

[118] Pinkowitz L. , Stulz R. M. , R. Williamson R. Does the contribution of corporate cash holding and dividends to firm value depend on governance? A cross – country analysis [J] . Journal of Finance, 2006, 61: 2725 ~2751.

[119] Pinkowitz L. , Stulz R. M. , Williamson R. Is there a U. S. high cash holdings puzzle after the financial crisis? [J] . Social Science Electronic Publishing, 2013.

[120] Qiu J. , Wan C. Technology spillovers and corporate

cash holdings [J] . Journal of Financial Economics, 2014, 115 (3): 558 ~573.

[121] Rajan R. , Zingales L. . What do we know about optimal capital structure? Some evidence from international data [J] . Journal of Finance, 1995, 50 (5): 1421 ~1460.

[122] Ramezani C. A. Financial constraints, rcal options and corporate cash holdings [J] . Managerial Finance, 2011, 37 (12): 1137 ~1160.

[123] Ramírez A. , Tadesse S. Corporate cash holdings, uncertainty avoidance, and the multinationality of firms [J] . International Business Review, 2009, 18: 387 ~403.

[124] Ranjan D. M. , Krishnaswami S. , P. J. Larkinc. Determinants of corporate cash holdings: Evidence from spin - offs [J] . Journal and Banking & Finance, 2008, 32: 1209 ~1220.

[125] Riddick L. A. , Whited T. M. The corporate propensity to save [J] . Journal of Finance, 2009, 64 (4): 1729 ~1766.

[126] Robichek A. A. , Myers S. C. Problems in the theory of optimal capital structure [J] . Journal of Financial & Quantitative Analysis, 1966, 1 (2): 1 ~35.

[127] Roodman, D. M. How to do xtabond2: an introduction to "Difference" and "System" GMM in Stata [J] . Stata Journal, 2006, 9 (1): 86 ~136.

[128] Seifert B. , Gonenc H. Creditor rights, country governance, and corporate cash holdings [R] Working Papers, Koc University - TUSIAD Economic Research Forum, 2012.

[129] Seo H. , Tompkins D. L. , Yi S. Board independence and corporate cash holding [R] . Working Paper, Research Gate, 2016.

[130] Shah A. The corporate cash holdings: determinants and implications [J] . African Journal of Business Management, 2011, 5 (34): 12939 ~12950.

[131] Shleifer A. , R. W. Vishny. A survey of corporate governance [J] . The Journal of Finance, 1997, 52: 737 ~784.

[132] Song K. , Lee Y. J. Long – term effects of a financial crisis: evidence from cash holdings of east Asian firms [J] . Journal of Financial and Quantitative Analysis, 2012, 47 (3): 617 ~641.

[133] Steijvers T. , Niskanen M. The determinants of cash holdings in private family firms [J] . Accounting and Finance, 2013, 53: 537 ~560.

[134] Stone A. L. , Gup B. E. Do business cycles influence corporate cash holdings? [J] . Working Papers, Social Science Electronic Publishing, 2015.

[135] Subramaniam V. , Tang T. T. , Yue H. , et al. Firm structure and corporate cash holdings [J] . Journal of Corporate Finance, 2006, 17 (3): 759 ~773.

[136] Subrahmanyam M. G. , Tang D. Y. J. , Wang S. Q. Credit default swaps and corporate cash holdings [R] . CFS Working Paper, 2014.

[137] Venkiteshwaran V. Partial adjustment toward optimal cash holding levels [J] . Review of Financial Economics, 2011, 20: 113 ~121.

[138] Wang Y. C. , Ji Y. , Chen X. , Song C. L. Inflation, operating cycle, and cash holdings [J] . China Journal of Accounting Research , 2014, 7: 263 ~276.

[139] W. F. Wu, O. M. Rui C. F. Wu. Trade credit, cash

holdings, and financial deepening: evidence from a transitional economy [J] . Journal and Banking & Finance, 2012, 36: 2868 ~2883.

[140] Titman S. The effect of capital structure on a firm's liquidation decision [J] . Journal of Financial Economics, 1984 (13): 137 ~151.

[141] Titman S. , R. Wessels. The determinants of capital structure choice [J] . Journal of Finance, 1988 (43): 1 ~19.

[142] Tobin B. J. The interest elasticity of the transactions demand for money [J] . Review of Economics and Statistics, 1956, 38: 241 ~247.

[143] Tong Z. Firm diversification and the value of corporate cash holdings [J] . Journal of Corporate Finance, 2011, 17 (3): 741 ~758.

[144] Yosuke K. Corporate cash holdings and corporate governance mechanisms [J] . SSRN Electronic Journal, 2003.

[145] Yung K. , Nafar N. A. Creditor rights and corporate cash holdings: International evidence [J] . International Review of Economics and Finance, 2014, 33: 111 ~127.

[146] 白俊，连立帅．信贷资金配置差异：所有制歧视抑或禀赋差异？[J]．管理世界，2012，06：30 ~42.

[147] 陈德球，李思飞，王丛．政府质量、终极产权与公司现金持有 [J]．管理世界，2011，11：127 ~141.

[148] 成果，黄远里．现金持有行为对企业信贷融资能力的影响 [J]．南京审计学院学报，2013，1：31 ~39.

[149] 蔡吉甫．政治关系、银行贷款与民营企业商业信用筹资 [J]．江西财经大学学报，2013，87 (3)：5 ~17.

[150] 陈胜蓝，王琨，马慧．集团内部资金配置能够减少

公司过度投资吗？[J]．会计研究，2014，3：49～55.

[151] 程新生，谭有超，刘建梅．非财务信息、外部融资与投资效率——基于外部制度约束的研究 [J]．管理世界，2012，07：137～150.

[152] 陈运森，王玉涛．审计质量、交易成本与商业信用模式 [J]．审计研究，2010，6：77～85.

[153] 邓超，敖宏，王翔，等．基于关系型贷款的大银行对小企业的贷款定价研究 [J]．经济研究，2008，2：83～96.

[154] 樊纲，王小鲁，朱恒鹏．中国市场化指数——各地区市场化相对进程 2009 年报告 [M]．北京：经济科学出版社，2010.

[155] 房义来，王立清，杨宝臣，等．货币政策、所有制结构与上市公司银行贷款 [J]．西北农林科技大学学报：社会科学版，2011，11 (6)：63～69.

[156] 胡海青，崔杰，张道宏．中小企业商业信用融资区域差异研究 [J]．财经研究，2011，37 (5)：68～78.

[157] 胡援成，刘明艳．中国上市公司债务期限结构影响因素：面板数据分析 [J]．管理世界，2011，02：175～177.

[158] 胡旭阳．民营企业家的政治身份与民营企业的融资便利——以浙江省民营百强企业为例 [J]．管理世界，2006，5：107～113.

[159] 胡奕明，林文雄，李思琦，等．大贷款人角色：我国银行具有监督作用吗？[J]．经济研究，2008，10：52～64.

[160] 刘凤委，李琳，薛云奎．信任、交易成本与商业信用模式 [J]．经济研究，2009，8：60～72.

[161] 李井林，刘淑莲．公司现金持有行为：权衡理论抑或优序融资理论 [J]．金融评论，2015 (6)：41～63.

[162] 廖理，肖作平．公司治理影响公司现金持有量吗——来自中国上市公司的经验证据［J］．中国工业经济，2009，06：98～107.

[163] 罗琦，许俏晖．大股东控制影响公司现金持有量的实证分析［J］．统计研究，2009，26（11）：93～99.

[164] 罗琦，邹斌．银企关系与代理冲突：基于日本上市企业现金持有量的经验证据［J］．预测，2007，26（05）：48～54.

[165] 李心合，王亚星，叶玲．债务异质性假说与资本结构选择理论的新解释［J］．会计研究，2014，12：3～10.

[166] 林毅夫，李永军．中小金融机构发展与中小企业融资［J］．经济研究，2001，01：10～18.

[167] 连玉君，刘醒云，苏治．现金持有的行业特征：差异性与收敛性［J］．会计研究，2011，7：66～67.

[168] 连玉君，苏治．上市公司现金持有：静态平衡还是动态平衡［J］．世界经济，2008，10：84～96.

[169] 李延喜，郑春艳，包世泽，等．权衡理论与优序融资理论的解释力研究：来自中国上市公司的经验证据［J］．管理学报，2007，4（01）：108～113.

[170] 陆正飞，韩非池．宏观经济政策如何影响公司现金持有的经济效应？——基于产品市场和资本市场两重角度的研究［J］．管理世界，2013，06：43～60.

[171] 陆正飞，杨德明．商业信用：替代融资，还是买方市场？［J］．管理世界，2011，4：6～15.

[172] 陆正飞，祝继高，樊铮．银根紧缩、信贷歧视与民营上市公司投资者利益损失［J］．金融研究，2009，08：124～136.

[173] 潘红波，余明桂．集团化、银行贷款与资金配置效率［J］．金融研究，2010，10：83～102.

[174] 彭桃英，周伟．中国上市公司高额现金持有动因研究——代理理论抑或权衡理论［J］．会计研究，2006，5：42～49.

[175] 齐寅峰，王曼舒，黄福广，等．中国企业投融资行为研究——基于问卷调查结果的分析［J］．管理世界，2005，03：94～114.

[176] 饶品贵，姜国华．货币政策对银行信贷与商业信用互动关系影响研究［J］．经济研究，2013，01：68～82.

[177] 饶品贵，姜国华．货币政策、信贷资源配置与企业业绩［J］．管理世界，2013，03：12～22.

[178] 孙凤英．应收账款质押贷款企业融资的新渠道［J］．经济纵横，2007，10：25～27.

[179] 孙杰．董事会特征、公司治理与企业现金持有水平——来自我国上市公司的经验证据［J］．西安财经学院学报，2007，3：44～49.

[180] 石晓军，张顺明，李杰．商业信用对信贷政策的抵消作用是反周期的吗？来自中国的证据［J］．经济学（季刊），2009，9（1）：213～236.

[181] 石晓军，张顺明．商业信用、融资约束及效率影响［J］．经济研究，2010，01：102～114.

[182] 沈艺峰，况学文，聂亚娟．终极控股股东超额控制与现金持有量价值的实证研究［J］．南开管理评论，2008，11（01）：15～23.

[183] 唐清泉，徐欣．企业 R&D 投资与内部资金——来自中国上市公司的研究［J］．中国会计评论，2010，3：341～362.

［184］王福胜，宋海旭．终极控制人、多元化战略与现金持有水平［J］．管理世界，2012，07：124～136.

［185］王伟．政治关系、金融发展与货币政策有效性——基于我国民营上市公司银行贷款视角［J］．管理评论，2016，28（6）：52～64.

［186］王小鲁，樊纲，李飞跃．中国分省企业经营指数2013年报告［M］．北京：中信出版社，2014.

［187］王彦超．金融抑制与商业信用二次配置功能［J］．经济研究，2014，06：86～99.

［188］王彦超，林斌．金融中介、非正规金融与现金价值［J］．金融研究，2008，3：177～199.

［189］谢平，陆磊．中国金融腐败指数：方法论与设计［J］．金融研究，2003，08：1～18.

［190］辛宇，徐莉萍．公司治理机制与超额现金持有水平［J］．管理世界，2006，05：136～141.

［191］肖作平．公司特征对公司现金持有量的影响研究——来自中国上市公司的经验证据［J］．证券市场导报，2008，11：52～59.

［192］于东智，胡国柳，王化成．企业的现金持有决策与公司治理分析［J］．金融论坛，2006，11（10）：28～35.

［193］姚金楼，丁宏岳，王承萍，等．中小企业应收账款质押融资的实证研究［J］．上海金融，2011，29（08）：107～112.

［194］喻坤，李治国，张晓蓉，等．企业投资效率之谜：融资约束假说与货币政策冲击［J］．经济研究，2014，05：106～120.

［195］余明桂，潘红波．所有权性质、商业信用与信贷资源配置效率［J］．经济管理，2010，08：106～117.

［196］余明桂，潘红波．政治关系、制度环境与民营企业

银行贷款［J］．管理世界，2008，08：9～21.

［197］袁卫秋，刘春江．利率变动与公司债务期限结构的实证研究——基于制造业的经验分析［J］．兰州商学院学报，2015，4：79～94.

［198］杨兴全，齐云飞，吴昊旻．行业成长性影响公司现金持有吗？［J］．管理世界，2016（1）：153～169.

［199］杨兴全，孙杰．企业现金持有量影响因素的实证研究——来自我国上市公司的经验证据［J］．南开管理评论，2007，10（6）：47～54.

［200］杨兴全，张照南．中国证监会新疆监管局．治理环境、控制权与现金流权分离及现金持有量——我国民营上市公司的实证研究［J］．审计与经济研究，2010，25（01）：66～72.

［201］于泽，杜安然，钱智俊．公司持有现金行为的理论与证据：争论和进展［J］．经济学动态，2014，4：141～151.

［202］张敦力，李四海．社会信任、政治关系与民营企业银行贷款［J］．会计研究，2012，8：17～25.

［203］张凤．上市公司现金持有动机与投融资行为的实证分析［D］．［博士学位论文］．西南交通大学，2006.

［204］祝继高，陆正飞．货币政策、企业成长与现金持有水平变化［J］．管理世界，2009，3：152～158.

［205］郑军，林钟高，彭琳．高质量的内部控制能增加商业信用融资吗？——基于货币政策变更视角的检验［J］．会计研究，2013，06：62～68.

［206］张西征．货币政策、融资约束与公司投资决策［D］．［博士学位论文］．南开大学，2010.

［207］张西征，刘志远．企业现金持有水平调整为何呈现不完全性［J］．南开管理评论，2016，19（02）：100～113.